中國學術思想 研究輯刊

三二編

林慶彰 主編

第12冊

先秦儒道兩家本性論探微

許宗興 著

花木蘭文化事業有限公司

國家圖書館出版品預行編目資料

先秦儒道兩家本性論探微／許宗興 著 -- 初版 -- 新北市：花
木蘭文化事業有限公司，2020〔民 109〕
序 2+ 目 6+278 面；19×26 公分
（中國學術思想研究輯刊 三二編；第 12 冊）
ISBN 978-986-518-284-7（精裝）
1. 儒家 2. 道家 3. 先秦哲學
030.8   109011245

中國學術思想研究輯刊
三二編 第十二冊   ISBN：978-986-518-284-7

先秦儒道兩家本性論探微

作   者 許宗興
主   編 林慶彰
總 編 輯 杜潔祥
副總編輯 楊嘉樂
編   輯 許郁翎、張雅淋 美術編輯 陳逸婷
出   版 花木蘭文化事業有限公司
發 行 人 高小娟
聯絡地址 235 新北市中和區中安街七二號十三樓
         電話：02-2923-1455 ／傳真：02-2923-1452
網   址 http://www.huamulan.tw 信箱 hml810518@gmail.com
印   刷 普羅文化出版廣告事業
封面設計 劉開工作室
初   版 2020 年 9 月
全書字數 230969 字
定   價 三二編 24 冊（精裝）新台幣 60,000 元   版權所有・請勿翻印

先秦儒道兩家本性論探微

許宗興 著

作者簡介

許宗興，台灣宜蘭人，畢業於東吳大學中文系、政治大學中文研究所。

先後任教：銘傳大學、華梵大學，目前為華梵大學東方人文思想研究所兼任教授。

授課科目：論文研究方法、子學通論、中國哲學史、宋明理學、孟子、莊子、朱子、王陽明、
淨土思想。

研究領域：碩士論文：《王龍谿學述》；博士論文：《孟子義理思想研究》；教授升等論文：《先秦
儒道兩家本性論探微》；近十年主要發表朱熹哲學之論文。

提　要

　　本書旨在探究先秦儒道五子──孔、孟、荀、老、莊，是否主張吾人生具、皆具、圓具成
聖質素之問題。其章節架構為：範疇學方法論、儒家本性論、道家本性論與總結。

　　方法論是近世論文寫作必處理課題，本書方法論分三部分：一是為「本性論」作定位──
說明「本性論」在生命實踐哲學中位置，及與其他範疇關係，此為「中國實踐哲學的範疇論」
一章所述。二是本文提出探究本性論未萌芽前哲人之方法──「前理論期研究法」、「範疇學研
究法」，主要針對孔子、老子、莊子而設。三是一般論文研究法而為本書特重者，如「語意分
析法」、「層次分類法」等。

　　本書探究自認較具成果者：提出中國生命實踐哲學之整體架構；確定本性論外延與內涵；
說明本性論重要性；提出探究本性論未發達前哲人之研究法；解析「性善」概念；提出孟子以
第一念證明性善之不當；提出證明性善之論證；對荀子「心」作深入剖析；說明荀子學說真正
問題為「善」在心外；闡述不能以《莊子‧外雜篇》之性論，及《莊子‧內篇》之「德」為莊
子本性論憑藉；最後確定先秦儒道五子，除荀子外皆主吾人生具、皆具成聖質素。

　　本書嘗試在生命實踐哲學觀點下作論述，深盼能將前哲生命實踐智慧，重現其光芒於今日。
又本書推論過程期能合乎邏輯法式，力求清晰、明確、條理、完整，冀古哲智慧，能以今人可
理解方式表顯。此本書撰述兩旨趣，願與有緣讀者共勉。

前言（序）

　　一、本書乃結集作者探究「本性論」論文而成，共收錄十篇；此次匯集成書將格式作統一，文字重新校訂，內容僅少部分更動。

　　二、本書大架構依序為：範疇學方法論、儒家本性論（孔、孟、荀）、道家本性論（老、莊）、與總結，其中每一主題以一章論述，唯孔子、孟子、莊子部分因解析相關概念與探究方法論，故份量較多而分上下兩章。因本書係單篇論文彙集而成，為保留原論文風貌，故章節綱目名稱仍依原論文之舊，僅在論題前標示各章節關連性詞語以為統合。

　　三、本書主要在探討先秦儒道五子之「本性論」，簡言之是在探究此五子是否主張吾人生具、皆具、圓具成聖質素的問題。由此衍生之次要問題包括：什麼是「本性論」？它在生命實踐哲學架構中位置為何？它有何重要性？此五子中《老子》、《莊子》（內篇）並無論性之言，《論語》雖兩次論及，但資料仍嫌不足；此三家將如何探究其「本性論」？孟子對本性論說明與論證，資料堪稱豐富，但「性善」之語意實多模糊，有必要加以解析，並檢視其性善論證有無瑕疵？又性善論可否建構較有效之邏輯論證？最後，荀子論性資料在五子中最多，但荀子之「性」意涵為何？是否即為「本性論」意旨？「心」在荀子義理中位置為何？在荀子義理中「善」是本具或外鑠？以上皆本書所要探索之問題。

　　四、方法論是近世論文寫作必處理課題，本書方法論分三部分：其一是為「本性論」作定位，說明「本性論」在生命實踐哲學中之位置，及與其他範疇關係為何？必讓論題之內涵與外延明確，論述乃能聚焦而不致模糊渙散，此為「中國實踐哲學的範疇論」一章所論者。其二是提出探究本性論未萌芽

前哲人之研究法，包括：「前理論期研究法」、「範疇學研究法」，此兩法主要針對本性論未發達前之孔子、老子、莊子（內篇）而設。關於「前理論期研究法」本書於「孔子本性論研究法芻議」一章探討；「範疇學研究法」則於「莊子本性論研究法芻議」一章論述。其三是一般論文之探究方法，本書所採較重要者為：「語意分析法」、「層次分類法」；「語意分析法」是透過語意解析，讓每一概念能清晰、具體、明確、完整的呈現，此研究法散見全書，如〈孟子性善論解析〉一章中對「性」與「善」二概念的解析。「層次分類法」為透過層次性與範疇概念，將混合詞語釐清其各種可能意涵並加以歸類，此法亦散見全書，如〈莊子本性論探微〉一章中對「天」的釐析分類。

六、本書探究自認較具成效者為：提出中國生命實踐哲學之整體架構；確定本性論外延；確立本性論內涵－生具、皆具、圓具；說明本性論重要性；提出探究本性論未發達前哲人之兩種研究法－「前理論期研究法」、「範疇學研究法」；解析「性善」概念之內涵；提出孟子以第一念證明性善之不當；提出證明性善之論證；對荀子「心」作深入剖析；說明荀子學說真正問題為「善」在心外；闡述不能以《莊子·外雜篇》之性論，及《莊子·內篇》之「德」作為莊子本性論憑藉；最後確定先秦儒道五子，除荀子外皆主吾人生具、皆具成聖質素。

七、本書寫作有兩點用心：華梵中文系以「生命實踐」為設系理念，期許教師一切教學、研究、輔導等施設，皆當以生命實踐為本，本人任教華梵中文系有年，甚服膺此一理念，故本書各篇寫作便嘗試在此生命實踐之觀點下作探討，深盼能將前哲生命實踐之智慧重現光芒於今日。其次，本書在推論過程頗期能合乎邏輯法式，而論述則力求以清晰、明確、條理之形式表出，冀望古哲生命實踐智慧，能以今人可理解接受之方式表顯。前者說明本書內容屬生命實踐之實學，後者說明本書形式乃以可被今人理解之方式彰顯；此本書撰述兩大旨趣，願與有緣讀者共勉。

目次

前言（序）

第一章 方法論——中國實踐哲學的範疇論 ……… 1

第一節 緒論 ……………………………… 1

一、何謂「中國實踐哲學」 ……………… 2

二、何謂「範疇學方法論」 ……………… 3

三、目前相關研究成果 …………………… 7

四、本章之研究進路 ……………………… 13

第二節 中國實踐哲學的「四向度七範疇」 …… 14

一、方向：現實與理想 …………………… 14

二、內涵：潛能與實現 …………………… 15

三、實踐：方法與成效 …………………… 15

四、人我：內聖與外王 …………………… 16

第三節 中國實踐哲學之「七範疇」分論 …… 16

一、現況論——探討現實不圓滿人生 …… 16

二、價值論——探討理想之生命方向 …… 17

三、本性論——探討善是否本然具足 …… 18

四、本體論——探討究極理想之內涵 …… 19

五、功夫論——探討生命實踐之方法 …… 19

六、境界論——探討生命實踐之階位 …… 20

七、外王論——探討利生度眾之善巧 …… 21

　　八、附論：宇宙論──宇宙之生成演化過程 ‥22
　第四節　結論 ……………………………………22
第二章　孔子（上）──孔子本性論研究法芻議 ‥27
　第一節　緒論 ……………………………………28
　　一、前言 ………………………………………28
　　二、「本性論」意涵 …………………………28
　　三、「孔子本性論」意涵 ……………………32
　第二節　前人研究法析述 ………………………33
　　一、國內學者研究法 …………………………34
　　二、大陸學者研究法 …………………………40
　　三、結語 ………………………………………44
　第三節　新研究法之試探 ………………………45
　　一、前人本性論研究法之限制 ………………45
　　二、「前理論期研究法」之提出 ……………46
　第四節　結論 ……………………………………49
第三章　孔子（下）──孔子本性論探析 ………53
　第一節　緒論 ……………………………………53
　　一、前言 ………………………………………53
　　二、「本性論」之意涵 ………………………54
　　三、本論文研究法 ……………………………55
　　四、本章探究進路 ……………………………56
　第二節　孔子「本性論」考論 …………………56
　　一、《論語》直接論「性」篇章 ……………56
　　二、《論語》間接言「性」篇章 ……………70
　第三節　結論 ……………………………………80
第四章　孟子（上）──孟子性善論解析 ………85
　前言 ………………………………………………85
　第一節　「性善論」解析 ………………………86
　　一、「性」之意涵 ……………………………86
　　二、「善」、「惡」之意涵 …………………91
　　三、「性」與「善」關係 ……………………93
　　四、「性善」之內在質性 ……………………95

　　五、「性善」之呈顯狀態 ……………………96

　第二節　「孟子性善論」意涵釐定 …………98

　　一、孟子「性」之意涵 …………………99

　　二、孟子「善」、「惡」之意涵 …………99

　　三、孟子「性」與「善」之關係 …………101

　　四、孟子「善性」之內在質性 …………105

　　五、孟子「善性」之呈顯狀態 …………106

　第三節　結語：「孟子性善論」衡定 …………110

第五章　孟子（下）──孟子性善論證明 ………113

　前言 ……………………………………113

　第一節　「孟子性善論」內涵與證明之路 ………114

　第二節　孟子對「性善論」所提出之論證 ………116

　　一、聖賢體證 …………………………117

　　二、自己實踐 …………………………118

　　三、邏輯推論 …………………………119

　第三節　對於孟子「性善論」論證之檢討 ………122

　第四節　嘗試建構「孟子性善論」之論證 ………125

　　一、「性善論」內涵規定 …………………125

　　二、證明之種類 ………………………126

　　三、證明之步驟 ………………………126

　　四、證明之過程 ………………………127

　　五、小結 ………………………………129

　第五節　結論 ……………………………130

第六章　荀子──荀子心析論 ……………133

　前言 ……………………………………134

　第一節　荀子心之內涵作用 ……………135

　　一、引論 ………………………………135

　　二、荀子心的內涵 ……………………135

　　三、荀子心的作用 ……………………138

　第二節　荀子心與性之關係 ……………144

　　一、何謂性 ……………………………144

　　二、性惡說 ……………………………145

三、心與性 …………………………………………… 146

第三節　荀子心與善之關係 …………………………… 147

一、何謂善（道） …………………………………… 148

二、心與善是一或二 ………………………………… 149

三、善是內具或外鑠 ………………………………… 151

四、善之來源問題 …………………………………… 152

第四節　結論：荀子之學問性格與學說定位 ……… 153

一、學問性格 ………………………………………… 154

二、學說定位 ………………………………………… 155

第七章　老子——老子本性論探究 ………………… 159

第一節　緒論 …………………………………………… 160

一、本性論意含說明 ………………………………… 160

二、本性論之重要性 ………………………………… 161

三、老子本論之重要 ………………………………… 161

四、本章之方法入路 ………………………………… 161

五、歷來之研究成果 ………………………………… 162

第二節　老子哲學之定位問題 ………………………… 162

一、方東美 …………………………………………… 165

二、唐君毅 …………………………………………… 166

三、徐復觀 …………………………………………… 166

四、勞思光 …………………………………………… 167

五、牟宗三 …………………………………………… 168

六、結語 ……………………………………………… 169

第三節　聖凡兩界之生命型態 ………………………… 170

一、凡 ………………………………………………… 170

二、聖 ………………………………………………… 171

三、關於聖之內涵——「道」 …………………… 171

第四節　是否本具皆具圓具「道」 ………………… 172

一、吾人是否本具「道」——「本具」 ……… 173

二、是否人人皆具「道」——「皆具」 ……… 178

三、是否人人圓具「道」——「圓具」 ……… 180

第五節　結論 …………………………………………… 182

第八章　莊子（上）──莊子本性論研究法芻議 · 185
前言 …………………………………………………… 185
第一節　前人研究法檢視 ……………………………… 186
　　一、以外雜篇性論為莊子本性論者 ………… 187
　　二、以內篇之「德」為莊子本性者 ………… 200
第二節　本章研究法之提出 …………………………… 203
　　一、「前理論期研究法」 …………………… 204
　　二、「範疇學研究法」 ……………………… 205
第三節　結論 …………………………………………… 208
第九章　莊子（下）──莊子本性論探微 ……… 213
第一節　前言 …………………………………………… 213
　　一、本性論重要性 …………………………… 213
　　二、本性論之內涵 …………………………… 214
　　三、前人方法反省 …………………………… 214
　　四、本章之研究法 …………………………… 215
　　五、本章依據材料 …………………………… 216
第二節　「前理論期研究法」──直接歸納本性論
　　　　思想 …………………………………………… 216
　　一、「常」──永具 ………………………… 216
　　二、「天」──生具 ………………………… 221
　　三、「真」──現具 ………………………… 225
　　四、「復」──本具 ………………………… 228
　　五、「盡」──皆具 ………………………… 230
　　六、結語 ……………………………………… 231
第三節　「範疇學研究法」──間接推知本性論
　　　　思想 …………………………………………… 231
　　一、由現況論推知 …………………………… 232
　　二、由價值論推知 …………………………… 233
　　三、由功夫論推知 …………………………… 235
　　四、由境界論推知 …………………………… 241
　　五、小結 ……………………………………… 244
第四節　結論 …………………………………………… 245

第十章　結論──先秦儒道兩家本性論綜述 ⋯⋯⋯ 249
　第一節　緒論 ⋯⋯⋯⋯⋯⋯⋯⋯⋯⋯⋯⋯⋯⋯ 249
　　一、本書研究動機──問題意識 ⋯⋯⋯⋯⋯ 249
　　二、本性論之意涵──本具、皆具、圓具 ⋯ 250
　　三、本書探究範疇──儒道主要思想家且成書
　　　　於先秦者 ⋯⋯⋯⋯⋯⋯⋯⋯⋯⋯⋯⋯ 251
　　四、前人成果檢討 ⋯⋯⋯⋯⋯⋯⋯⋯⋯⋯ 252
　　五、本書之研究法──前理論期研究法、
　　　　範疇學研究法、分類法、分析法等 ⋯⋯ 254
　第二節　先秦儒家本性論探析 ⋯⋯⋯⋯⋯⋯⋯ 258
　　一、孔孟荀本性論綜述 ⋯⋯⋯⋯⋯⋯⋯⋯ 258
　　二、孔孟荀本性論之同 ⋯⋯⋯⋯⋯⋯⋯⋯ 261
　　三、孔孟荀本性論之異 ⋯⋯⋯⋯⋯⋯⋯⋯ 262
　　四、小結 ⋯⋯⋯⋯⋯⋯⋯⋯⋯⋯⋯⋯⋯⋯ 262
　第三節　先秦道家本性論探析 ⋯⋯⋯⋯⋯⋯⋯ 262
　　一、老莊之本性論綜述 ⋯⋯⋯⋯⋯⋯⋯⋯ 262
　　二、老莊本性論之同處 ⋯⋯⋯⋯⋯⋯⋯⋯ 264
　　三、老莊本性論之異處 ⋯⋯⋯⋯⋯⋯⋯⋯ 265
　　四、小結 ⋯⋯⋯⋯⋯⋯⋯⋯⋯⋯⋯⋯⋯⋯ 265
　第四節　先秦儒道本性論異同 ⋯⋯⋯⋯⋯⋯⋯ 265
　　一、論本性論同異問題 ⋯⋯⋯⋯⋯⋯⋯⋯ 265
　　二、儒道之本性論綜述 ⋯⋯⋯⋯⋯⋯⋯⋯ 266
　　三、儒道本性論之同異 ⋯⋯⋯⋯⋯⋯⋯⋯ 266
　　四、小結 ⋯⋯⋯⋯⋯⋯⋯⋯⋯⋯⋯⋯⋯⋯ 266
　第五節　先秦儒道本性論特色 ⋯⋯⋯⋯⋯⋯⋯ 267
　　一、與同代本性論比較 ⋯⋯⋯⋯⋯⋯⋯⋯ 267
　　二、與漢儒氣性論比較 ⋯⋯⋯⋯⋯⋯⋯⋯ 269
　　三、與佛教佛性論比較 ⋯⋯⋯⋯⋯⋯⋯⋯ 272
　　四、與理學本性論比較 ⋯⋯⋯⋯⋯⋯⋯⋯ 274
　第六節　結論：先秦儒道本性論之地位 ⋯⋯⋯ 276

第一章　方法論——中國實踐哲學的範疇論

摘要

　　本章性質屬於「中國實踐哲學」的方法論，意在為「中國實踐哲學」建立完整周密的範疇架構，以期能精準論析「中國實踐哲學」的內涵。

　　首先將中國哲學區分為「生命實踐」與「非生命實踐」兩類，前者為中國哲學的大宗，稱「中國實踐哲學」，這是本章所要探討的對象。

　　接著檢討過去相關的研究成果，並說明本章的入路，本章最後得出四向度七範疇的生命實踐學架構：第一向度為方向，探討現實與理想，現實為現況論，理想為價值論；第二向度為內涵，探討潛能與實現，潛能為本性論，實現為本體論；第三向度為實踐，探討方法與成效，方法為功夫論，成效為境界論；第四向度為人我，探討內聖與外王，內聖屬前六項所論，外王則為外王論。

　　關鍵詞：中國哲學、生命實踐、方法論、範疇學

第一節　緒論

　　本章屬中國哲學的方法論，旨在透過條理性的論列以釐析中國實踐哲學的內涵，並為中國實踐哲學劃分次範疇。首先說明中國哲學的特質為「生命實踐」，並據此以定義「中國實踐哲學」的內涵，其次說明範疇學對於所探討學門的重要性，然後透過範疇學的方法，為「中國實踐哲學」作一範疇劃分，並說明每一範疇各自的內涵與彼此間的關係。

一、何謂「中國實踐哲學」

當代哲學宗師牟宗三先生在所著《中國哲學的特質》中言：「中國哲學以生命為中心，儒道兩家是中國固有的，後來加上佛教，亦還是如此。」、「希臘哲學是重知解的，中國哲學則是重實踐的。」〔註1〕這是說明中國哲學的兩大特色：「生命」與「實踐」；王邦雄等編著的《中國哲學史》總論亦謂中國哲學的特質：「以生命為中心」、「重實踐」〔註2〕，這種以「生命實踐」為歸趨的特質便是中國哲學的獨特性，凡合乎此一特質者便是中國哲學的主流，背離此方向者便是中國哲學的旁枝。

那什麼是「生命」？牟宗三先生接著說：「這裡所說的生命，不是生物學研究的生命，而是道德實踐中的生命。」〔註3〕中國哲學關心的並不是自然生命，最少不以此為中心，它關注的是人的內在道德心靈，如何讓人的這種道德生命，由現在的不圓滿，走向道德的圓滿；由如今的有限心靈，走向理想的無限心靈；亦即成就「聖人」、「大人」、「仁者」、「真人」、「至人」、「佛」、「覺者」〔註4〕等的生命理想。因此，凡是關心自己的道德心靈，並進而探討如何達致生命的圓滿境界者，便是中國哲學探討的主軸，也可以說這樣的課題便是中國哲學的基源問題。〔註5〕反之，若將重點轉移於其他方面，以追求其他領域的理想為目標者，便非此處所謂之「生命」，也就非中國哲學的主流〔註6〕，當然也就非本章所探討的範圍。

其次「實踐」，它是相對於理論而言；中國哲學不只以探討建構各種生命學理論為職志，更重要的是將這些理論實踐完成之；中國主流哲學中的每一

〔註1〕牟宗三，《中國哲學的特質》（臺北：臺灣學生書局，1998年），頁8、15。

〔註2〕王邦雄等，《中國哲學史》（臺北：空中大學，1998年），頁7～8。

〔註3〕牟宗三，《中國哲學的特質》，頁15～16。

〔註4〕這些是中國哲學儒道釋三家的理想人物，其內涵此處暫不詳論。

〔註5〕勞思光先生認為每一時代的哲學，都有他所要解決的共同課題，這便是該時代哲學的基源問題；同理，每一個民族也該有它所要解決的共同課題，這便是該民族哲學的基源問題，甚至全人類也該有它所要解決的共同問題，那便是全人類哲學的基源問題；此處暫不論中國哲學的基源問題，是否就是全人類的基源問題。但是，若能把握全人類的基源問題，然後提出正確的解答，這種哲學便有永恆性與普遍性，那便是哲學最後的歸宿。〔勞思光之論見所著《中國哲學史（一）》（臺北：三民書局，1997年），頁15～17。〕

〔註6〕當然就廣義言，所有的人類活動都是生命的，最終也都能達致生命的圓滿，但那途程無限遙遠；本文所謂的生命必須是直接的、自覺的追求生命的圓滿，通常由自己的心下手，最終達到人我內外境的圓滿，凡以此為目標者，方是本文所謂的「生命」。

家，殆皆在探討生命實踐的相關理論：有些是已實踐的心得，有些是準備實踐的內容；有些是實踐的功夫，有些是實踐的境界；有些是自己的實踐法子，有些是教導別人實踐的技巧；無論如何都是以實踐為依歸，不是空口說白話純以理論之建構為目標。

　　以上「生命」與「實踐」兩特質，是中國哲學的最重要質素；而這兩特質並非必然的同時存在──有其一必有其二，若是此二特質同時具足的哲學，便是最純正的中國哲學，若論正歧這便是最正統的中國哲學，在中國哲學中，此領域為數最多，如先秦的儒道兩家、佛家各宗派、宋明理學家等，皆可歸為此類。其次，是「生命但未必實踐」，雖談生命但對實踐並無興趣，史稱王弼「頗以所長笑人，故時為士君子所疾，……弼為人淺而不識物情，初與王黎、荀融善，黎奪其黃門郎，於是恨黎，與融亦不終。」〔註7〕還有郭象「為人薄行」〔註8〕。這些玄學家談論的是生命課題，但情意上未必能依之而行，在中國哲學中雖未必純正，但可算合乎「生命」的特質，勉強亦可稱為中國主流哲學。其他若無關生命的實踐，或生命實踐二者皆未觸及的中國哲學，便非中國哲學之主流，如先秦的法家、名家、陰陽家、農家、縱橫家、兵家等，便非本章所探討的領域。〔註9〕

　　最後，本章所探討的領域，若論其本質內涵，則當名為「成德之學」〔註10〕或「生命實踐學」〔註11〕最為恰當，這樣的題目不限於中國哲學領域，只要從事生命實踐者，無論哪一地區哪一時代的人，都必然面對這些相同的問題；而本章所以用「中國實踐哲學」者，意在引用「範疇論」的方法學以探討中國哲學，為研究中國哲學者提出一條新出路的試探。

二、何謂「範疇學方法論」

　　「範疇」二字出自《尚書・洪範》：「洪範九疇」，《孔氏傳》：「大法，……

〔註7〕見《新校本三國志・魏書》卷28（臺灣：世界書局，1974年），〈鍾會・王弼傳〉，頁795～796。

〔註8〕楊勇，《世說新語校箋》（臺北：文光圖書公司，1974年），頁157。

〔註9〕按哲學性質的歸類實有其難處，常有介於二者之間的灰色地帶，故此處僅舉其重要哲學派別論之，不作全面性之列舉說明。

〔註10〕牟宗三先生說：「成德之最高目標是聖、是仁者、是大人，而其真實意義則在於個人有限生命中取得一無限而圓滿的意義。〔見牟宗三，《心體與性體（一）》（臺北：正中書局，1991年），頁6。〕

〔註11〕這是直接用中國哲學的兩主要特質來說明其內涵，名實相符，故亦甚為恰當。

疇，類也」﹝註 12﹞；範指法，疇謂類，意指合乎法度標準的分類，但古代並不以「範疇」二字連為一詞，「範疇」二字連為一詞自西方哲學而來，康德有十二範疇之說，亦即認識存在的十二個向度﹝註 13﹞，這與「洪範九疇」之義相近，本章所用的「範疇」意涵，便是指從不同向度對於某一存在領域，進行細部分類，如對「中國實踐哲學」言，可從不同的向度去解析說明，而劃分出各次級的範疇來，透過這樣的範疇劃分，以清晰精準描述闡明每一範疇的內涵，此為研究中國哲學之一方法。

（一）為何要作範疇分類

此即說明範疇學對所研究領域的必要性，按範疇學有助於清楚準確地描述所探討學門的各部分組成份子；同時因為內部各領域的內涵清晰，將使得此一大領域的內涵特色亦因之而明確，這便是範疇學的功用；也是使用範疇學探究「中國實踐哲學」之目的所在，細說如下：

1. 確立此學門的範圍

這是就該學門的外延說；透過範疇學的探究，便能清晰說明此一學門包括哪些內容，而另哪些內容不屬於此領域；如就「中國實踐哲學」言，指出它包括哪些範圍，另有哪些雖是中國哲學範圍，但就不屬於此一範疇，這樣便可以切除旁枝蕪雜，讓研究者更能專注於相應領域的探究，不致失焦而浪費心力，去作不相干的探究。

2. 認識此學門的次範疇

這是就該學門內涵的細分言；對於這一學門的次範疇，若能作恰當的歸類，讓所有研究此一學門之學者都能共同採用，將可整合相關研究，以作更深入的探研﹝註 14﹞；範疇學便是要釐析這一學門中，可分為哪些次範疇區塊，

﹝註 12﹞ 《尚書》，《十三經注疏》（臺北：藝文印書館，1979 年），頁 167。

﹝註 13﹞ 康德說：「這個圖表（十二範疇表），在哲學底理論部分（知解部分）中是極端有用的，而且實在說來，由於它供給一全部學問底完整計畫（就這全部學問基於先驗概念而言），並由於它依照決定性的原則系統地區分這全部的學問，它又實是不可缺少的。」見康德著，牟宗三譯註，《純粹理性之批判》（上冊）（臺北：臺灣學生書局，1986 年），頁 214。

﹝註 14﹞ 劉華：「一門學科是否真正成熟，至少可以有三個衡量指標：一、是否確立了專門研究對象；二、是否形成專門研究群體並累積了相當的研究成果；三、是否已經建立了特有的範疇體系；⋯⋯而範疇指標實際上可以概括研究對象與研究群體兩大指標，故範疇學的歸類對該一學門的發展有舉足輕重的地位。」

分得越精準，便越容易把握其內涵。其次，範疇學還要進一步將這些次範疇作統合，使成為一個有機的組合，讓它們的相互關係更瞭然，以使讀者很快把握這一哲學體系的全貌。

3. 檢證哲學體系的優劣

如果能夠達到前面所言範疇學分類的理想，並能了知理想的次範疇之內涵為何，則能以此為標準，準確地說明每一哲學系統的優劣得失，知其精彩與不足各在何範疇？某一範疇論述詳盡，某一範疇說明粗略，他們各代表何種意義？這樣便能迅速掌握每一個哲學系統的本來面目，進一步若要論其正歧得失，也將一目了然。

4. 深化此一學門之研究

透過有效而清晰的範疇歸類，讓每一領域的劃分成為必然而確定的，則能讓該領域的研究者共同認定與採用，成為該領域的基本認識，那每一學者的研究，必更清楚自己的位置，研究也必將更為聚焦，所探討的成果也將會更為深化，故透過範疇學的劃分，會讓該領域的探究更為深邃而豐富。〔註15〕

5. 見出中國哲學的特色

透過範疇學的方法論，將能精要而確定的說明中國哲學的內涵與獨特性，故能因之而對照出中國哲學不同於西方哲學所在，他的精神、特色、風格便容易顯現。對於有心研究中國哲學者，很快就能把握核心關鍵的內容，無論是自己治學或傳達給別人便能事半功倍，有效把握中國哲學的內涵。

6. 作為生命實踐的依據

中國哲學的主流是生命實踐，一切學問的探討，最後還是要回歸到生命主體上實踐，否則終究是戲論，說食不飽；所以透過範疇學的有機體系恰當的歸類，將有助於自己對「生命實踐學」的理解，並可引領別人走向生命實踐學，尤其是透過條理性、系統性、明確精準的作傳述，範疇學將是很有效的利器。

〔見劉華，〈中國古代心理學史範疇研究原則論〉，《煙台師範學院學報》卷17，期3（2000年9月），頁68。〕

〔註15〕彭彥琴：「範疇做為人類理性思維的一種邏輯形式，是反映事物本質屬性和普遍聯繫的基本概念。任何一門學科均是由一系列範疇構成的，範疇的概念化與系統化是一門學科成熟程度的標誌。……只有抓住基本範疇才能較全面地瞭解和認識中國古代的心理學思想，並使之系統化、理論化。」〔見〈中國心理學思想史範疇體系的重建〉，《心理學探新》期21（2001年4月），頁9。〕

此外，因為範疇學是透過分析歸納，而讓此一學門的內涵更為清晰明確，故舉凡對於中國哲學的認知、實踐；無論對於自己、他人；包括學門中的各系統、或學門外的各系統，都可以經由範疇學之助，而獲得清晰精準的成效。

（二）範疇分類之大原則

前文說明使用範疇學對中國哲學的必要性，以下探討一個好的範疇歸類，需要滿足哪些條件；若未滿足這些條件，即使使用了範疇學的方法論仍將枉然。

1. 必須相應於該學門

若不相應於該學門，便如隔靴搔癢，碰不到癢處，所立的範疇詮釋系統便不會深刻；因此，使用範疇學研究法的前提是必須深入個中，對該領域作實地的領會，恰當捕捉該領域核心關鍵之問題，然後所得出的範疇分類乃能相應於該學門；故知範疇分類絕非只是根據客觀資料作歸納分析，而需立基於主體實踐的深刻生命經驗，乃能精準切要的作好範疇學的歸類。

2. 必須是窮盡的分類

該學門中的相關問題必須盡括於所分的範疇中，而無所遺漏；否則這樣的分類便不完備，屬於不窮盡的分類；如就「中國實踐哲學」言，必須是歷來中國主流哲學之哲人所探討的內容，都儘可能概括在您的分類系統中，乃可稱為理想的範疇系統。

3. 分類必須無重疊性

若分類的重疊性很大，則混雜無章，雖分而實淆，這樣分類便成沒有意義，如此在探討甲類時提到它，探討乙類時還是提到它，這樣的分類便不精簡準確，無法說明每一類的差異性，及各自的獨特內容，在論述時也會模糊不清；所以必須讓每一範疇的外延不能重疊。

4. 範疇間是有機組合

所做的分類尚需讓每一範疇間，成為聯繫而統一的有機體；雖然分為各個範疇，但都是統一在一個主要的理念下，彼此相互聯繫著：由甲範疇發展到乙範疇，再由乙範疇發展到丙範疇，如是依序關連且具有邏輯的發展性，這些範疇間是一種有機的組合，不是平鋪的陳列。

5. 範疇數量不宜過多

若是數量過多便失去範疇法的意義，範疇是透過幾個大領域去把握存在

的本質，若數量很多便有零散之感，難有整體印象；因此必須將眾多雜亂的小範疇，加以抽象綜合，集合數個小範疇以綜合出一個較大的範疇，如此依次綜合之，最後得出為數不多的較大範疇，此才是範疇論的本義。〔註16〕

　　以上是理想的範疇分類原則，若我們要對「中國實踐哲學」進行範疇分類，便需滿足以上的要件；以下便根據這樣的標準來對歷來的中國哲學研究成果，進行考察。

三、目前相關研究成果

（一）傳統典籍之範疇分類

　　對中國哲學的歸類，歷代藝文志殆依家派，如儒家類、道家類等，並列舉人物著作；這是中國哲學的外部分類；此無論矣。時至宋代理學盛行，理學屬中國實踐哲學的「成德之學」，由於家派人物著作眾多，於是開始有對理學家所論的內容進行範疇分類，以下列舉較為重要之著作，以見一斑：

1. 楊時《二程粹言》〔註17〕，以二程子門人所記師說，採撮編次，分為十篇：論道篇、論學篇、論書篇、論政篇、論事篇、天地篇、聖賢篇、君臣篇、心性篇、人物篇等。這是依理學家常討論到的範疇羅列。

2. 朱子與呂祖謙的《近思錄》〔註18〕，是掇取北宋周張二程的著作而成，將「成德之學」分為如下範疇：道體、為學、致知、存養、克己、家道、出處、治體、治法、政事、教學、警戒、辨異端、觀聖賢等，基本上以內聖外王為序，以修齊治平為先後。

〔註16〕此外，劉華先生亦提供他的分類六原則，可供參考，包括：存在原則、可鑑別性原則、一致性原則、可闡釋性原則、可應用原則、系統性原則等。〔見劉華，〈中國古代心理學史範疇研究原則論〉，《煙台師範學院學報》卷17，期3（2000年9月），頁69。〕

〔註17〕以下有關宋以後重要範疇著作，悉依《四庫總目提要》之提要述之。楊時《二程粹言》見清紀昀總纂，《四庫總目提要》（三）（河北：人民出版社，2000年），頁2356。該書大要：為宋楊時撰，時字中立，南劍州將樂人，熙寧九年進士，官至國子祭酒，高宗即位，除工部侍郎兼侍讀，以二程子門人所記師說，採撮編次，分為十篇。

〔註18〕見清紀昀總纂，《四庫總目提要》（三），頁2363。該書大要：是書成於淳熙二年，朱子年四十六矣，書前有朱子題詞曰：「淳熙乙未之夏（1175），東萊呂伯恭來自東陽，過余寒泉精舍，留止旬日，相與讀周子、程子、張子之書，嘆其廣大宏博，若無津涯，而懼夫初學者不知所入也，因掇取其關於大體而切於日用者，以為此編」。

3. 南宋程端蒙《性理字訓》〔註19〕，本書分為三部分：第一部份講人性論包括：命、性、心、情、才、志等；第二部分講明理、修身；明理包括：仁、義、禮、智、道、德、誠、信、忠、恕等；修身包括中、和、一等；第三部分講宇宙觀包括天理、人欲、誼、利、善、惡、公、私等。

4. 南宋陳淳《北溪字義》〔註20〕他從四書中選取與理學關係密切的重要範疇，逐一闡述，分上下卷，總數為二十六門類：命、性、心、情、才、志、意、仁義禮智信、忠信、忠恕、一貫、誠、敬、恭敬、道、理、德、太極、皇極、中和、中庸、禮樂、經權、義利、鬼神、佛老等。

5. 明張九韶《理學類編》〔註21〕，此為以宋儒語錄為主的彙編，包括周張邵二程朱子，分為天地、天文、地理、鬼神、人物、性命、異端等七類。

6. 明胡廣等《性理大全》〔註22〕，此亦為輯錄宋儒著作及言論之作；書前半部收錄宋儒著作；後半部則為宋儒言論的彙編，共分十三目：理氣、鬼神、性理、道統、聖賢、諸儒、學、諸子、歷代、君道、治道、詩、文等。

7. 明代王廷相《慎言》〔註23〕，這是王廷相自己的人生心得，將之分為十三目表述：道體、乾運、作聖、問成性、見聞、潛心、御民、小宗、保傳、五行、君子、文王、魯兩生等。

〔註19〕見清紀昀總纂，《四庫總目提要》（三），頁2434。該書大要：舊本題宋程端蒙撰，程若庸補輯。……疑端蒙游朱子之門，未必陋至於此；或村塾學究所託名也。按《性理字義》，一卷，為青少年學習理學的啟蒙教材，為程端蒙所著，程端蒙字正思，號蒙齋，為朱子弟子。

〔註20〕見清紀昀總纂，《四庫總目提要》（三），頁2380～2381。該書大要：《北溪字義》又稱《字義詳講》、《四書字義》、《四書性理字義》，分上下卷，為陳淳晚年講學記錄，由弟子王儁筆錄，經陳淳改定。陳淳字安卿漳州龍溪人，世稱北溪先生。

〔註21〕見清紀昀總纂，《四庫總目提要》（三），頁2389～2390。該書大要：明張九韶撰，茲編成於至正丙午，乃未入明時所作，其初本名《格物編》，以周、程、張、邵、朱六子之言為主，而以荀子以下五十三家之說輔之，復於每篇之末，繹以己見。

〔註22〕見清紀昀總纂，《四庫總目提要》（三），頁2390～2391。該書大要：明胡廣等奉敕撰，其中自為卷帙者，共二十六卷；自二十七卷以下，捃拾群言，分為十三目。

〔註23〕見清紀昀總纂，《四庫總目提要》（三），頁2446。該書大要：明王廷相撰，廷相字子衡，儀封人，宏治壬戌進士，官至兵部尚書，事蹟具《明史》本傳。是編前有嘉靖丁亥自序，稱「仰觀俯察，驗幽核明，有會於心，即記於冊；二十餘年，言積數萬，類分為十三篇，附諸集以藏於家」。

8. 清代戴震《孟子字義疏證》〔註 24〕，全書分為三卷，八目四十四條，所詮
　釋的概念包括：道、天道、性、才、道、仁義禮智、誠、權等。

　　按清代以前的範疇分類法，雖想嘗試對「成德之學」作範疇歸類，不過
因屬草創期，對成德之學的分類並不周延嚴密，較明顯的缺失是範疇數量過
多，未做進一步的濃縮提煉，以綜合出數個大的範疇而統攝其他範疇；而且
在文中都未詳細說明如此分類的原理與如此安排的邏輯順序，因此不易看出
範疇間的有機組合〔註 25〕；再者，有些分類未必直接相應於「成德之學」的
內容；故不能稱為理想的「中國實踐哲學」之範疇分類法。

（二）近世名家之範疇分類

　　民國以來探討中國哲學的重要名家，他們對於範疇學的分類是否有別於
前清時期，以下僅舉重要名家為代表：

1. 唐君毅先生於《哲學概論》中謂：「哲學包含些什麼內容，或哲學可分為若
　干部門？……姑用中國固有之哲學名詞，分哲學為為四部分：名理論、天
　道論、人道論、與人文論」；並謂名理論涉及言說知識界，天道論涉及存有
　界，人道論涉及人之生活行為界，人文論涉及人在宇宙間所創造的文化界。
　〔註 26〕這是唐先生於民國五十年時的說法；這四個領域大致相當於西方的
　認識論（邏輯）、形上學（本體論、宇宙論）、價值哲學（倫理學）、文化哲
　學。若就「中國實踐哲學」的立場言，這樣的分類法似乎有些不相應；之
　後唐先生於民國六十五年後相繼發表的中國哲學《原論》〔註 27〕系列，依
　問題導向將中國哲學分就：理、心、名辯、言默、致知格物、道、太極、
　命、性、教等論述，雖較切近中國哲學的本質內涵，但作者用意仍非為中
　國哲學作範疇分類，故無法滿足前文所說範疇分類的大原則。

2. 牟宗三先生於詮釋宋明儒時，並未作範疇的分類，但他於《心體與性體》第
　一冊導論部分說：「自宋明儒觀之，就道德論道德，其中心問題首在討論道

〔註 24〕見戴震，《戴震全書》（六）（安徽：古籍整理出版規劃委員會，1995 年），頁
　　　　145～218。

〔註 25〕張岱年：「按陳淳《字義詳解》、《性理大全》所列概念的次序都缺乏明顯的邏
　　　　輯性。」（見張岱年，〈論古代哲學的範疇體系〉，王中江主編，《中國觀念史》，
　　　　頁 10～11。）

〔註 26〕唐君毅，《哲學概論》（臺北：臺灣學生書局，1978 年），頁 47～48。

〔註 27〕《中國哲學原論》包括《導論篇》、《原性篇》、《原道篇》、《原教篇》等，今
　　　　收於臺灣學生書局出版，《唐君毅全集》卷 12～17。

德實踐所以可能之先驗根據（或超越的根據），此即心性問題是也。由此進而復討論實踐之下手問題，此即功夫入路問題是也。前者是道德實踐所以可能之客觀依據，後者是道德實踐所以可能之主觀依據。宋明儒心性之學之全部即是此兩問題。以宋明儒詞語說，前者是本體問題，後者是功夫問題。」〔註28〕按牟先生謂宋明儒主要課題為心性論（本體論）與功夫論；這是完全相應於「成德之學」的範疇分類，只是這兩類是否能完全窮盡「成德之學」的全部內容，是否還可以更為周延緊密的劃分；牟先生並未進一步作說明。

3. 勞思光先生：勞先生於所著《中國哲學史》論及「孔孟儒學」處言：「孔子所提出之理論，實際上成為中國哲學思想之主流，而且決定中國文化傳統之特性」。〔註29〕勞先生又於論及「孟子及儒學之發展」言：「就儒學之方向言，孔子之思想對儒學有定向之作用。就理論體系講，則孟子方是建立較完整儒學體系之哲人，……中國文化精神以儒學為主流，而孟子之理論則為此一思想主流之重要基據」。〔註30〕這意思是說中國哲學文化以儒家為主流，儒家思想孔子是定向，孟子是實際建立哲學體系者。那孟子的哲學思想為何？勞先生於說明孟子心性論思想列出三大項：「性善與四端說」、「義利之辨」、「養氣與成德功夫」。第一項屬人性論、第二項屬價值論、第三項屬功夫論；則似可推出勞先生以為中國哲學的主流內容為儒家哲學，儒家哲學的主要內涵為：「人性論」、「價值論」、與「功夫論」等三個範疇。

以上三位近代中國哲學的宗師，將中國哲學之主要範疇約略點出，包括價值、心性、功夫等；但這樣的論述稍嫌不足，蓋他們皆非積極正視中國哲學的範疇學問題，然後再自覺而意識的論述中國哲學可區分為哪些次範疇，他們僅是間接或無意間的列舉說明，因此只是提點，而非嚴格的劃分歸類；故只能說粗略地為「成德之學」作歸類，而其分類實未盡精密圓到。

近世臺灣學者，除上列三位宗師外，尚有甚多學者在探討中國哲學時，會依自己獨自的見解而有不同的歸類法，他們所分的範疇主要為心性論與功夫論；另亦有加天道論、價值論、境界論者。〔註31〕若將這些分法作一彙整，

〔註28〕牟宗三，《心體與性體（一）》（臺北：正中書局，1991年），頁8。

〔註29〕勞思光，《中國哲學史（一）》（臺北：三民書局，1997年），頁101～102。

〔註30〕勞思光，《中國哲學史（一）》，頁159。

〔註31〕如王邦雄等著，《中國哲學史》分為：成聖的根據、成聖的功夫、聖人的境界；所謂「心性論」、「功夫論」、「境界論」等。〔見王邦雄等，《中國哲學史》（臺北：空中大學，1998年），頁82。〕

當可相當程度說明中國主流哲學的內涵，唯目前並未見有系統性的自覺論述，是為憾耳。

（三）大陸學者之範疇分類

相較於臺灣學者，大陸學者對於中國哲學的範疇分類，是積極自覺地在從事探究，而且相關著作甚多，無論是書籍或單篇論文，都有豐富的成績。如張立文《中國哲學範疇發展史・天道篇》、《中國哲學範疇發展史・人道篇》，以及由張立文主編之《中國哲學精粹叢書》之天、道、理、氣、心、性、仁、知、變、神等十個範疇的專著；葛榮晉《中國哲學範疇導論》、《中國哲學範疇通論》、馮契等《中國哲學範疇集》；王中江主編《中國觀念史》等書；張岱年〈論古代哲學的範疇體系〉、彭彥琴〈中國心理學思想史範疇體系的重建〉、劉華〈中國古代心理學史範疇研究原則論〉、張加才〈《北溪字義》與理學範疇體系的詮釋和重建〉〔註32〕等論文為數不少，而且相關研究方興未艾；總結這些研究有以下幾個缺失：

1. 對中國哲學未作簡別

中國哲學雖是以「生命實踐」為主軸，但並非全部中國哲學都在探討「生命實踐」之問題，因此，若未作區分，將會使內容龐雜而難於討論，因為探討「生命實踐」的範疇分類，必然有別於探討名學、宇宙論、政治學的範疇分類；因此，宜先對中國哲學作一限定，或將他們分開討論，乃能精準恰當地對中國哲學作範疇歸類，今大陸學者每每一體適用而同時討論，以致增加分類的難度，以及分類的有效性。

2. 所分範疇量多而零散

若數量過多則違背分類之意義，若散列而無所統攝則難成統一整體，皆非理想之分類法：張岱年分析中國古代哲學範疇為 126 個，並自謂這些範疇：「名目過繁，如刪繁就簡，去粗取精，可以選出最重要、最具有中國特色的十六對範疇，如下表：天人、有無、體用、道器、陰陽、動靜、常變、理氣、形神、心物、力命、仁義、性習、誠明、能所、知行。」〔註33〕雖然張先生刪繁就簡僅存十六對，但似仍嫌過多，尤其是散列的，更無法有整體概念。

〔註32〕以上大陸學者之著作詳見文末之「徵引文獻」。
〔註33〕張岱年，〈論古代哲學的範疇體系〉〔王中江主編，《中國觀念史》（中國鄭州：中州古籍出版社，2005 年），頁 13～15。〕

他如張立文先生，將中國哲學粗分為天道與人道，但在天道中平列出 17 組，在人道中列出 20 組，皆屬同樣問題；這些都非理想的範疇分類法。

3. 未能窮盡成德諸領域

亦有學者加以提煉綜合出較少的範疇大類，如：「楊鑫輝五範疇說（先秦的人性說、漢晉的形神說、唐代的佛性說、宋明的性理說、和清代的腦髓說等）。潘菽八範疇說（人貴論、天人論、形神論、性習論、知行論、情二端論、節慾論和唯物論的認識論）。高覺敷五個範疇說（即天人、人禽、形神、性習、知行）。燕國材八對對偶範疇說（形與神、心與物、知與慮、藏與壹、情與慾、志與意、智與能、質與性）〔註 34〕。這些範疇分類雖然較為簡要，但所患的另一個缺失是，過於化約中國哲學的內容，這幾個範疇實無法涵蓋「中國實踐哲學」的全部內容，以楊鑫輝的五範疇說言，先秦的哲學如何可以「人性論」概括，老莊還談很多「道」的相關問題，至人神人的功夫，以及達致的方法論等。漢晉亦無法以「形神」綜括，漢初黃老的政治哲學、董仲舒的天人感應思想、揚雄王充的的儒學思想等，形神只是魏晉玄學的一部份，故這樣的概括有些粗疏，無法窮盡中國哲學的全部。上列其他家雖未用年代說明每一時期的範疇重點，但他們似將中國哲學平面看待，未談成聖之方法與境界、道的內涵與認識，因此對於中國古代哲學的精華便難有把握。

4. 未完全相應成德之學

再者這些範疇歸類，並沒有完全扣緊中國哲學的特質，沒有相應於中國哲學主流的「生命實踐學」，例如：劉華先生將中國古代思想史，所涉及到的心理學範疇大致分為四級結構：「（一）一級範疇為元範疇，即古代心理學的起點與心理學的最終歸結……人性論。（二）二級範疇構成一個經緯系統：以時代發展為經，包括：先秦人性論、漢晉形神論、隋唐佛性論、宋明理性論、清代器性論；緯線列為人的意識的序列開展，有人貴論、形神論、性習論、情慾論、自我論、知行論、生死論。（三）三級範疇為一二級範疇的衍生範疇，如天人說、人禽說、智能說等。（四）四級範疇為准範疇，是指某些思想家獨特的概念、術語，而不一定為大多數思想家所認同的那些論題、如兼愛、坐

〔註34〕此段據劉華，〈中國古代心理學史範疇研究原則論〉之說，劉氏之文見《煙台師範學院學報》卷 17，期 3（2000 年 9 月），頁 69。

忘等。」〔註35〕劉華先生這樣的分類基本上是未能把握中國哲學思想的本質，他認為中國哲學主軸在探討人性問題；於是所有立論都環繞此一問題而展開；其實中國哲學重點當是「成德之學」，它重在立體生命的超越，期能由凡入聖，而非平面關係的開展，探討人性是為了瞭解人有無成聖可能，接著是使用什麼方法成聖，以及探討聖是一個怎樣的內涵等，這才是相應的思維，由此所做的歸類才是相應的範疇分類，否則便會支離破碎，隔靴搔癢沒有把握要害精髓，只是一味依著客觀的資料作歸類，完全缺乏主觀生命經驗的詮釋，終是間隔一塵。

　　以上四點其實核心問題是不能清晰抓住中國哲學的方向本質，不瞭解中國哲學所為何來，故不能如實把握其核心問題，也就無法作相應的歸類，於是只能就客觀的資料去作忠實地分析歸納，所得出的眾多單一概念間，缺乏內在的聯繫性、統一完整性、有機的結構性，只是見樹而不見林，於是便見其範疇多而散，無法由此看到中國哲學的風貌特色與精彩處，這樣的缺失普遍存在於近世大陸學者相關的研究成果中。

四、本章之研究進路

　　以上無論是宋明清傳統典籍、近世知名學者、與大陸學者對於中國哲學的範疇歸類，都存在一些不盡理想之處，本章希望能達到前文所述「範疇學分類」的六項要求：「相應該學門」、「窮盡地分類」、「無有重疊性」、「範疇間為有機組合」、「範疇數量不過多」。唯要達到這樣要求，首先必須瞭解到中國哲學的特質內涵為何？這也是勞思光先生「基源問題研究法」〔註36〕的一種運用。勞先生謂每一時代有時代問題需要解決，於是各個思想家便為了解決此一問題而產生各自的哲學系統；同理，每一民族的哲學體系也該有它的基源問題，整個民族的哲學發展都是為了解決該一核心問題，例如中國、印度、與西方民族，他們各有不同的基源問題，於是發展出不同特質內容的哲學風貌；因此，若能找到中國哲學的基源問題，便能清晰掌握此一哲學系統的特色風格與內涵，也就容易把握關鍵核心的義理，倘能把握中國哲學的關鍵義理，便能以簡御繁、去蕪存菁，而還原中國哲學的本義，自然能做好中國哲學的範疇學分類。

〔註35〕劉華，〈中國古代心理學史範疇研究原則論〉，頁74。
〔註36〕勞思光，《中國哲學史（一）》（臺北：三民書局，1997年），頁14～17。

前已言中國哲學的主軸在生命實踐，因此下手處當是從主體生命作考察，而非僅對客觀資料作釐析歸納，當對於主體的生命實踐有體會，瞭解生命實踐的內在相關諸元，然後用此生命實踐的架構範疇，再去解讀客觀資料，也才能駕馭客觀資料，而建構出一個屬於生命實踐的理論系統之範疇分類；這便是本章之進路。

第二節　中國實踐哲學的「四向度七範疇」

要為「中國實踐哲學」作範疇歸類有兩種解決方案，一是列舉古今中外學者專家對於該領域的劃分法，然後加以分析綜合而得出恰當的區分法，唯此方法將會非常冗長，且此法只能歸納出歷來歸類之梗概，而無法知道何種分類最為精當；另一種是將道德領域作義理的論析，說明可以從哪幾個向度切入以探討道德學說，然後依這些切入角度而將道德學說作分類，此法缺點是易涉主觀，且不易完整無缺漏。本章擬採第二種方式並盡可能防其弊端。

按「中國實踐哲學」的特質是「生命實踐」，詳盡言之，乃謂認清我當前生命狀態的不圓滿，然後產生嚮往生命美善的價值理想；進一步則思考我有無達到生命美善的潛能，再進一步則瞭解生命最美善圓滿的內涵為何；最後則是實地下功夫，透過各種功夫的實踐，讓自己離開現在的不圓滿，然後逐漸提昇逼近圓滿的理想狀態；而在追求自己生命的美善中，會同時期盼別的生命也如我一般，共同走向生命的圓滿；最後達到人我德福齊臻圓滿的理想境地。這些便是「生命實踐學」或是「中國實踐哲學」所要探討的幾個必要範疇；以下將之分為四向度說明：

一、方向：現實與理想

「方向」是指我的生命要走向哪裡？是維持現況或走向另一個目標？我的現況處境如何？未來我可以走向什麼目標？這些是生命實踐學思考的第一個向度。

現實是卑微、有限、不圓滿的狀況，因此，需要追求一個極致、無限、圓滿的理想；現實是現在自己的寫照，理想是未來追求的價值所在。對於前者的論述稱為「現況論」，對於後者的說明稱為「價值論」。

「現況論」是對於現況的瞭解，依此可看出這位哲學家是否找到問題核心，其次是對於所論的問題是否深刻而全面；必須對於現況有如實的瞭解，

才知道真正生命的癥結，也才能對症下藥，然後能解消問題而使生命獲得提昇超越，故此為「中國實踐哲學」的第一個範疇。

　　其次，現實既然不完美，那圓滿的生命宜歸何處？方向是怎樣？此方向的極致又為如何？每一位哲學家所認為的最終理想往往不一樣；方向不同，實踐的方法便有差異，所達致的結果也就因之而不同，所以「價值論」是「中國實踐哲學」的第二個範疇。

二、內涵：潛能與實現

　　「內涵」指理想目標的內容，當方向確定後，便要去瞭解理想目標的內涵為何？知道之後才可能實踐以獲得之，故此為生命實踐的第二個向度。

　　前文的「價值論」只說某一個方向的極致是值得追求的，亦即提出「終極價值」作為生命實踐的目標，但那終極價值的內涵又是什麼？我是否具有達致此理想的潛能，這便是此一向度所要探討的內容。

　　當終極理想確定後，接著便會問：我是否具有達致「終極價值」的潛能，「本性論」便在探討此一課題；如果一個學說肯定：人人永具且同具此理，則成就理想為天經地義之事，於是人人終將達致理想的實現，這樣的道德學說在理論上乃能建立起來；反之，若一個學說不能肯定我生具永具此理，而且聖凡同具此理，則無法建構起圓滿的理論系統，故「本性論」是「中國實踐哲學」的第三個範疇。

　　若確定自己具有達致「終極價值」之潛能，那這一潛能作完全的開發後，便是生命的本然體性，故「本體論」是在探討生命最圓滿狀態下之內涵，純就「理」上作闡述；這是一個哲學體系所標明最高的理境，也是這一系統希望我們擁有的內涵，故「本體論」是「中國實踐哲學」的第四個範疇。

三、實踐：方法與成效

　　「實踐」是相對於理論，方向的確立與內涵的瞭解，較屬理論層面；如何將之內化於己心，則屬實踐層面；此為生命實踐學思考的第三個向度。

　　當一個生命對於現況的不圓滿有所了知，也確立自己追求的價值所在；他確定自己有達致生命圓滿的潛能，又知道生命圓滿的內涵是什麼；於是開始作實踐功夫。這時哲學家所提出的實踐方法，是否有效、全面、直捷、與最高級等，亦即能否使任何一個人迅速達致理想之境，也是生命實踐學重要的一環，故「功夫論」是「中國實踐哲學」的第五個範疇。

當使用的方法奏效後，一個生命必然不斷的逼近本體的理想狀態，此時成效便會顯現於心、身、境中，心身境會不斷產生變化昇華，這便是「境界」；這種心靈的高度與身境的改變，也是生命實踐學重要的區塊；故「境界論」是「中國實踐哲學」的第六個範疇。

四、人我：內聖與外王

「人我」是指主體與客體，生命的圓滿不會只是自了漢，必須是主客境智德福皆臻圓滿，才是真圓滿，因此除了上求還要下化，己立立人、己達達人，故人我關係是生命實踐學思考的第四個向度。

當主體的生命已經得到相當程度的解決之後，接下來是如何讓由近及遠的所有人同沾利益，讓他們都能共同走向生命的圓滿，一位哲學家到底有哪些善巧方便去度化這些不同生命特質、根器水平、文化背景的人，您能讓多少生命蒙受您的恩澤，這也是生命實踐學的一區塊，故「外王論」〔註37〕是「中國實踐哲學」的第七個範疇。

至於上求的向度，其內容已包涵於前文其他三組的向度中，故無須再立「上求」或「內聖」的範疇。故雖然將生命實踐學分就四組相對概念說明，而僅得出道德學的七個範疇。

這四向度七範疇，雖未必窮盡所有道德學說的內涵，但是傳統談道德學的主要內涵殆盡於是。故本論文以此四向度七範疇作為「中國實踐哲學」的範疇分類。以下對此七範疇作一論述，並說明每一範疇所要討論的內容，以及與其他範疇如何區隔。

第三節　中國實踐哲學之「七範疇」分論

一、現況論——探討現實不圓滿人生

現況論在討論現實中的凡人，說明他們的問題所在，如果不知道現實中人的問題所在，或不覺得現實中人有什麼不美好，那就不需要建構複雜的哲學體系，以求解決人類的問題，若然則一切的哲學都是枉然，屬多餘的無病

〔註37〕「外王」可重在「王」，而談政治主張與措施，也可重在「外」，而談如何影響別的生命；此處重在「外」字，包括一切的施為，只要能引致他人走向生命終極理想者皆是，不限於政治面向。

呻吟；所以這是中國哲學的基源問題。

　　人類的問題主要在「心」，所以現況論必須探討凡人的「心」到底有何問題？舉凡：「慾望」、「習氣」、「耳目之官」、「小體」、「聞見之知」、「貪瞋痴」、「見惑、思惑」、「惑業苦」、「五色令人目盲」、「心使氣曰強」、「成心」〔註38〕等，都是對於現實人生的說明；對於現實人類瞭解越全面越深入，所提出的哲學系統便會越圓滿極致。

　　「現況論」易與「本性論」相混，二者皆在探討「心」的問題，只是一個是在說明凡人的心理狀態，一個在說明聖人的生命情況；一個重在現實生命中的活動，一個偏於人的本質潛能。按「心」有兩種呈顯方式，一凡一聖；凡夫呈顯的心靈是不美好的、苦的、有執的，這部分屬現況論所述；聖人呈顯的心靈若就本質言，則為「本性論」所討論之範疇，若就「理」言則為「本體論」之領域，若就主體生命之表現言則屬「境界論」之範圍。

二、價值論──探討理想之生命方向

　　一個哲學系統在指出現實人生的問題後，下一步便要告訴我們，理想的願景在哪裡？現況既然不圓滿，那什麼樣的價值才值得追求，甚至宇宙間最為終極的價值是什麼？當我們確定了這樣的價值目標之後，我們的情意才能產生力量，念茲在茲朝此價值理想奮鬥挺進，若就哲學的邏輯順序言，這是生命實踐學第二個要說明的範疇。

　　「價值論」在探討什麼是有價值的，或比較各種不同的價值高低，以呈顯出最高、最究極、最圓滿的價值所在。如：「朝聞道夕死可也」、「不義而富且貴，於我如浮雲」、「士志於道，而恥惡衣惡食者，未足與議也」〔註39〕、「義利之辨」、「王霸之辨」〔註40〕、「正其誼不謀其利，明其道不計其功」〔註41〕、「尋孔顏樂處」〔註42〕、「顏子所好何學」〔註43〕等，都是指出方向目標，尤

〔註38〕以上分別為儒家、佛家、道家對於現況的說明，因屬平常基本之論，故不列文獻出處。

〔註39〕以上分別見於《論語》〈里仁〉、〈述而〉、〈里仁〉；見朱熹，《四書章句集注》（臺北：大安出版社，1994 年），頁 95、130、95。

〔註40〕以上見於《孟子》〈梁惠王上〉；見朱熹，《四書章句集注》，頁 279、287。

〔註41〕見〈董仲舒傳第二十六〉，《二十五史》、《新校本漢書》卷 56（臺灣：世界書局，1974 年），頁 2524。

〔註42〕此為周敦頤教導程子語，見〈木鍾學案〉，《宋元學案》卷 66（臺北：河洛圖書出版社，1975 年），頁 71。

其是一個學派的開山者，對於價值的指明便會特別重視，其後形成道統，便自然以此位開山者的價值為價值；所以，雖然後繼者對於價值所論較少，但並非不重視或不加論述，而是默認了創派者之價值歸趨。儒家如此，道家、佛家亦然，道家的「至人」、「真人」、「聖人」，佛家的「佛」、「菩薩」，便是他們認為生命中最值得追求的價值所在，反之，人間的身體、食色、名利、權位等與終極價值相較，便屬價值較低或無意義之事。

「價值論」與「本體論」易生混淆，兩個都在說明聖人的理想，唯「價值論」重點在說明「聖人」是值得追求的，追求聖人是有意義的，它讓您產生情意的嚮往，願意朝此目標前進，希望有一天達到「聖人」的理想；而「本體論」則在說明「聖人」是什麼內涵，純從「理」上去說明聖人的本質內涵為何，此為二者之區別。

三、本性論──探討善是否本然具足

當現況瞭解、值得追求的目標確定之後，便需思考我是否有能力達到「聖人」的理想，我是不是成就聖人的料子，進而追問我有無聖人的本質，最後若確定我與聖人的本質無異，那我成聖有保證，我終必成聖，這樣我走這一條路才不致徒勞無功、花冤枉功夫；同時企圖心便會更強、信心也會大增，自然很願意朝此價值理想前進，故「本性論」所探討的也是生命實踐中的大課題，就生命實踐學的邏輯發展順位言，此為第三個範疇。

「本性論」最主要在探討「善」是本具或外鑠的問題，若善不具於我身上，那會衍生向外求道的問題，我為何要求這個道？這個道為何是對的？我如何知道它是正確與否等難於克服的問題。「本性論」探討的兩個重點，一是善必須是人人永具──過去具、現在具、未來也具；其次，若善可以質與量論，那它的質與量也必須與聖人同質等量，這樣才有保證成就第一流圓滿的聖人，否則雖然會成聖，但那種聖可能是二三流的聖，這樣的本性論便仍是有缺陷的理論。以上二者歷來的儒釋道三家，必然同作肯定，即使於學說中未明言，而也必隱含此一理論於其中。〔註44〕

〔註43〕此為胡安定瑗試諸生之論題，見黃宗羲，《宋元學案》，頁48。
〔註44〕儒家主張本性為善，佛家主張人人有佛性，此皆有文獻根據；道家雖未明言人具有成聖本質，但從他功夫論之主張「為道日損」、「致虛極，守靜篤」等，亦可相當程度肯定道家主人具有成就生命圓滿之本質者。

　　按「本性論」有些學者作「心性論」，但因「心性論」就字詞上言，當包括心與性，「性」就本質言，「心」則可包括聖人的心與凡人的心，聖人的心可稱為性，凡人的心則是二元對立的系統；因此，「心性論」的語意範圍較大，除了探討聖人的心外，尚須探討凡人的心，本章此處用「本性論」，意在強調「性」──本質，而且於「性」前又加一「本」字，則更明確說明它是在處理本具與外鑠之問題。也就是說「本性論」只在處理：人是否本具善的問題；至於「性」的內容為何？則留待「本體論」說明；至於凡人的心，則已於「現況論」中交代；故不會發生分類重疊之問題。

四、本體論──探討究極理想之內涵

　　人人具有與聖人相同的生命本質既已確定，那生命實踐學下一課題是：聖人的本質是什麼？若相對於「價值論」言，就是我們追求的最高理想價值的內涵為何？這一內涵清晰瞭解後，將有助於自己走向這樣的目標，如果目標內涵模糊不清，只有理想的空概念卻不知實質內容，將會讓實踐的力道減弱，故弄清聖人的內涵實有其必要性，這便是生命實踐學的第四個範疇。

　　聖人的內涵，就中國哲學之正統義理言，便是「道」、「天」、「理」、「本心」、「無為」、「一元」、「實相」、「真如」、「涅槃」、「空樂明」等，這些概念旨在說明生命最圓滿的「理體」是什麼，本章稱為「本體論」，「本」非指時間概念的開始，而是指價值體系的源頭；「本體」相對於「現象」，本體意為本來體性，是聖人心所呈顯的狀態，現象意為事物的表象，是凡人心所顯現的情況；凡人是二元世界的活動者，聖人是一元世界的存在物；對於「本體」的描述是中國哲學獨特處，也是中國哲學吸引人的地方，它告訴我們生命除了凡人的現象外，尚有聖人體證的理境；中國儒釋道三家哲學，對於「本體」都有充分的描繪說明。

　　至於本體論與心性論、價值論的區別，前文已作說明，此不贅。

五、功夫論──探討生命實踐之方法

　　當自己感覺到現況的不完美，訂下值得追求的理想價值，而且自己確定具有與聖人相同的本質，也瞭解了聖人的內涵；就理論言已經足夠，下一步是實踐的問題，我如何透過努力而達到聖人的理想境界，將聖人的內涵由自己的本性中開顯出來，讓自己與聖人一鼻孔呼吸，故「功夫論」所探討的也

是生命實踐中的大課題，就生命實踐學的邏輯發展順位言，此為第五個範疇。

功夫論的內容非常多，就下手處言，如外境、身、心、良知、欲望、戒律、定力、智慧、慈悲、反省、懺悔、願求、力量等，就儒家言，如：「忠恕之道」、「孝悌」、「為仁」、「反求諸己」、「養氣」、「存心養性」、「涵養需用敬，進學在致知」、「悟」、「致良知」等多不勝舉；道釋兩家所論亦不少，這些內容目的都是要讓自己由凡入聖，由現象走入本體，由凡人的心境轉為聖人的境地，由不美好的狀態進到美善的世界中；但知是一回事，行又是一回事；要將所知化入生命的情意中，實乃困難重重，必經長期精進努力，乃能有成果，但就生命實踐學言，此為最重要者，否則說食不飽，一切立論都屬枉然。

「功夫論」與其他諸論界線分明，不致混淆重疊：現況論與價值論，偏向於靜態的描述，而功夫論著重動態的說明；心性論與本體論較是理論的闡明，而功夫論則是實踐的方法；因此與上列四大範疇不會有重疊混淆產生。

六、境界論——探討生命實踐之階位

如果一個生命發現自己的不圓滿，有心要達致聖人的價值理想，他相信自己本具聖人的內涵，也知道聖人的內涵為何，然後功夫的使用也正確得力，那他的心必會開始轉化，境界會不斷的提昇顯現，這是生命實踐的成果。對於各種境界的描述清晰而詳盡，會鼓舞實踐者，產生強烈信心，也會讓實踐者知道自己的地步份位，不會狂妄躐等，透過境界論可以知己知彼，不致誤入歧途；故「境界論」所探討的也是生命實踐中的大課題，就生命哲學的邏輯發展順位言，此為第六個範疇。

心靈淨化之效，並非 0 與 100 的兩極，而是作光譜狀的漸進分佈，因此由凡與聖之間，便可分為很多的層級，有些學說將它粗略的分段，另有些學說則較為細密的分等；如孔子將自己生命的進展大分為：志學、而立、不惑、知天命、耳順、從心所欲不逾矩〔註45〕；孟子分為：善、信、美、大、聖、神〔註46〕；佛教唯識學大分為五道：資糧位、加行位、通達位、修習位、究竟位；〔註47〕以及五十二位：十行、十信、十住、十回向、十地、等覺、妙覺。〔註48〕這是心提昇的過程，但無論這過程粗分或細別，首先心要有轉變，

〔註45〕朱熹，《四書章句集注》，頁 70～71。
〔註46〕朱熹，《四書章句集注》，頁 520。
〔註47〕見《成唯識論》卷 9，《大正藏》冊 31，頁 48b。
〔註48〕見《菩薩瓔珞本業經》卷 1，《大正藏》冊 24，頁 1017a～1018b。

心要越來越純淨、專一、慈悲、清明、喜樂、自在等；最終則達到最究竟圓滿的聖佛境界。

　　「境界論」與「價值論」、「本體論」易生混淆模糊；「境界論」一方面在探討生命提昇的各個階位的狀態，一方面也重在說明究竟圓滿的聖佛之階位；若就後者言，「境界論」、「價值論」與「本體論」都在探討生命圓滿理想的部分，只是三者偏重不同：「價值論」是重在什麼價值是值得追求的，只說明「聖人」、「道」、「涅槃」這些概念所表示的內容，是值得追求的；至於其中有那些內容則暫時不問，因為價值論的提出是初期，是生命實踐的第一個範疇，它只要大致知道什麼理想最值得追求便可，故不同於「本體論」、「境界論」之細部說明。「本體論」則進一步詳細論述聖人理想的內涵，但還止於理論的瞭解層次，它常常是客觀的論述「道」的內涵為何？而「境界論」對於聖人理想的說明，則為主觀深刻的描述，是將「本體」內化於我心之後，我的體會與心理狀況的描繪，它不是空洞的理論，而是實存的真切感受，故有別於「價值論」、「本體論」。

七、外王論——探討利生度眾之善巧

　　若經過前文六論的修學後，必然會通出去淨化外在的人事物，因為，若外在有不美善，己心便有不安，便是未達理想狀態；所以，當主體漸次提昇後，接著便是「下化利生」的工作，必須到達物我德福皆臻圓滿，方是生命實踐真正的終點，故「外王論」所探討的也是生命實踐中的大課題，就生命實踐學的邏輯發展順位言，此為第七個範疇。

　　「下化利生」的工作有非常多的內容，一個在作生命實踐者，幾乎一言一行都是在作外王事業，在成就其他生命走向圓滿之路；傳統儒者通常分為政治與文化兩項論述。「政治」指透過「得君行道」的方式，推展自己的政治理想，雖然速度快，但影響常是一時的；另一是透過「文化」，去深入人心，並及於後世，例如著書立說、開班授徒、成立學派、建立道統等等；透過不斷的淨化世界，直到這世界成為淨土，才是最後理想的完成，在理想未實現前，下化利生永無止境。

　　「外王論」與其他六論，因為對象的不同，故不致混淆重疊；前六論是屬於內聖部分，在談主體生命的淨化；「外王論」的對象是自己以外的生命，重點在引導其他生命走向生命的圓滿，故當不致混淆。

八、附論：宇宙論──宇宙之生成演化過程

中國實踐哲學的主要範疇略盡於上列之四向度七範疇中，唯有些實踐哲學系統中尚有宇宙論之內容，如《老子》：「道生一，一生二，二生三，三生萬物。」（50章）、「天下萬物生於有，有生於無。」（40章）、「道生之，德畜之，物形之，勢成之。」（59章）〔註49〕又如周敦頤《太極圖說》：「無極而太極。太極動而生陽；動極而靜，靜而生陰。靜極復動。一動一靜，互為其根。分陰分陽，兩儀立焉。陽變陰合，而生水火木金土，五氣順布，四時行焉。五行一陰陽也，陰陽一太極也，太極本無極也。五行之生也，各一其性。無極之真，二五之精，妙合而凝。乾道成男，坤道成女。二氣交感，化生萬物，萬物生生而變化無窮焉」〔註50〕等等，此為較著名之章句；其他如漢儒亦有甚多的宇宙論系統，此處不詳列；那宇宙論是否該放置於生命實踐學之範疇中，是一個可以討論的問題。

按「宇宙論」乃在探討構成宇宙的本來質素為何，以及這個世界由無而有、由簡單而豐富的演化原理為何；它重「在經驗世界之根源及變化規律上」〔註51〕，以滿足世人對於外在世界知的欲求，故與生命實踐學無直接關係，亦即若要作生命實踐未必需要懂得宇宙論系統，即使對於宇宙論未加涉獵，如先秦孔孟、宋明儒學的陸王等，一樣可以做好生命實踐；再者各家所提出的宇宙論系統，未必是生命實踐的成果，可能大部分為自己憶想推測之作，故每家所論往往不同；依哲學史觀點言，是較為幼稚的理論〔註52〕；故本章並未將之列入生命實踐學之範疇中。

第四節　結論

若將中國哲學的特質定位為「生命實踐」，符合此一特質者稱為「中國實踐哲學」，然後對於「中國實踐哲學」進行探究，所使用的方法論可以有很多，本章提出的方法論為「範疇法」，亦即對於「中國實踐哲學」進行邏輯的次範

〔註49〕按對於老子宇宙論的詮釋，未必非定位為外在宇宙的真實演化過程不可，如牟宗三先生將老子之「生」詮釋為「不生之生」，見牟宗三，《才性與玄理》（臺北：臺灣學生書局，1993年），頁162。

〔註50〕見「太極圖說」，〈濂溪學案〉（下），《宋元學案》卷12（臺北：河洛圖書出版社，1975年），頁108。

〔註51〕勞思光，《中國哲學史（三上）》，頁48。

〔註52〕勞思光，《中國哲學史（三上）》，頁49。

疇分類，以使「中國實踐哲學」的內涵更為清晰精準的呈現。

　　這樣的工作，在過去雖然有不少前賢從事探究，包括宋代以後的儒者，以他們理解的方式為生命實踐學的內涵作分類，以及近世知名學者精要的提點，還有近世大陸學者自覺地探究等，皆有不少的成績；只是前賢的努力仍存在著些許缺漏，例如早期的分類粗疏而未能掌握生命實踐的本質，故未能作相應的分類，近世國內學者則未能自覺地認定「範疇學」的價值，因而沒有把它當為重要課題去解決，以整理出完整的範疇體系；另外，大陸學者又每不能立基於生命實踐學的角度，由主體生命出發以作思索歸類，只由客觀資料作分析，往往不能相應於生命實踐學，故本章再進行相關的探究。

　　本章的入路是採取生命實踐學的角度，不是從客觀的資料作分析，而是由主體思索生命實踐學的相關諸元，以合乎範疇分類的理想原則之方式呈顯，希望由此建構出一個嚴密完整的「中國實踐哲學」的範疇架構。

　　本章透過生命實踐學必論及的四向度，將「中國實踐哲學」分為七範疇，這四向度是：一為方向的貞定，在探討現實生命的不圓滿，與理想價值的美好；前者為現況論，後者屬價值論。二為聖者內涵的釐清，在探討我人是否具有聖人的本質，與聖人的本質是什麼？前者屬本性論，後者屬本體論；三為實踐的落實，在探討實踐的方法，與實踐後的成效，前者為功夫論，後者為境界論；四為人我的圓滿，在探討主體生命的圓滿，與外在其他生命的圓滿，前者屬內聖學，後者屬外王學；因為內聖已釐析而化為前面的六論，故無須再作綜合的論說；故雖是四向度，每一向度探討兩個相對性質的範疇，最後只得七範疇。文末則附帶說明「宇宙論」雖然在很多「中國實踐哲學」的論述中出現，但因它與生命實踐學無直接必然的關連，因此，在探討「中國實踐哲學」的範疇時，並未將它歸入而另立一範疇。為了清晰而易於瞭解四向度七範疇的內涵，請圖示如下：

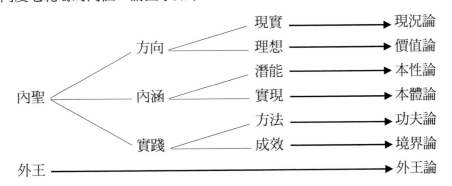

附註：

1. 本章觀念得李光泰先生啟發甚多，於此特致感激之忱。

2. 本章依華梵大學中文系第三屆生命實踐論文研討會《「道德學說」之診斷學芻議——以荀子為例》一文改寫，並得與會學者教正，於此申謝。

3. 二位審查委員提供甚多寶貴意見，包括論文題目的更換等，於此表達感謝之意。

徵引文獻

一、古籍

1. 班固，《新校本漢書》，臺灣：世界書局，1974 年。

2. 陳壽，《新校本三國志》，臺灣：世界書局，1974 年。

3. 劉義慶著，楊勇注，《世說新語校箋》，臺北：文光圖書公司，1974 年。

4. 孔穎達，《十三經注疏》，臺北：藝文印書館，1979 年。

5. 朱熹，《四書章句集注》，臺北：大安出版社，1994 年。

6. 黃宗羲，《宋元學案》，臺北：河洛圖書出版社，1975 年。

7. 紀昀總纂，《四庫總目提要》，河北：人民出版社，2000 年。

8. 《大正藏》，臺北：新文豐出版公司，1983 年。

二、今人論著

1. 唐君毅，《哲學概論》，臺北：臺灣學生書局，1978 年。

2. 馮契等，《中國哲學範疇集》，北京：人民出版社，1985 年。

3. 唐君毅，《中國哲學原論·原教篇》，臺北：臺灣學生書局，1990 年。

4. 唐君毅，《中國哲學原論·原性篇》，臺北：臺灣學生書局，1991 年。

5. 牟宗三，《心體與性體（一）》，臺北：正中書局，1991 年。

6. 唐君毅，《中國哲學原論·原道篇》，臺北：臺灣學生書局，1992 年。

7. 唐君毅，《中國哲學原論·導論篇》，臺北：臺灣學生書局，1993 年。

8. 葛榮晉，《中國哲學範疇導論》，臺北：萬卷樓圖書有限公司，1993 年。

9. 勞思光，《中國哲學史（二）》，臺北：三民書局，1996 年。

10. 張立文，《中國哲學範疇發展史》，臺北：五南出版社，1996 年。

11. 岑賢安等，《心》，臺北：七略出版社，1996 年。

12. 勞思光，《中國哲學史（一）》，臺北：三民書局，1997 年。

13. 勞思光,《中國哲學史（三上、三下）》,臺北：三民書局,1997 年。

14. 牟宗三,《中國哲學的特質》,臺北：臺灣學生書局,1998 年。

15. 王邦雄等,《中國哲學史》,臺北：空中大學,1998 年。

16. 葛榮晉,《中國哲學範疇通論》,北京：首都師範大學出版社,2001 年。

17. 王中江主編,《中國觀念史》,中國鄭州：中州古籍出版社,2005 年。

三、論文

1. 劉華,〈中國古代心理學史範疇研究原則論〉,《煙台師範學院學報》卷 17,期 3,2000 年 9 月,頁 68～79。

2. 彭彥琴,〈中國心理學思想史範疇體系的重建〉,《心理學探新》期 21,2001 年 4 月,頁 9～13。

3. 張加才,〈《北溪字義》與理學範疇體系的詮釋和重建〉,《廈門大學學報（哲學社會科學版）》,期 2004-3,2004 年 6 月,頁 115～122。

附註：本章曾以〈中國實踐哲學的範疇論〉之名,
發表於《華梵人文學報》期 8（96 年 1 月）。

第二章 孔子（上）——孔子本性論研究法芻議

摘要

  本論文旨在提出探究「孔子本性論」之恰當方法；於探討此課題前，先說明何謂「本性論」？何謂「孔子本性論」？歷來探究此課題之方法有哪些？最後，本章於海峽兩岸學者對本性論研究五種方法外，另提「前理論期研究法」以期能對孔子本性論作更整全之探究。

  「前理論期研究法」以為中國聖哲學問重在「實踐體證」，此種「體證」若主客觀條件配合，便自然產生堅實之理論系統；若主客觀條件不具足，即使未產生成型之理論系統，仍無害聖哲體證之真實與理論之潛在具足性。因此，若要探討聖哲「本性論」除經由成型期立論言說外，尚可追溯「前理論期」聖哲有關「實踐體證」之言說；必此二者兼述乃能較完足地釐清聖哲本性論內涵。

  本章以為孔子屬本性論發展初期，有關本性論之理論言說甚少，若能將孔子本性論探究展延至「前理論期」，將更能豁顯孔子本性論全貌，更能精確說明孔子本性論之價值與貢獻，此乃本章提出「前理論期研究法」旨意所在。

  關鍵詞：孔子、本性論、發生學、方法學、前理論期研究法

第一節　緒論

一、前言

孔子（551～479BC）是中國哲學史上第一位哲學家〔註1〕，也是儒家開山祖師，同時是中華文化中影響最深遠之聖賢，他對「本性論」如何理解，值得加以探究；唯歷來對此問題探究已多，研究成果亦豐碩。只是學者研究結論差異甚大，尤其海峽兩岸學者使用各自研究法往往得出迥異結論；有以為孔子對本性論是一片空白而無所建樹，有以為孔子是本性論初期屬籠統未分化前階段，有以為孔子是自然人性論，有以為孔子是性善論等，可謂不一而足。

學者對孔子本性論研究結果有如此差異性，故有必要對此等學者之研究法進行反省，以找出癥結所在；最後若發現此等方法皆有限制，那是否可尋覓出更為相應妥適之方法，以期得出更精確完備之結論，此乃本論文述作旨趣。

關於論述次序，本章以為要找出研究「孔子本性論」之恰當方法，宜先對「本性論」與「孔子本性論」有所瞭解，然後乃能考察歷來學者「治孔子本性論之方法」，接著乃能提出更精當之方法論，本章便依此次序論列。

二、「本性論」意涵

（一）何謂「本性論」

「本性論」簡言之即在探討：吾人是否生來便具「聖人內涵」之問題，又因「聖人內涵」各家論述不同，若將諸家所述聖人內涵統稱為「善」，那「本性論」三要點便是：吾人是否「永具善」、「皆具善」、與「圓具善」。

「永具善」：吾人永遠具有成聖本質之善，包括剛出生、一生中任一時刻、顛沛造次、為惡沈淪、甚至生前死後等時期，皆同具此善；亦即以善為人之本質，是固有本有且永不磨滅者，此為「本性論」所要探討之第一要點。

「皆具善」：此就所具之人數量的偏全言，亦即是全稱或特稱，是某些人

〔註1〕近世中國哲學史著作略以孔子為中國哲學家之首，如：馮友蘭：《中國哲學史》（臺北：臺灣商務印書館），1990年。勞思光，《中國哲學史》（台灣：三民書局），1997年。韋政通，《中國思想史》（臺北：水牛出版社），1995年。王邦雄等，《中國哲學史》（臺北：空大出版社），1998年。

或全部人——包括現實中善惡之人都具善；唯有「皆具」主張乃能保證「人皆可為堯舜」，否則便成有限之「本性論」；此為「本性論」所要探討之第二要點。

「圓具善」：此謂吾人中任一人所具之善，與已圓滿之聖者所彰顯之善為無二無別；聖者之善不為多，吾等之善不稍少；若本性可以「質量」言，那「圓具善」便謂聖凡之性「同質等量」；唯有如此主張乃能保證人人皆能圓證聖者究極果位；這是「本性論」所要探討之第三要點。〔註2〕

以上為圓滿本性論意涵，亦即若要證成某哲人之「本性論」，必完整列舉該哲人對上列三要點之論述，倘對此三要點皆有完足詳贍陳論，便可稱圓滿本性論者。三者中以第一要點「永具」最為基本，「永具」重在說明善是固有而非外鑠，此即孟子「仁義內在」、「義內」等義；若一道德學說不能滿足此基本要求，便不能稱為真正本性論者。所以若要證明某哲人為「性善論者」，最基本前提便是找到支持「永具」之論述。

（二）「本性」與「氣性」異同

與「本性」意涵相近者為「氣性」，「氣性」在探討人天生氣稟，如「清濁、厚薄、剛柔、偏正、純駁、智愚、賢不肖等」〔註3〕，按氣性之具於吾人每因人而異，有多有少、有正有邪、有純有雜，此種氣性與成聖無直接必然關連，故非本論文探討重點；亦即「本性論」在探討人是否具成聖本質，無論答案為「有」或「無」皆為相干者；若於述本性論時，歧出而論氣性之有無同異多寡強弱等，便屬不相干，二者內涵雖有類似處，但屬不同範疇；故知氣性課題可另論而不能與本性論混談；談「本性論」必慎防岔出以論氣性，更不能喧賓奪主，以氣性問題答案，當成本性論解答，此宜先說明者。

（三）「本性論」重要性

最後，對「本性論」重要性列舉說明如下，以見此一論題之嚴肅性。按本性論在探討是否人人「永具」、「皆具」、「圓具」成聖質素，若有一學說違

〔註2〕以上有關「本性論」內涵之論述，請參見許宗興，〈孟子性善論解析〉，《華梵人文學報》期4，頁31～72。該文對於孟子的本性論解析出四個意涵：「本具」（就時間言）、「皆具」（就人數言）、「圓具」（就品質言）、「實具」（就存在言）；其中第四意之「實具」，重在談孟子之現成良知，就孔子言此意不顯，故本文只論前三意；為免重複，相關論述請參考該文。
〔註3〕牟宗三，《心體與性體（一）》（臺北：正中書局，1992年），頁198～199。

背如此主張，將會發生以下結果：

1. 將使是非善惡等價值抉擇，失去依靠標準，此時道德主體將無法作價值判斷，只能依據外在提供之教條規範，以為價值判斷準據，且無法知道此一判斷標準是否正確，若有兩種以上準據衝突時更會茫然無所適從；蓋因所謂聖只是別人規定，每系統皆提供一聖之內涵，將使我疲於奔命，我無法確知自己要完成何種聖；如此當然無法走向真正聖之理想，甚至會因難於抉擇而舉步維艱；如此而欲追求成聖理想唯恃機運，若恰巧遇上真正之道德學說，或能引歸於道，否則將如歧路亡羊，永無成聖可能。

2. 若聖之本質不具我身，我便找不到成聖理由，當然沒理由走向聖，再者若最後真正達致聖之理想，我是否能真正喜樂自在，亦頗成問題。蓋我所具本質未必是善，若然則我未必要走向善，甚至若本性為惡，則反而要走向惡乃能實現我真正本質，也才能獲得真正喜樂自在；因此，若聖人本質非「本具」我身，將使道德學說無法建立，使我喪失朝向此理想動力，他人將無法說服我走向道德之路，我也終究不會走向道德圓滿境界。

3. 即使我願走向聖之理想，但因我未具成聖本質，故能否真正走向聖之圓滿境地實無把握，最少為艱辛途程且機率甚低，投資報酬率不高，萬人中難有一人能圓滿成聖，如此走法只能考驗我意志，努力透過堅強企圖心，打一場沒把握之仗，如此前提必讓人望而生畏。

4. 即使有志氣透過層層考驗而成就聖人，然對芸芸眾生仍無鼓舞作用，因他們會以為我因具聖人本質天份，而其他人則未必如此幸運而具成聖本質，於是他人會認為既然成聖要靠機緣，且自己又未必具聖之本質那何須努力，何必浪費時間心力於沒把握之事？故易望而卻步致裹足不前。

5. 再者，若我勉強成聖，因我未必具足與圓滿聖者一樣本質，我之成聖亦只聊表不致落後人太多，距真正圓滿聖者實難企及且不敢奢望，因我未必具與圓滿聖者相同本質，故只得甘心自足於初階之聖，別人之能成圓滿聖是他得天獨厚之異稟，而我只能滿足目前小格局之聖；如此心態將永無達到徹底圓滿聖之可能。

　　以上便是違背人人「永具」、「皆具」、「圓具」成聖本質之「本性論」，所可能產生之困難；反之，若是真正本性論者主張：人人「永具」、「皆具」、「圓具」成聖本質；則是非對錯之價值判準是在內而不在外，我之良知本性便是

價值之源，抉擇善惡判斷之本，不致造成無所適從、疲於奔命、寸步難行之險境，自己便能找到真正價值系統而依之以成就生命圓滿；此其一。

我為何要走向聖，因聖是我內在本質，我必依之而行乃能清安喜樂自在，乃得實現真正自己；若能依此本性而建構道德體系，便是依於我內心本然質性之自然展現，我當然依之而行以尋回自己本家，因此無須擔心沒道德實踐動力，必是心甘情願朝此方向邁進，完全服膺此種道德理想；故知如此本性論必易於走向道德圓滿之聖者境界；此其二。

其次，因聖是我本質，是我最內在真正聲音與期盼，我必會努力實踐它，即使現在不願努力，最終也必走向此理想，對任何人言皆是只此一路別無他途，因此我會覺得很有把握，成聖機率很高，雖是艱辛但樂此不疲，雖千萬人中難有一人成聖，但此為唯一之路，故會欣然接受而無勉強之感，又因見到未來理想而產生堅強企圖心，如此立論必讓人雀躍不已；此其三。

再者，如此本性論不僅能讓我走向聖之理想，且能讓世間人人產生嚮往之心，因不僅我具成聖本質，且所有人皆具成聖本質，「有為者亦若是」，成聖是人人有份而非少數特權階級專利，它沒運氣，不關天份，只要努力人人終必成聖；這對芸芸眾生鼓舞將無與倫比，人人躍躍欲試，期盼朝此自己生命本質奮進；此其四。

最後，若一道德學說肯定我圓具成聖本質，則真正成聖作祖，便非天方夜譚，我便可與真正聖人並駕齊驅、平起平坐、一鼻孔呼吸，前聖所知不加多，我成聖後所知不為少；我不僅可當聖人信徒，且可與之並排而坐成另一聖人，有此前景，當然不會滿足於眼前小格局，自甘於不圓滿現況，非達終極圓滿絕不終止，如此理論必能讓世人皆興起追求圓滿聖者之理想；此其五。

基於如上說明，本性論對一道德學說之重要性實不言可喻；若是違背上列「永具」、「皆具」、「圓具」之本性論內涵要素，將衍生甚多問題致使本身無法建構起完足理論系統；惟有合乎「永具」、「皆具」、「圓具」之本性論系統，乃能建構出真正之道德學說。因此，每一道德理論系統之本性論，理應接受如上檢證，若通不過便非理想本性論，由之所建構之道德學說亦將問題百出；唯有通過如上檢證之本性論，方是真正本性論，由之所建構之道德學說，乃為正確義理體系；本論文便在此前提下，對孔子本性論進行探究，以期弄清孔子本性論有無瑕疵，是否合乎如上標準。

三、「孔子本性論」意涵

（一）孔子學說主軸

孔子名丘，字仲尼，生周靈王 21 年（魯襄公 22 年，紀元前 551 年），卒周敬王 41 年（魯哀公 16 年，紀元前 479 年），壽 73 歲。孔子學說核心理念為何？最精要內涵為何？歷來有謂：「仁」、「仁禮」、「仁義禮」、「仁天」等說法。徐復觀先生說：

> 人格內在之世界是質的世界，是層層向上之立體世界；此一人格內在之世界，可以用一個「仁」字作代表。〔註4〕
> 孔學即是仁學。〔註5〕

此徐先生以「仁學」統攝孔子學說，牟宗三先生：

> 孔子出來，提出二概念，一是仁，二是天；我可以一句話來總括孔子之生命智慧，即「踐仁以知天」。他主觀地說仁，客觀地說天。孔子提出「仁」這觀念，關係重大，把人之主體性提出，由踐仁而上達天德。〔註6〕

此牟先生綜攝孔子學說為「踐仁知天」，以「仁」和「天」為孔子學說兩大要點，踐仁屬下學部分，知天屬上達領域，二者完成便是理想生命達致。蔡仁厚先生則稱為「踐仁成聖」〔註7〕，此與牟先生所言相近。勞思光先生謂為「仁義禮」：

> 「仁義禮」三觀念，為孔子理論之主脈。〔註8〕
>
> 「仁」之觀念為孔子學說之中心，亦是其思想主脈之終點。〔註9〕

勞先生認為孔子透過標榜「禮」，然後「攝禮歸義」再「攝義歸仁」，「仁」便是孔子學說最終極理想。至於大陸學者則普遍認為「仁禮」是孔子學說核心：

> 儒家學派之理論奠基人孔子建立了以仁為本源，以禮為表徵，仁禮合一之思想系統。禮是孔子對傳統之繼承，仁是孔子之創闢，仁是

〔註4〕徐復觀，《中國人性論史（先秦篇）》（台灣：臺灣商務印書館，1994 年），頁69。

〔註5〕徐復觀，《中國人性論史（先秦篇）》，頁90。

〔註6〕牟宗三，〈儒家的道德的形上學〉，《鵝湖月刊》期3（1975 年9 月），頁4。

〔註7〕蔡仁厚，《孔孟荀哲學》（台灣：臺灣學生書局，1994 年），頁71。

〔註8〕勞思光，《新編中國哲學史（一）》，頁111。

〔註9〕勞思光，《新編中國哲學史（一）》，頁118。

內在性原則，禮是外在規範。〔註10〕

孔子創立了儒家人學，以「仁」和「禮」為兩大理論支柱，仁為內
容，禮為形式。〔註11〕

此以「仁禮」為孔子學說中心思想，並謂「仁」乃為人處事之內在原則，「禮」
是行事做人之外在規範，前者是孔子創發，後者是孔子繼承。

按以上諸說皆甚切要簡明，都能相當程度統攝孔子義理內涵，若用三個
概念當是「仁義禮」，若收攝為兩概念當指平行關係之「仁禮」或垂直關係之
「仁天」，最後若更簡要而單提一概念，當非「仁」莫屬；故總持言之，孔子
學說核心內涵當是「仁」。

（二）「孔子本性論」所要探究之問題

「孔子本性論」乃在探討孔子對本性之看法，簡言之即為探討是否人人
「永具」、「皆具」、「圓具」問題；而孔子學說核心理念是「仁」，孔子所標榜
與志趣所在、日常實踐功夫、及最後達致境界，都是「仁」；所以我們便要問
這「仁」是否人人「本具」、「皆具」、「圓具」，此便為孔子「本性論」所要探
討之問題所在。到底孔子是否認定我人「本具」、「皆具」、「圓具」成聖本質
之「仁」，此為一有意義而重要之問題。

要探究此一問題便需提出縝密之方法學依據，而在提出本章之方法論前，
請先對前人研究法作一綜述。

第二節　前人研究法析述

目前學術界對孔子「本性論」探究雖有豐碩成果，但學者所論往往言人
人殊，尤其海峽兩岸差異更大；會造成研究結論迥異，與其使用之研究法實
有必然關係；故有必要對歷來有關孔子本性論研究法進行反省。

首先，瞭解他們各自使用何方法，進一步則對此等方法進行檢討，以明
瞭其利弊得失，最終則期望另尋覓出能補足現有研究法缺失之研究法；然後
依此等研究法以探究孔子本性論，庶幾能得出孔子本性論真相。

〔註10〕顏炳罡、劉光本，〈先秦儒家的義理開合與邏輯建構〉，《孔子研究》期 2001-3
　　　　（2001 年 6 月），頁 4。
〔註11〕王芳恒，〈孟子創立性善學的理論與社會契機〉，《貴州社會科學》期 2001-4
　　　　（2001 年 8 月），頁 51。

一、國內學者研究法

此處所謂國內學者，包括早期傅斯年與他所承襲乾嘉學派之阮元等；以及近世學者，如徐復觀、牟宗三、唐君毅、勞思光等先生；這些學者所使用之研究法，早期以「文字訓詁法」為主；近世則以「人性論史法」與「義理直觀法」為主〔註12〕；以下說明之。

（一）文字訓詁法

「文字訓詁法」是透過文字訓詁以考證文字意涵，然後持之以理解研究本性論資料；此種研究法理論上當是恰當無訛，然有時因錯誤知見而膠柱鼓瑟，反得出不正確結論，例如「性」本義是「生」，於是以「生」解「性」，甚至認為在戰國以前「性」之意涵就是「生」，亦即生而自然者，於是將先秦哲學典籍之「性」，全歸於自然義之生，此便產生嚴重謬誤。此種研究法重要著作有：阮元〈性命古訓〉〔註13〕及傅斯年〈性命古訓辯證〉〔註14〕等。

此研究法著重考據能力之運用，此屬研究古籍之基本功，不僅國內學者採用，大陸學者亦不能否定其效，〔註15〕唯就年代言，阮元、傅斯年等最先提出；故本章以之為此研究法代表。徐復觀先生對此法有如下描述：

> 清阮元擘經室集中有「性命古訓」一文，用訓詁字義之方法，欲復「性命」一詞之原有字義；由此原有字義以批難宋儒；其固陋可笑固不待言。傅斯年氏作「性命古訓辨證」，以為阮氏「訓詁字義之方

〔註12〕此處所列之研究法，只是一種概括，意不在為所有研究法做窮盡分類，且每位研究者容或有兼採其他研究法者，本分類旨在說明目前學術界研究孔子本性論有這些特色與偏重爾。

〔註13〕阮元，〈性命古訓〉，《擘經室一集》卷10（臺北：台灣商務印書館，1967年），頁191～214。

〔註14〕傅斯年，《性命古訓辨證》（臺北：中央研究院歷史語言研究所，1992年）。

〔註15〕如：「性」本字為「生」。按《說文》解釋，「生」本義為生出、生長，「生，進也。象草木生出土上」。由這本義自然引申出所生出者，即生命；又進一步引申出與生俱來者，這就是「性」。後來隨著人性問題的日益突出，古人才創造出「性」字，來代替作為「性」的「生」字。這兩個字字形雖異，但當時的讀音相同。值得注意的是，新字形產生後，舊字形仍並行不廢。也就是說，在先秦典籍中，有許多「生」字應該讀作「性」。可見，「性」和「生」是密不可分的，以致古人亦多以「生」解「性」。如告子說「生之謂性」，荀子說「生之所以然者謂之性」，董仲舒云：「如其生之自然之資謂之性」，劉向「性，生而然者也」等等。（見郭沂，〈從「欲」到「德」中國人性論的起源與早期發展〉，《齊魯學刊》期2005-2（2005年4月），頁10。

法，足以為後人治思想史者所儀型」；遂沿阮氏之方法，而更推進一步，以為「性」字出於「生」字，遂以「生」字之本義為古代性字之本義，更倡言「獨立之性字，為先秦遺文所無，先秦遺文中，皆用生字為之」、「孟子書之性字，在原本當作生字」、「呂氏春秋乃戰國最晚之書。呂書無生性二字之分，則戰國時無此二字之分，明矣；其分之者漢儒所作為也」。傅氏所使用之方法，不僅是在追尋當下某字之原音原形，以得其原義；並進而追尋某字之所自出之母字，以母字之原義為孳乳字之原義。〔註16〕

按此種「文字訓詁法」若不當使用，其錯誤誠為顯而易見，早期人類思想觀念簡樸，故未有「本性」概念，其後心智漸開觀念漸豐而產生「本性」概念，但因無相應文字可資表示，於是假借「生」字為之，其後文字漸孳乳出「性」字，在初期「性」與「生」仍多互用，有時以生為性，有時以性為生；其後因長期發展運用，語言文字重約定俗成，則「生」與「性」兩概念漸發展出各自獨立意涵而不相混淆，「生」用指產生、生長、生成之意；而「性」則指本質、生性、所以然之特質。

當「性」字產生之初期重在生而然之質性，其後又發展出生命本質之概念，亦即「性」字同時承載「自然義之性」與「本質義之性」〔註17〕；前者說明所有萬物天生之質性，牛有牛性，狗有狗性，草木各有其性，無生物亦有其性，是天生自然如此者。後者則指人類獨具之道德性，如良知、善性、天性、義理之性等。

先秦典籍中，「性」到底指「生」、「自然義之性」或「本質義之性」，實都有可能，必視哲學家所處時代與這哲學家整全義理系統，然後從上下文語脈中去探求真相乃能得知；實無法一概而論，將之化繁為簡而謂先秦之性皆作「生」解，或說某一哲學典籍之性皆作「自然義」解；必須仔細分析探研每位哲人在不同語脈中之獨特用法，乃能確知其真實意涵為何。〔註18〕

「文字訓詁法」缺失便在將先秦所有之「性」全化約為「生」，然後用生

〔註16〕徐復觀，《中國人性論史（先秦篇）》，頁4～5。
〔註17〕「自然義之性」或曰氣質之性，「本質義之性」或曰天地之性；前者屬生物意涵，後者為道德層次。前者說明人剛出生時之狀態，後者說明人異於禽獸之本質。
〔註18〕以上說法主要依據徐復觀，《中國人性論史（先秦篇）》，頁1～14；牟宗三，《心體與性體》（一），頁207。

解性，而不知文字演化與概念發展歷程，文字由「生」發展到「性」，生雖是性之字母、本義，性雖由生孳乳而來，但隨時代前進，「性」已脫離「生」之本義而有獨立意涵，此時不能再用生之本義以解性；就概念發展而言，初民無「性」概念，其後漸生「性」概念，甚至醞釀出「本質義」性之概念，此時當然不能以初民概念解後代哲學家術語，亦即壓抑後起哲學獨特觀念，將之等同於先民簡樸想法。〔註19〕故徐復觀先生總結說：「傅氏考證之疏，乃來自『以語言學之觀點解決思想史中之問題』之方法之謬。」〔註20〕

（二）人性論史法

「人性論史法」〔註21〕主要是徐復觀先生提出，徐先生依此寫成《中國人性論史（先秦篇）》，對先秦由周初經春秋時代、孔子、《中庸》、孟子、《易傳》、荀子、《大學》、老子、莊子、道家末流等人性，提出歷史發展之論述。〔註22〕此法原始用意在對治「文字訓詁法」缺失；說明探討哲學家本性論，不能徒從語言文字，更不能只由文字本義去解讀，如此詮釋過於簡單粗略且不合事實；要瞭解一哲學家本性論，必更縝密探索，首需將之當為「人性論史」一環，蓋本性論表述並非孤立事件，應將它歸於歷史脈絡理解，他所處時代為何？與他同時哲學家尚有哪些人與哪些主張；歷史是連續發展之產物，

〔註19〕 以上論述參考牟宗三先生與徐復觀先生說法，牟說見《心體與性體》（一），頁 207；徐說見《中國人性論史（先秦篇）》，頁 4～5。

〔註20〕 徐復觀，《中國人性論史（先秦篇）》，頁 11。

〔註21〕 徐復觀先生「人性」意含較寬泛，屬廣義人性論；因徐先生有《中國人性論史（先秦篇）》著作，以「人性論史」為書名，故本文仍本徐先生之舊，未依本論文標準改為「本性論史研究法」。

〔註22〕 其實這種研究法不限徐復觀先生，也不限國內學者，尤其近年大陸學者亦有此等意識，如「整個儒家的人性論在先秦便主要表現為三個階段的發展，從而也依次表現出三個特徵。其中第一個特徵就是普遍性原則的提出，這主要表現為從《詩》、《書》的實然生性到孔子有性善蘊含的相近之性的發展上，其最為突出之處在於通過與相遠之習的對舉以凸顯人性之相近的普遍本質，這也可以說是在人性問題上普遍性原則的確立。與第二個階段相應的特徵則肇始於《性自命出》而實現於《中庸》，這主要體現了一種超越性原則，——從《性自命出》的以天論性到《中庸》的「天命之謂性」，正表現著以天命肯定人性，或將人性提升於天命高度這一超越性原則的實現。第三個階段則表現於《孟子》，它體現的主要是一種普遍性與超越性融合統一的原則，——以普遍性支撐超越性，又以超越性肯定普遍性，從而使其普遍性為超越的普遍性，——基於天命的普遍性；其超越性又為普遍的超越性，——是凡人一同、人之為人的天命之性。」〔丁為祥，〈從《性自命出》看儒家性善論的形成理路〉，《孔子研究》期 2001-3（2001 年 6 月），頁 37〕。

早期無「性」概念，後期則不唯有性概念，且將「性」作更精微分化，故不宜一概而論，謂只要是「性」便作何意涵，那會將人類思想進化全加抹殺。

當確定思想家在本性論史上大致位置後，還需進到該思想家義理系統中實地印證，以確定如此理解真實無訛；接著又需走入原典語脈中作更細密之微調，以讓思想家真實原義畢現；這便是徐復觀先生所謂「人性論史法」，徐復觀先生曰：

> 單說一個「性」字，只訓詁性字之字義，這是語言學上之問題。我所要敘述之「人性論史」，是敘述中國文化史中，各家各派對人之生命根源、道德根源之基本看法，這是思想史上之問題。〔註23〕

> 春秋時代性字新義之出現，乃說明此一新義之後面，隱藏著當時之人們，開始不能滿意於平列之各種現象間之關係，而要進一步去追尋現象裡面之性質。……人性論乃由追求人之本性究係如何而成立的。〔註24〕

> 從思想史之立場來解釋性字，只能由它之上下文來加以決定。只能從一個之思想，從一部書之內容，用歸納之方法來加以決定。用歸納法決定內容之後，再由內容之涵蓋性，以探索其思想之內在關連。

> 由內容與內容之比較，以探索各思想相互間之同異。〔註25〕

以上乃徐復觀先生對「人性論史法」之說明，首段說明它與「文字訓詁法」不同，它不是由一個文字本義以之涵蓋全部各家本性論意含，而是需對中國文化史中各家各派本性論，進行察考而得出結果。次段說明本性論歷史發展，不同時代本性論便會有不同進展，以春秋時代為例，當時哲學家已不能滿足於平列現象間之關係，開始追尋事物背後本質內涵，這便是本性史之發展；末段說明要對某思想家本性論進行考索，需經嚴密操作程序乃得。

徐復觀先生據「人性論史法」指出歷史發展之必然趨勢，性字由生之本義，發展為事物天生本質，到孔子又發展為善性論，此為歷史發展軌跡，因此「《詩·卷阿》之「彌爾性」之性，只能作生而即有之慾望解釋；而《詩經》時代也只在此詩中看到性字。此外，《大雅·蒸民》之「天生蒸民，有物有則；民之秉彝，好是懿德」，孟子曾引為性善之證，後人便常以「秉彝」係就人性

〔註23〕徐復觀，《中國人性論史（先秦篇）》，頁1～2。
〔註24〕徐復觀，《中國人性論史（先秦篇）》，頁58～59。
〔註25〕徐復觀，《中國人性論史（先秦篇）》，頁12。

本身言。其實，這是一種誤解。」〔註26〕這便是徐復觀先生據「人性論史法」舉出兩項他以為錯誤之認知，因歷史發展有其前進性，早期不能有後代觀念之故。

按「文字訓詁法」抹除個別與時代差異性，完全以文字本義通貫所有哲學系統，這當然無法恰當精準詮釋各家「本性論」內涵；「人性論史法」強調時代差異與演進，不同時代有不同概念內涵，時代往前則性之概念亦不斷推陳出新，後期不會停留在前期概念內涵中，前期亦不能擁有後期之概念內涵，此為對客觀性之強調重視，當為較能接近真相之研究法。

然而若一味相信客觀，以為哲學觀念一定後代超越前代，前代無法提出後代觀念義理，則似又過度重視客觀性而忽視主觀性；實者真正聖哲智慧是有可能超越時代限制，其洞見可能不受囿時代見解；以前文而言，徐先生謂以《大雅蒸民》「天生蒸民，有物有則；民之秉彞，好是懿德」為性善之證，是一種誤解。牟宗三先生便持不同看法：

> 由好懿德以見人所秉持之常性。為此詩者確有道德之洞見，亦有道
> 德之真實感，故能直下從則、道，說到內心好德之實，即說到定然
> 之秉彞之性；雖未明言性字，亦必然要逼至此，故孟子直引之以證
> 性善也。〔註27〕

由此可知「人性論史法」在探究哲人本性論上確有效用，能讓人清晰本性觀念在歷史發展大略；然而研究本性論除這一客觀性需注意外，亦宜留意主觀智慧見地之獨特性，有時其直觀或亦能超越時代性，故仍須對哲人生命有直接體悟，乃較易完全掌握哲人義理內涵。

（三）義理直觀法

「義理直觀法」是透過文本直接契悟聖哲心靈之研究法，以義理角度體會理解哲人真實生命內涵，故凡重義理性之學者類可歸此類；如當代新儒家之唐君毅、牟宗三、徐復觀等是。唐君毅曰：

> 就其言之所及以觀，則於天命天道與性之差別，猶存舊義；而就其意之
> 所極以觀，則又非至孟子之心性之善，為孔子之學之教之文章之本源之義不
> 止。〔註28〕

〔註26〕徐復觀，《中國人性論史（先秦篇）》，頁57。
〔註27〕牟宗三，《心體與性體（一）》，頁209。
〔註28〕唐君毅，《中國哲學原論·原性篇》（臺北：臺灣學生書局，1991年），頁33。

　　此言若就孔子文本以觀，則孔子對本性仍立基於自然義；但若深入體貼之，則孔子本性論實蘊含性善內涵，最後終必發展至孟子性善論而後止；如此探究結論除文本外，尚須有直觀體貼。又牟宗三先生曰：

> 「其好惡與人相近也者幾希」，孟子此處所言之「相近」，恐即是孔子「性相近」之「相近」。如是，「相近」即是發於良心之好惡與人相同。孔子恐亦即是此意。如是，孔子此句之性當不能是「自生而言性」之性。……孔子對於「性與天道」並非不言，亦並非無其超曠之諦見。子貢不可得聞自是子貢之事。〔註29〕

此等結論不僅憑據文句推論而得，尚須藉助對孔子生命如實契會乃辨，上文牟先生認定孔子已有性善之論，已有對本性諦見，並謂子貢「不可得聞」自是子貢智慧力不足，非孔子未言本性論。如此論斷皆難由《論語》表面文字推論而得，必依牟先生對孔子生命之默契而經由直觀體會乃得。再舉徐復觀之說：

> 孔子「五十而知天命」之「知」，是「證知」之知，是他從十五志學以後，不斷地「下學而上達」，從經驗之積累中，從實踐之上達中，證知了道德之超經驗性；這種道德之超經驗性，在孔子便由傳統之觀念而稱之為天、天道、天命。……孔子所感受到之這種生命與天命之連結，實際即是性與天命之連結。〔註30〕

徐先生亦認為孔子由下學而上達，最後於五十歲時證知道德超經驗性之「天道」，而這種「天道」與「性」實相連結，亦即孔子五十歲時便對本性論有真實體會。此亦是經由義理體貼與生命直觀，認定孔子五十知天命之意涵，並連結至性之內容而認定孔子對本性論有真實體悟。

　　按前兩種研究法重在客觀性，包括文字訓詁法與人性論史法，皆重客觀證據以論述，義理直觀法則較重主觀性，強調詮釋者對哲人之貼切契會，若道德心靈高超能直接與聖哲默契，則準確性當甚高；唯因重直觀契會有時易涉主觀臆測而缺乏客觀論據，有時則推理過程易有跳躍；尤於現今科學時代事事講求客觀證據，故對某些讀者言或較難接受。

　　故知以上三種研究法各擅勝場亦各有不足，所幸三種方法並無本質衝突排斥性，故可兼採並用：由「文字訓詁法」可知「性」原始意涵，並對「以

〔註29〕牟宗三，《心體與性體》（一），頁217～218。
〔註30〕徐復觀，《中國人性論史（先秦篇）》，頁86～88。

生言性」之論性老傳統有相應瞭解；由「人性論史法」可知「本性論」在歷史發展大勢而不致前後倒置；由「義理直觀法」可使推論更貼近聖哲心靈；三者各有殊勝而不可偏廢；國內研究者對三法其實亦兼採並用，如牟宗三先生對「性」從《詩》、《書》、《左傳》文獻考證論析甚詳贍〔註31〕，便屬「文字訓詁法」；其次，依時代先後分期，說明「性」由「自生言性」到「超越面言性」，從孔子到孟子、《中庸》、《易傳》之詮釋手法，即是「人性論史法」；至於「義理直觀法」運用，更不勝枚舉；其他諸家實亦皆三法並用，此處不贅。

二、大陸學者研究法

相較國內學者言，大陸學者強調推理之完整性與新出土資料之運用，一切講事證，有多少資料說多少話，不做過多引申論述是其特點，以下說明之：

（一）文意推論法

大陸學者喜從文詞通常意涵作理解，並重邏輯推論之嚴密性，且常將所論問題作哲學性思索，最後以求真精神作結，不因孔子是聖哲而曲予迴護，這便是「文意推論法」特點。

> 「子曰：性相近也，習相遠也。」此「性」論，如果指義理之性，則當為天所賦予之普遍性者，不可能有「相近」義。如果指氣質之性，則不合孔子論道講學之性格。此示孔子之時，人性論尚未成熟。〔註32〕

以上是關於孔子僅有兩章論性資料所做之解讀，說明「相近」之說頗有問題，表示「孔子本性論」尚未成熟；這等於否定孔子對人性主張，無論性善論或自然本性論都不存在，如此看法普遍存在大陸學者研究中。亦有同採上法而得出另一結論，而謂孔子對人性雖有主張，但語焉不詳：

> 人性之本質是什麼？孔子對此未作明確之說明，人性到底是在善上相近，還是在惡上相近，亦或是在不善不惡上相近，我們不得而知。……只談到「性相近，習相遠」，究竟是怎麼樣個相近？卻沒有隻字說明。〔註33〕

〔註31〕牟宗三，《心體與性體（一）》，頁197～216。

〔註32〕朱維煥，〈儒家「人性論」之觀念演進與形而上根源〉，《鵝湖月刊》期221（1993年11月），頁13。

〔註33〕閻海燕，〈孔孟荀人性思想的演變及對其美育思想的影響〉，《常熟高專學報》卷13期1（1999年2月），頁38。

孔子有「性相近也，習相遠也」之說，但並未明言相近之性是什麼？
〔註34〕

此雖承認孔子也談人性但認為不常說，且對問題之答案說得不清晰。這雖較前一結論往前一步，但仍不認為孔子有明確之本性論，更遑論人性為善之論。以下又從另一觀點說明孔子未談人性：

> 孔子是按照自己之人道理想來規定人之本質和做人標準的。換言之，
> 孔子雖為人提供了「道德理想」原則，卻未在理論上指明道德可能
> 性之根據。……孔子的這些「為仁由己」之「成仁」思想多停留在
> 主觀論斷之層面上，帶有直觀性和經驗性之局限，未能上升為一種
> 系統之道德形上學。〔註35〕

這是說孔子談很多「仁」之內涵問題，且將「仁」當成我們行為最高準則，但卻未進一步反省為何「仁」是我們行為準則，所根據何在？亦即「仁」是否內在吾人性中，孔子並未反省說明，故是間接說明孔子未談本性論問題。此外另有學者，謂孔子有談人性，但所談為綜括性之談，是善惡未分之狀態：

> 在孟荀那裏，無論人性之本質如何，這種人性是完全相同的，……
> 孟荀對人性本質之規定是對孔子「性相近」思想朝兩個方向之發
> 展。〔註36〕

> 如果我們可以把孟荀之人性思想分別稱作正、反題之話，那麼，從
> 邏輯上看，孔子之人性思想就是孟荀論題理論上之合題，只不過這
> 合題是在先的。〔註37〕

> 孔子罕言「性與天道」，說明他對這一問題採取了極其慎重之態度。
> 在孔子那裏，人性問題還保留著一種作為儒家創始人之原始之豐富
> 性和向不同方向展開之可能性。〔註38〕

如此立論雖主張孔子談過人性，但所談乃孟荀二家之綜合，或說是孟荀二家未分化前狀態。

　　經由「文意推論法」對孔子本性論探究，所得結論是：孔子未談、談得不清楚、未深論人為何要走向「仁」、孔子本性論為孟荀未分化前狀態，如此

〔註34〕顏炳罡、劉光本，〈先秦儒家的義理開合與邏輯建構〉，頁8。
〔註35〕王芳恒，〈孟子創立性善學的理論與社會契機〉，頁52。
〔註36〕閻海燕，〈孔孟荀人性思想的演變及對其美育思想的影響〉，頁38。
〔註37〕閻海燕，〈孔孟荀人性思想的演變及對其美育思想的影響〉，頁38。
〔註38〕王芳恒，〈孟子創立性善學的理論與社會契機〉，頁54。

結論在國內算少有之見，但大陸學界則頗為普遍；當然近來亦有少數學者對孔子的本性論漸持正面肯定〔註39〕，但數量仍不多。

　　大陸學者對孔子本性論看法與國內學者懸殊，此與各自研究法有關，大陸學者一般根據文本資料作直接解讀，而孔子論性相關資料《論語》所載僅兩章，於是斷定孔子未言或未說清楚；雖孔子講「仁」資料甚多，但並未說明仁本具我性中，因此斷定孔子未言性；再從歷史發展言，孟子荀子既皆師尊孔子，而孔子只說相近而未明確說人性善惡取向，於是認定孔子屬性善性惡未分化前階段。

　　此種研究法優點為簡單清晰而不致模稜兩可，從表面言之無人能否認其推論結果，但孔子本性論是否真止於此，《論語》是否尚有其他篇章雖未標舉「性」字，但實蘊含孔子本性論思想於其中，再者孔子明言性之兩章，是否僅如上述學者所論內涵，實亦有討論空間。

（二）出土文獻法

　　大陸近世出土文獻資料甚多，藉由此等新出土資料之助，看問題會有嶄新視野與新證據，故研究結論便又有不同，新出土文獻對孔子本性論研究，主要表現在兩方面，一是「本性論史」新看法，一是孔子是否主張人性為善。前者與本章較不相干，後者則與本章直接關連，以下先簡要說明前者：

　　在中國本性論史發展上，到底是由「生之謂性」開始，或「生之謂性」與「義理之性」同時開展〔註40〕，甚至是由「義理之性」開始；若就理論言實皆有可能〔註41〕，但普遍看法是由「生之謂性」開始，然後漸發展出「義理之性」，最後則「義理之性」蔚為大宗。如此發展歷程，孔子本性論實是重要樞紐，而由孔子如何過渡到《中庸》、《易傳》、《孟子》、《荀子》，中間似尚

〔註39〕如丁為祥：「孔子的性習對舉，不僅使性具有了超越於習的一致性，而且也暗含著性就是人之為人的仁性與善性的涵義。」（丁為祥，〈從《性自命出》看儒家性善論的形成理路〉，頁36）。丁為祥又曰：「子貢的這一感嘆，一方面說明孔子的確很少直接論性與天道的問題，但這同時也說明，在孔子講學的氛圍中，性已經與天道處於同一層面了。」（同前）。

〔註40〕郭沂：「義理之性和氣質之性，雖然作為概念至宋代才明確提出，但作為事實卻一開始就已然存在。筆者甚至認為，中國人性論正是在這兩種人性的激蕩中萌芽和發展的。」（〈從「欲」到「德」──中國人性論的起源與早期發展〉，頁10。）

〔註41〕因對人性本質之瞭解，當是有聖人出現便肯定義理之性，故也有可能「義理之性」在先。

有跳躍，郭店簡《性自命出》〔註42〕篇之出土，便在說明中間銜接問題〔註43〕，
亦即謂：

> 孔子代表著普遍人性之提出，《性自命出》則代表著從四海齊一之普
> 遍人性向天命之性之提升與躍進；《中庸》代表著人性之超越性原則
> 之確立，《孟子》則是人性探討中普遍性與超越性原則之統一者與實
> 現者，從而也是儒家性善論之真正確立者。〔註44〕

此為透過《性自命出》篇，說明孔子後本性論發展大略理路，謂孔子是
「本性論」草創期，是善惡論未萌芽階段，故孔子並未肯定人性主張，更不
用說是性善論；甚至透過出土文獻之思想義涵，不少學者甚至認為孔子與荀
子皆重後天教育思想──德非人先天具有，必通過「教」乃能生於心。此與
歷來所謂「儒家道統論」作了顛覆與挑戰，使孟子是否繼孔子正統，不再是
「無庸置疑」之定論。〔註45〕

其次，新出土帛書《易之義》載孔子言「本性仁義」，此為直接關連孔子
本性論，亦即若能證明《易之義》是孔子作品，那一切爭論必自然止息，因
孔子親口說「本性仁義」，謂仁義為吾人本質；那性善說提出者便非孟子而是

〔註42〕《性自命出》之作者還難以斷定，但大體被學界認定為七十子後學所作。「重要
的則在於提出了一種「未教而民恒」的「性善」指向。其原文為：「未言而信，
有美情者也。未教而民恒，性善者也。未賞而民勸，含福者也。未刑而民畏，
有心畏者也。賤而民貴的，有德者也。貧而民聚安，有道者也。」這幾個「未」
以及賤而民貴、貧而民安，正表現了一種把握人性之自然而又本然的指向。」、
「到了《性自命出》，便有對人性與命、與天、與心、與情、與習以及善惡諸種
關系全方位的思考。其突出之處，一方面在於追溯了人性的天命之源，──這
正是對子貢「性與天道」問題的落實；另一方面則在於直下斷定了四海之性的
齊一性，這就既是對孔子性論的繼承，又對其「性相近」之說作了一個明確的
總結。」（丁為祥，〈從《性自命出》看儒家性善論的形成理路〉，頁31、36。）

〔註43〕至於銜接講法有多種：有以為是「孔子─告子─楚簡乃至於荀子，這是一脈
相承的關係──以生論性，強調『學以化成』，並進一步提出孟子反而是所謂
的『別子為宗』」。（陳氏引文見朱湘鈺，〈儒家早期心性論探析─從郭店楚簡
〈性自命出〉與告子之性論比較談起〉，「青年儒學國際學術會議論文集」（2003
年9月），頁304）；也有以為是「將告子、世子等人所主張的自然之性，作為
從孔子到孟子的過渡，亦即是性善說的醞釀。」〔見丁原植，〈《性自命出》篇
釋析〉，《郭店楚簡儒家佚籍四種釋析》（臺北：台灣古籍出版社，2000年），
頁35。〕

〔註44〕丁為祥，〈從《性自命出》看儒家性善論的形成理路〉，頁37。

〔註45〕可參考廖名春，〈郭店簡《性自命出》篇校釋箚記〉，《新出楚簡試論》（臺北：
台灣古籍出版社，2001年），頁133～140。

孔子，孟子充其量只是孔子性善說之弘揚。郭沂便持此說法：

> 在這裏以孔子學《易》為界，將孔子思想大致分為早期和晚年兩個
> 階段。早期孔子之資料以《論語》為代表（其中也雜有少許晚年言
> 論），晚年孔子之資料主要保存在今、帛本《易傳》當中，包括今本
> 《易傳》中之《繫辭》、《說卦》前三章、《乾文言》第一節之外之《文
> 言》，以及帛本《易傳》全部。〔註46〕

帛書《易之義》之作者為誰？是孔子或七十子後學？若是七十子後學，那他
引孔子語是原味或增入後代觀念想法？這些都為有待考證之事，就目前有限
證據，實難確定《易之義》作者必為孔子，或所引文辭係孔子原意；但若依
人性發展史及以可靠性較高之《論語》為佐證，如此說法似未必成立。孟子
之生上距孔子已一百餘年，若孔子已有此論，必有其他文獻記載，且孟子論
人性為善時必引之以支持己說，但皆未見此等資料。

　　以上新出土資料，對孔子本性論，會產生新視野與新證據，唯尚需其他
更堅實之佐證乃能成立，目前當是一研究方向，冀望未來會有更明確豐碩成
果。

三、結語

　　以上反省國內與大陸學界對孔子「本性論」之研究法，歸納得出共有五
種，此五法實不宜偏廢但須防其弊：

（一）「文字訓詁法」：要瞭解「性」之本義及哲學著作文本真實意涵，皆非
　　　文字訓詁法不為功；但若以「性之本義」為諸家論性之唯一意涵，則
　　　為膠柱鼓瑟；如此將無法知悉本性論之歷史發展，且只用文字訓詁法
　　　難於契會聖者心靈，故此將難於掌握本性論之全部內涵。

（二）「人性論史法」：可瞭解「性」在歷史中之演變，知悉隨時代前進人性
　　　不斷開展之內涵，有本性論史觀念乃不致讓諸家本性論前後倒置；但
　　　若只靠此法則無法掌握人性本源意涵，及深入哲人生命體貼其義理真
　　　意，對人性不易有深邃闡發。

（三）「義理直觀法」：此乃思直接掌握聖者心靈，但若缺乏論證之邏輯有效
　　　性，則易涉主觀獨斷而難於服人，故需有文字訓詁法與人性論史法之
　　　助，乃較不易偏失。

〔註46〕郭沂，〈從「欲」到「德」中國人性論的起源與早期發展〉，頁13。

（四）「文意推論法」：經基本文意理解與透過簡明邏輯推論是其優點，缺失則為較難深入把握哲人本性論深層義理內涵，此法亦當有文字訓詁法與人性論史法之助。

（五）「出土文獻法」：此法藉助前人未見文獻資料，以新穎觀點探索本性論問題，常有獨到見解；若有直接論述本性論之文獻資料且能證明其為真，則為最簡捷方法，只要靠一有效資料便可一役定江山；缺點是難於取得如此直接真確之資料，且若無前述諸法協助，仍難發揮其優異功效。

　　上列五種研究法可分為重客觀性之：「文字訓詁法」、「人性論史法」、「文意推論法」、「出土文獻法」；與重主觀契悟之「義理直觀法」；理想研究法當是主客觀方法皆須兼重。若只重客觀性，一切講求表層證據，有時較難深入哲人內在義理內涵；同理，若只偏契會體貼，又易涉主觀使推理不夠縝密，不易取信於學術界；故以上諸法皆須兼重，以期推論出更為真確之結論。

第三節　新研究法之試探

一、前人本性論研究法之限制

　　按前人所採研究法，無論偏主觀體會之「義理直觀法」，或是重客觀的文字訓釋之「文字訓詁法」、新資料之「出土文獻法」、論證推理之「文意推論法」、與歷史發展之「人性論史法」，重點都是依據孔子有關「本性」之相關論述；這對孔子「本性論」探討或有不足，蓋孔子時本性論尚未發達，孔子對本性直接論述尚少。但此並不意味孔子對本性論體會認定不多，實因當時主客觀因素限制，致孔子未能將之發為有條理之完整論述。此時若僅採孔子對「本性」有限而簡略之發言，以之論述孔子本性論，易患「以偏概全」之病──以有限資料推論整體性質之謬誤，由此所得答案便不易合乎事實真相。

　　雖然國內學者於論述孔子本性論時，較不受限於孔子直接論述「本性」之資料，間亦採《論語》中間接論及本性之資料，然因未作自覺反省故缺乏理論支持，且因是偶一為之的零星論述，故未將孔子相關資料作完整而系統性之闡論，是以所得結論之證據力仍嫌薄弱而較不易取信於人；於是有必要對孔子本性論加以自覺反省以尋求理論根據，並作有系統之全面論析。

二、「前理論期研究法」之提出

（一）何謂「前理論期研究法」

「前理論期研究法」是基於學說建構之發生學原理而提出之研究法；此法在理論上當是可適用於中國生命實踐學的各範疇，而本論文此處暫限於「本性論」範疇之探討。

若就「本性論」之發生學言，一個哲人由主體生命之體會認定到理論學說之建構完成，中間實有一漫長之發展歷程；此一歷程若要順利發展完成，除主觀方面需對本性有自覺深邃之體會、具建構學說之意趣與能力外，尚須外在客觀條件之配合；若主客觀因緣和合，便能建構出堅實之本性論學說。以下先不談客觀因緣與建構學說之意趣與能力部分，僅略就主體對本性論之認識掌握之發展歷程提出說明：

1. 不自覺認定：心中但有體會與認定而尚未經意識反省。此等認定會於相關言說中自然流露。
2. 自覺認定：已意識或反省到此問題，但未將之概念化與文字化。此時亦會將未概念化之體會流露於言談著述中。
3. 概念化：漸次將所意識之內涵加以概念化、文字化，故會有相關之概念表露於其言說著作中。但尚未建構起系統性論述。
4. 系統化：開始建構條理性論述，有系統地說明其理論內涵，並使其論述具一致性。但尚未經嚴密論證以證明其真。
5. 論證化：透過合乎邏輯推理之論證程序證明其真，甚至與其他理論對勘比較，並批判不同主張之學說。但尚未證明其為絕對真理。
6. 絕對化：經證明為絕對真理，其論證為千真萬確而無人能推翻其說。

此為理論學說之建構在「發生學」上可能之發展流程，當然此等階段實際上未必如此明晰確定，但中間需經此等歷程則當無可疑。這六階段未必所有的聖者在建構理論時皆會經歷，有些聖者學說只發展至前一、二階段，有些至三、四階段，有些則完全建構完成；這部分尚涉及其他主客觀因素，此處暫不論。

上列六階段若粗分為兩時期，便是「理論醞釀期」與「理論成型期」，或說「前理論期」與「理論期」。理論成型期或理論期是就理論之概念化、系統化、論證化、絕對化而言，它已使用概念語言作系統化論述，甚至以論證式

證明其為絕對真理；此為通常學者探討聖哲義理思想所依據者。理論醞釀期或前理論期，是尚無概念語言描述，更沒有系統化說明與論證，但它是哲人建構理論之源頭；此時也許完全未觸及本性論，或有觸及而未意識到，或已意識到而未概念化，雖缺乏明確表述但其為真實感受則無可置疑。透過此等訊息資料之蒐集探究，雖然過程較為繁複但卻能探得哲人真正本性論意向所在。因本方法重在依據理論學說醞釀期之資料，是屬成型理論之前期，故稱為「前理論期研究法」。

（二）「前理論期研究法」之依據

1. 中國哲學性質為生命實踐

　　為何「前理論期研究法」可被採用來探討本性論？其基本原理在於中國生命實踐學重在「實踐」而非「智測」，它首出概念是「成聖」而非「建構理論」。若中國哲學性質是「智測」且首出概念為「建構理論」，則前文所列理論發生之六階段次序便未必成立，前理論期也未必存在；蓋他們可能透過思辨直接進入理論發生之第六階段，或只在研究室中經由概念組合而迅速建構出一套理論系統。如此系統徒有義理之名而與生命了無關係，類似語言遊戲而與成聖搭不上線，實非中國哲學之所重。

　　中國哲學性質重在「實踐」而非「智測」，目的在「成聖」而非「純理論建構」；最後會有理論之產生，那只是生命實踐之副產品，是在完成生命實踐後自然而得者。基於中國哲學之此一特質，故前理論期與完成後之理論具有本質的一致性；因此要探討一個哲人的本性論，理論期與前理論期同具效用；此所以「前理論期研究法」對探討本性論具可行性。

2. 「體驗」與「理論」之本末先後關係

　　若論「前理論期」與「理論期」之本末先後關係，則當是「前理論期」在先而「理論期」在後；「前理論期」是本源，「理論期」為發展結果；對聖哲而言，並非先建立圓滿理論系統再作實踐，而是經由實踐自然體現理論；是實踐在先而理論之完成在後，亦即先有前理論期之生命體驗乃發展為理論成形期之具體論述，前理論期是生命實踐之朴質展示，也許未有完整固定之概念論述，但卻可見到理論本源之真實體悟；故前階段可稱為「本」，後階段可名為「末」；本可出末，末必因於本；可能未有末，但不會無本。這是就重實踐而以成聖為目標之中國哲學，在探討二者先後所必有之結論。職是之故，

當理論期尚未建立完成時，便可昂仗理論前期之言說，以瞭解此哲人對此範疇之真正意向。

（三）「前理論期研究法」之必要性

1. 就理論之完備性言

純就理論上言「前理論期」與「理論期」內涵，理當具有相當一致性，故只論其一便稱完足。然而因為有時資料過少，有時語意不明，有時說法不一，於是不得不求諸另一入路之探究；即使無上述困難，若能兩路同時進行，以為相互比觀印證，讓論證更為周延充足，實亦學術上之所要求。故除原先學術上所通用之「理論期研究法」外，本章又另闢「前理論期研究法」實亦有必要性，蓋能讓論證結論更為堅實完備。

2. 就現實之救弊上言

就本性論發展史言，先秦由《尚書》、《詩經》、《左傳》之萌芽期，到戰國之發煌期；中國人性論史上對本性論有較多論述當在孟荀之後；在此之前如儒家的孔子與道家的老子、莊子等，因外在客觀文化環境尚無本性論之論述風潮，致此等哲人未有豐富之本性論述；而據前文所言，本性論是生命實踐學中重要範疇，那如何能瞭解此等哲人對本性論之看法，若只依理論期之資料便會是困難，於是不得不另闢蹊徑，從「前理論期」下手，以為了知此等哲人本性論內涵之助。

（四）「前理論期研究法」之操作

依據前理論期研究法之說，只要依據聖賢生命實踐之體會認定，便能得出該聖賢對本性之真實看法，唯此等體會認定是雜多且不統一，蓋聖賢此時並未自覺地對本性內涵作論述，只單純傳達自己生命實踐之體會認定，因此必不會使用本性論範疇之特殊概念與文字，也必不會類聚於一處而集中論述，當是散見各處之零星言說，故無法輕易找到相關之有用資料，必經抽絲剝繭地詳加過濾，方能覓得有用而足夠之資料以為論述依據。

其法乃從聖哲言談著述之資料中一篇一章地研析判讀，以發現聖哲是否透露有關本性論之訊息，再進一步弄清聖哲是正面肯定或負面反對，其中原因何在？最後將所有篇章做統整性詮釋，以論定孔子對本性論最正確之看法為何。

第四節　結論

「本性論」是任何聖哲學說必探討解決之課題，孔子學說是中國義理學中最重要系統之一，唯孔子時代本性論尚未發達，孔子直接論性章節甚少，但孔子理該有對本性之看法，因此有必要對「孔子本性論」進行探索，唯對此一論題歷來學者所論甚夥，但此等學者提出之答案則差異甚大，有以為孔子主性善說，有以為孔子屬氣性論，有以為孔子屬「性」概念未分化前之籠統說人性，亦有以為孔子未談本性者。而所以有此等差異性實起於各家所用研究法不同所致，因此有必要對各家研究法作一檢視。

本章於探討各家研究法後，得出海峽兩岸學者探討孔子本性論之五種方法，並發現此等研究法各擅勝場，但亦各有不足，故本章期盼兼採各家之長，如「文字訓詁法」能考證語言文字本義，對原典解讀實不可或缺；「人性論史法」能瞭解本性論流變，時代不同對人性理解便異，此能精準把握各家所論大要；「義理直觀法」可讓人直接契入聖賢生命，體會聖哲真實心靈，能更精準把握哲人真實情懷；「文意推論法」重邏輯推理而不做過度解讀，尊重語言文字之直接表述，能言而有信不致有諍；「出土文獻法」能將本性論史發展之空白處填滿，本性論史發展不能有缺頁，出土資料可讓本性論史有脈絡可循。

本論文除肯定以上諸研究法外，另據義理建構之發生學原理，提出「前理論期研究法」，蓋義理系統之建構，需有主客觀條件配合乃能發展完成，而主體部分則需經數個階段之歷程發展乃抵於成，包括：感受體會→自覺意識→概念化文字化→理論系統化→論證化→絕對化等；此六階段又可粗分為兩時期：前三階段為「前理論期」，後三階段為「理論期」；通常後代學者之探究殆依哲人理論期之論述，但就孔子言，孔子屬本性論發展初期，孔子對本性論之論述僅兩見，故若要完整探究孔子本性論不得不另起爐灶。

基於以上要求，於是提出「前理論期研究法」，認為中國哲學屬生命實踐學，重實踐而非智測，目的是成聖而非純理論建構；理論是依據生命體證而來，它只是生命實踐之副產品；緣此故要瞭解哲人對本性之看法，除成型理論外，尚可溯源前理論期，這種前理論期之生命體會更是本性論之真實重要資料，且此種資料在哲人著作中甚為豐沛；本章以為此一資料之充分運用，亦是證成哲人本性論之重要方法，此所謂「前理論期研究法」。

故知要探究一個哲人之本性論，不能光憑「理論期」之有限資料，尚須往前溯源於「前理論期」之豐富資料，必此兩方面資料交互比觀對勘乃稱完

備；尤其若該哲人屬本性論發展初期，對本性發言不多，則更需恃「前理論期」資料之助，乃有辦法窺其全豹；孔子便屬本性論初期哲人，故本章以為要探究孔子本性論，除前文所列國內與大陸學者之五種研究法外，尚須另加「前理論期研究法」；如此或可更為完備而無遺漏地運用孔子本性論之全部資料，然後探究出孔子本性論之真確內涵，此本章述作之旨意。

徵引文獻

一、古籍

1. 《論語》，《十三經注疏本》，臺北：藝文印書館，1979 年。
2. 《大正藏》，臺北：新文豐出版公司，1983 年。
3. 朱熹，《四書章句集注》，臺北：大安出版社，1994 年。
4. 黃宗羲，《宋元學案》，臺北：河洛圖書出版社，1975 年。
5. 紀昀總纂，《四庫總目提要》，河北：人民出版社，2000 年。

二、近人論著

1. 唐君毅，《哲學概論》，臺北：臺灣學生書局，1978 年。
2. 牟宗三，《智的直覺與中國哲學》，臺北：商務印書館，1987 年。
3. 周群振，〈荀子思想研究〉，台灣：文津出版社，1987 年。
4. 唐君毅，《中國哲學原論·原教篇》，臺北：臺灣學生書局，1990 年。
5. 唐君毅，《中國哲學原論·原性篇》，臺北：臺灣學生書局，1991 年。
6. 牟宗三，《心體與性體（一）》，臺北：正中書局，1992 年。
7. 唐君毅，《中國哲學原論·原道篇》，臺北：臺灣學生書局，1992 年。
8. 傅斯年，《性命古訓辨證》，臺北：中央研究院歷史語言研究所，1992 年。
9. 牟宗三，《中國哲學十九講》，臺北：臺灣學生書局，1993 年。
10. 唐君毅，《中國哲學原論·導論篇》，臺北：臺灣學生書局，1993 年。
11. 徐復觀，《中國人性論史（先秦篇）》，台灣：臺灣商務印書館，1994 年。
12. 蔡仁厚，《孔孟荀哲學》，台灣：臺灣學生書局，1994 年。
13. 勞思光，《中國哲學史（二）》，臺北：三民書局，1996 年。
14. 勞思光，《中國哲學史（一）》，臺北：三民書局，1997 年。
15. 勞思光，《中國哲學史（三下）》，臺北：三民書局，1997 年。
16. 牟宗三，《中國哲學的特質》，臺北：臺灣學生書局，1998 年。

17. 王邦雄等，《中國哲學史》，臺北：空中大學，1998 年。

三、論文

1. 朱維煥，〈儒家「人性論」之觀念演進與形而上根源〉，《鵝湖月刊》期 221，1993 年 11 月。

2. 閻海燕，〈孔孟荀人性思想的演變及對其美育思想的影響〉，《常熟高專學報》卷 13 期 1，1999 年 2 月）。

3. 丁原植，〈《性自命出》篇釋析〉，《郭店楚簡儒家佚籍四種釋析》，臺北：台灣古籍出版社，2000 年。

4. 丁為祥，〈從《性自命出》看儒家性善論的形成理路〉，《孔子研究》期 2001-3，2001 年 6 月。

5. 顏炳呈、劉光本，〈先秦儒家的義理開合與邏輯廚構〉，《孔子研究》期 2001-3，2001 年 6 月。

6. 王芳恒，〈孟子創立性善學的理論與社會契機〉，《貴州社會科學》期 2001-4，2001 年 8 月。

7. 廖名春，〈郭店簡《性自命出》篇校釋劄記〉，《新出楚簡試論》，臺北：台灣古籍出版社，2001 年。

8. 許宗興，〈孟子性善論解析〉，《華梵人文學報》期 4，2005 年 1 月。

9. 郭沂，〈從「欲」到「德」中國人性論的起源與早期發展〉，《齊魯學刊》期 2005-2，2005 年 4 月。

附註：本章曾以〈孔子本性論研究法芻議〉之名，發表於《高雄師範大學國文學報》期 8，2008 年 6 月。

第三章　孔子（下）──孔子本性論探析

摘要

　　孔子是儒家開山祖師，也是中國哲學史上第一位哲學家，同時是中華文化中影響最深遠之聖賢，他對「本性論」如何理解，值得加以探究。

　　古代哲人本性論依發展階段可分兩型：「前理論期」與「理論成型期」；後者指哲人對本性論之論述已相當完足，故要研究此等哲人之本性論，只要將該哲人有關本性之論述作分析歸納便得；前者則哲人尚無充足完整之概念陳述與理論架構，故若要研究此等哲人之本性論，無法取給於哲人對本性之相關論述，故得另覓新法。

　　孔子的本性論屬「前理論期」，蓋《論語》中論「性」文字僅兩見，實無法單憑分析歸納此有限資料以知孔子本性論內涵；故本章提出「前理論期研究法」以為探索孔子本性論之方法論，此法將探索範疇延伸至未用本性概念描述的本性思想中，藉由對此等資料之蒐羅考論，期能得出孔子本性論之完整意蘊，斯本章之旨。

　　關鍵詞：孔子、本性論、前理論期研究法

第一節　緒論

一、前言

　　孔子是儒家開山祖師，也是中國哲學史上第一位哲學家，同時是中華文化中影響最深遠之聖賢，他對「本性論」如何理解，值得加以探究。

　　本論文旨在究明孔子對本性之主張，到底孔子是否主張人天生本具成聖質素？是否人人皆具成聖質素？甚或人人圓具成聖質素？又《論語》中有哪些篇章可為直接或間接證明？此等便是本論文所期解答之問題。

　　若孔子本性論內涵確定，中國本性論發展史便可說，後繼者如孟子在本性論史地位乃能因之而明，到底孟子是獨創性善新說，或承繼孔子本性論發揮〔註1〕；荀子是因於孔子本性論而發展或轉向歧出；甚至告子與「性自命出」帛書等關係，乃能因之論定；故就中國本性論史發展言，孔子本性論實有必要加以釐清。

　　其次，若一義理系統無法肯定性善主張，勢必造成理論本身不周延，衍生諸多義理矛盾，使該道德學說無法建立；孔子是中國義理學開創者，有必要對其本性論作釐清，並檢視其學說是否有理論瑕疵。此就學說內部之理論建構言，孔子本性論亦有必要加以論定。

　　職是之故，本章乃對孔子本性論作探析，以期弄清孔子本性論真實內涵。而本論文使用資料主要為《論語》〔註2〕及其重要注家之詮釋，包括劉寶楠、朱熹等前賢著作，及近世學者研究成果等。

二、「本性論」之意涵

　　本論文所要解決者為：「孔子本性論內涵為何？」或說「聖之內涵」是否具足我心之問題？依孔子之說，成聖內涵為「仁」（超越言之為天），那這「仁」（天）是否具足我心？若孔子主張仁（天）具足我心，便可說孔子主張吾人本性具足仁或籠統說「本性為善」。

　　按此處所謂「具足」有三義：「生具」、「皆具」、「圓具」〔註3〕；「生具」

〔註1〕陸象山嘗言：「夫子以仁發明斯道，其言渾無罅縫；孟子十字打開，更無隱遁；蓋時不同也。」〔見陸九淵，《象山全集》卷34（臺北：世界書局，1990年），頁253。〕朱熹，《四書集註》引程子言「孟子性善、養氣之論，皆前聖所未發」〔見朱熹，《四書章句集注》（臺北：大安出版社，1994年），頁277。〕勞思光先生：「孔子立仁義禮之統，孟子則提出性善論以補成此一學說。」〔見勞思光，《新編中國哲學史（一）》（臺灣：三民書局，1997年10月增定九版），頁159。〕以上三家對孟子在哲學史上之位置看法便不一，所以產生此差異，乃因孔子本性論尚未釐清，若孔子本性論確定，則孟子性善論等在哲學史上之位置便可因之確立。

〔註2〕勞思光先生：「孔子思想學說之唯一可靠資料，即門人所記述孔子言行之《論語》。」（見勞思光，《新編中國哲學史（一）》，頁110。）

〔註3〕見許宗興，〈孟子性善論解析〉，《華梵人文學報》期4（2005年1月），頁31～71。

重在生而具足「成聖內涵」，包括生具、今具、未來具、永具、不可磨滅之具等意涵；「皆具」重在人人都具足「成聖內涵」；「圓具」重在所具「成聖內涵」之品質毫無瑕疵、百分之百完整、與聖者所具無二無別。故知理想本性論必說明「生具」、「皆具」、「圓具」，其次需說明「生具」與「皆具」；最少則需說明「生具」。故要證明孔子主「性善論」，至少要證明孔子主吾人生具成聖本質，最好則有足夠資料證明孔子同時主張「皆具」，甚至「圓具」成聖內涵。

三、本論文研究法

　　本章所採研究法有二：一是「理論成型期研究法」，此乃將《論語》述及性者與歷來學者詮釋，透過歸納與分析以探得孔子對本性看法，此為歷來學者研究孔子本性論之法；另一為本章獨採之「前理論期研究法」，以下簡要說明之。〔註4〕

　　按哲人之理論建構，通常由初期對該主題的不自覺認識體會到自覺意識，接著將之概念化、系統化，最後達到建構嚴密完整之理論系統。若將此種過程區分為兩期，便是「前理論期」與「理論成型期」；有些哲人之理論，由「前理論期」之醞釀，發展到「理論成型期」而完成該理論系統；另有些哲人則僅發展到「前理論期」而未有理論之成型與完成。

　　若哲人已發展到「理論成型期」，則要研究此等哲人對該主題的看法，只需將該哲人有關該主題之論述，作分析歸納便得。然而若該哲人之理論尚未建構成型，甚至未有概念化論述，抑或連自覺意識皆未達到；那是否便意味無法探索此哲人對該課題之看法，甚至直接論定此哲人無有關於此範疇之看法。本章以為不然，蓋此時仍可依據該哲人自然流露之心思體會，而推斷出此哲人對該課題之意見；此乃因中國哲學重實踐而非智測；在「前理論期」便已決定理論之內涵趨向；未來完成的理論系統實已具體而微的存在於哲人體會中，只因主客觀因素未臻成熟，故未做概念性與系統性表露；若主客觀因緣配合便能順利發展成型，故就中國生命實踐哲學言，「前理論期」之體驗認定當與「成型期」之論述無二致。

　　當一理論系統因主客觀因素致無法順利發展成型，此時因無法看到完整成型理論學說，傳統學者便易認定此哲人無此理論系統；本章以為無成型期

〔註4〕此種研究法的意涵、理論基礎、操作過程等，請參見許宗興，〈孔子本性論研究法芻議〉，《高雄師範大學國文學報》期8（2008年6月。）

理論系統，並不必然表示無前理論期之體驗與認定；此時若求諸「前理論期」之文獻資料便能掌握此哲人之理論內涵。再者，若此哲人因「成型期」資料有限致被誤解其本意，亦可求助「前理論期」資料之佐證，以確立哲人原始論述之意旨；此為「前理論期研究法」之效用。

故知若要瞭解中國本性論史初期哲人之本性論，因他們未有本性之概念，更無系統化論述，此時便需仰賴「前理論期研究法」之助；乃能探索出哲人真正本性論之旨。孔子屬中國本性論發展初期，因主客觀因素致未能建構本性論之完整論述，《論語》有關「性」之說明僅兩章，故不得不求諸「前理論期研究法」。

四、本章探究進路

本章將孔子本性論內涵分兩期論述，一是理論成型期資料，孔子勉強可稱此期資料者僅兩章，此即孔子本性論之直接資料；另一為前理論期資料，孔子相關論述本章紬繹得十七章，此為孔子本性論之間接佐證。至於論證孔子是否主「性善」，則依孔子是否有「生具」、「皆具」甚至「圓具」之論述而定。

第二節　孔子「本性論」考論

孔子在本性上之論述因受限主客觀因素，包括人性論史發展尚在萌芽期、外在文化環境未有相對期許、弟子未有強烈需求等客觀因素；以及孔子本身意趣、擅長、自覺等主觀因素；造成孔子對「本性論」語焉不詳而缺乏明確性，存在甚多模糊空間；且《論語》中使用「性」字僅兩處，一為孔子自言，一為子貢感嘆，其他便付闕如。本章除據上列直接論述「性」之兩章外，又溯源「前理論期」之論述資料；前者本論文採一般論文之析論法，後者則採「前理論期研究法」。並附錄其他載籍有關孔子本性論記載以為參考；最後則論定孔子本性論內涵當為如何。

一、《論語》直接論「性」篇章

《論語》直接言「性」者兩章爾，本章將採傳統學術之研究法，主要為解析歸納前哲之詮釋內容並確定其可能內涵。

（一）性相近也，習相遠也。（陽貨）

此為《論語》中孔子直接言性之唯一章句；故若能清楚明瞭其意旨，便能略知孔子本性論主張，故有必要深論之。此章可討論者三項：此處「性」意涵為何？（為確定孔子本性之意涵，宜同時參酌他對氣性之論述）；「相近」意涵為何？次要問題是：「性近習遠」之貢獻？

1.「性」之意涵

「性」可分兩類，即張載所謂「天地之性」與「氣質之性」，或稱「天性」與「氣性」。〔註5〕若孔子此處「性」指「天地之性」便是本論文探討範圍；若此處「性」是「氣質之性」，則非本論文探討範圍，按「氣質之性」與成就生命圓滿無關，故不屬本論文探討範疇。先看歷來註釋家說，《邢昺疏》：

> 此章言君子當慎其所習也；性謂人所稟受以生而靜者也。〔註6〕

《邢昺疏》似將「性」解為「天地之性」，此屬「人生而靜」者，但邢昺未說明為何如此解釋，亦未說明既是「天地之性」為何不是「同」而只是「相近」。二程子謂：

> 此言氣質之性，非言性之本也。若言其本，則性即是理；理無不善，孟子之言性善是也；何相近之有哉。〔註7〕

> 凡言性處須看他立意如何；且如言人性善，性之本也；生之謂性，論其所稟也。孔子言性相近，若論其本，豈可言相近？只論其所稟也。〔註8〕

> 棣問：孔孟言性不同如何？曰：孟子言性之善，是性之本。孔子言「性相近」，謂其稟受處不相遠也。〔註9〕

依上引二程子說則本章「性」為「氣質之性」，因唯如此理解乃能照顧後文之「相近」，蓋既是「相近」便不會是「天地之性」而必為「氣質之性」。至於

〔註5〕相關論述已太多，如：二程子曰：「生之謂性」與「天命之謂性」同乎？性字不可一概論。「生之謂性」，止訓所稟受也。「天命之謂性」，此言性之理也。今人言天性柔緩，天性剛急，俗言天成，皆生來如此，此訓所稟受也。若性之理也則無不善。曰天者，自然之理也。〔程灝、程頤，〈河南程氏遺書〉卷34，《二程集》（臺北：漢京文化事業，1983年），頁313。〕

〔註6〕《論語》，《十三經注疏》（臺北：藝文印書館，1979年），頁154。

〔註7〕朱熹，《四書章句集注》，頁246。

〔註8〕程灝、程頤，〈河南程氏遺書〉卷24，頁207。

〔註9〕程灝、程頤，〈河南程氏遺書〉卷22上，頁291。

朱子則依違兩說間：

> 此所謂性，兼氣質而言者也；氣質之性，固有美惡之不同矣；然以
> 其初而言，則皆不甚相遠也。但習於善則善，習於惡則惡，於是始
> 相遠也。〔註10〕

朱子似謂此處「性」兼「天地之性」與「氣質之性」，非專言「天地之性」亦
非專言「氣質之性」，是將兩者混一而籠統說之為「相近」。如此立論似謂孔
子尚分不清兩種性之差異，此似較專言「天地之性」或「氣質之性」者為後
退。再看近世學者說法，傅斯年先生曰：

> 告子之說，與孔子「性（生）相近也，習相遠也」之說合，孟子則
> 離孔子說遠矣。告子言性以「生謂之性」，此合於孔子所謂「性相近，
> 習相遠」之說。〔註11〕

傅先生謂孔子之性與告子之性，皆指「生之謂性」，亦即都謂「氣質之性」；
而徐復觀先生與牟宗三先生則謂此處之性乃就「天地之性」言。〔註12〕

按此處「性」所以難解有三因：一是孔子為聖人，言性不該指氣質之性。
二是依訓詁例，同書兩「性」字當同訓，他處之性既與「天道」連言，必指
天地之性，則此處「性」亦當指「天地之性」。三是若依上下文意宜解為氣質
之性較當，蓋會「相近」而非「相同」，惟氣質之性乃有可能。

解決此問題有三法：第一將此「性」解為「天地之性」，但需交代「相近」
之意涵，需將「相近」與「相同」差異弭平，往昔註釋家未有如此說明，徐
復觀先生與牟宗三先生當是最先提出如此解釋者，雖有勉強但能言之成理。
第二是將此「性」解為「氣質之性」，如此詮釋需說明兩事，首為聖人所談為
何是「氣質之性」，次為同書為何兩性字意涵不同。第三是將此處「性」解為
未分化前狀態，「性」尚未有明確與固定內涵。按此三種解法皆能言之成理：

第一種解法將於論及「相近」意含時再說明。此處先論第二種將「性」
解為「氣質之性」者，按《論語》言「氣質之性」處甚多，言「氣質之性」
有高低差異者亦不少，如：

> 子曰：唯上知與下愚不移。（陽貨）

〔註10〕 朱熹，《四書章句集注》，頁246。
〔註11〕 傅斯年，〈論告子言性實言生兼論孟子一書之性字在原本當作生字〉，《性命古
訓辨證》（臺北：中央研究院歷史語言研究所，1992年），頁35。
〔註12〕 見徐復觀·《中國人性論史（先秦篇）》，頁77～79；牟宗三，《心體與性體（一）》，
頁217。

子曰：中人以上，可以語上也；中人以下，不可以語上也。（雍也）

孔子曰：生而知之者，上也；學而知之者，次也；困而學之，又其次也；困而不學，民斯為下矣。（季氏）

子曰：古者民有三疾，今也或是之亡也。古之狂也肆，今之狂也蕩；古之矜也廉，今之矜也忿戾；古之愚也直，今之愚也詐而已矣。（陽貨）

子曰：不得中行而與之，必也狂狷乎。狂者進取，狷者有所不為也。（子路）

上列五章皆談才性差異，前兩章似將人分上中下三品；第三章將人分生知、學知、困知、困而不知四等；第四章說明古今人有狂矜愚之不同；末章說明才性有中行、狂、狷之異。若依此而言則孔子說「性相近」未必不指才性，因《論語》有如此多章在探討才性問題。

第三種將「性」解為未分化前狀態，籠統說人有天生部分與後天習得部分；而先天之差異吾人不易察覺，當我們發現差異時，常是已經後天環境與主體努力所改變者；在此前提下說「性」相對於「習」，性不易被發現，習則易被覺知，故曰：「性相近，習相遠」。如此理解似亦言之成理。且就人性論史發展言，孔子屬人性論初萌芽期，此時聖哲尚未自覺意識到人性深層意涵，未啟「天地之性」說統，屬本性論史初期說法，是混合籠統地對「性」作說明，如此亦可說。再者，若一概念普遍流行於當時，其出現頻率必高，如孔子之仁、義、禮等，而「性」在《論語》中僅出現兩次，更有理由相信，孔子之「性」或當屬性未分化前狀態，是本性論發展初期之說法。

2.「相近」之意涵

就二物同異關係言，其間程度若分五等級當是：全同、同多異少、同異各半、同少異多、全異。而所謂「相近」當指第二等級或第一、二等級間，絕不可能指第一等級。故王弼曰：

性相近也，若全同也，相近之辭不生；若全異也，相近之辭亦不得立。今云近者，有同有異……雖異而未相遠也，故曰近也。〔註13〕

王弼說「相近」與「全同」有別，相近雖較近於同而遠於異，但尚非全同；

〔註13〕樓宇烈，〈《論語》釋疑輯佚〉，《王弼集校釋》（臺北：華正書局，1992年），頁632。

邢昺亦謂：「人皆相似，是近也」〔註14〕，邢氏用「相似」說「相近」，似又往同之方向傾斜一些，但無論如何二者仍有區別。《朱注》：「然以其初而言，則皆不甚相遠也」〔註15〕，朱子以「不甚相遠」解「相近」，亦承認其差異性，只是差異不大而已；程子之解釋則直接承認「相近」非「全同」，故曰：「若言其本，則性即是理；理無不善，孟子之言性善是也；何相近之有哉。」〔註16〕亦即因非「全同」故否定其為「天地之性」。因此，今若要將孔子之性解為「天地之性」，便需將「相近」解為「全同」乃辦。徐復觀先生有創闢性解法，他說：

> 我覺得性相近也之「相近」，應當與孟子告子牛山之木章「其好惡與人相近也者幾希」之「相近」，同一意義。朱元晦對孟子此處之解釋是「好惡與人相近，言得人心之同然也」，這是對的。〔註17〕

牟宗三先生亦有類似之論：

> 伊川謂此是屬于氣質之性，蓋就「相近」而想。因義理當然之性人人皆同，只是一，無所謂「相近」。唯古人詞語恐不如此嚴格。孟子言：「其日夜之所息，平旦之氣，其好惡與人相近也者幾希」。孟子此處所言之「相近」恐即是孔子「性相近」之「相近」。如是「相近」即是發於良心之好惡與人相同。孔子恐亦是此意。如是，孔子此句之「性」當不能是「自生而言性」之性，亦不必如伊川講成是氣質之性。〔註18〕

按《孟子》牛山章說明人天生之性皆善，因受環境摧殘使善漸失，唯因受平旦之氣滋養，良知善性又會顯發，此時所顯發之善性與天生本質，有些許相近相似；此處相近是否即為相同，實有討論空間，而徐牟兩先生引孟子文及《朱注》並謂其「全同」，似有不安。再者，孔子在孟子前，是否可以孟子之意解孔子之說，實亦有問題。

　　基於以上討論，本章以為「相近」之「性」未必指「天地之性」。此句當是說決定人發展之差異性有二因素：「性」與「習」；「性」指人天生本性部分，因此部分差異性不易覺查，故孔子以為「性近」；「習」指後天發展言，此部

〔註14〕《論語》，《十三經注疏》，頁154。
〔註15〕朱熹，《四書章句集注》，頁246。
〔註16〕朱熹，《四書章句集注》，頁246。
〔註17〕徐復觀，《中國人性論史（先秦篇）》，頁77。
〔註18〕牟宗三，《心體與性體（一）》，頁217。

分容易明顯看出，故將差異性歸諸後天發展結果，於是說「習遠」。因此時仍在人性論發展初期，尚無「天地之性」的自覺。大陸學者亦普遍持此看法：

> 在孔子那裏，人性無論如何也只是相近而已。由此可見，孟荀對人性本質之規定是對孔子「性相近」思想朝兩個方向之發展。〔註19〕

> 孔子的這種「性相近」之共同人性觀，值得我們特別加以玩味：人性之共同性究竟指的是什麼？是善還是惡，或無善無惡？孔子對此未作直接解釋。〔註20〕

以上為大陸學者普遍說法，咸謂孔子時本性論尚未發達，對本性只籠統說為「相近」，至於是善或惡孔子未進一步論述；如此理解或較近《論語》此章「性」之原義。

3.「性近習遠」之貢獻

　　「性近習遠」強調「性」與「習」對比，「習」是差異性源頭，「性」則是人人相同之根本，雖未必全同但所有人都有相近之「性」，如此論述在「人性論史」上便已往前跨出一步，大陸學者丁為祥謂：

> 當我們將性與習引入「相近」與「相遠」之差別來思考時，二者之對舉就具有了更深一層之意義。習之「相遠」自然指善習、惡習，而性之「相近」之規定則無疑超越於形形色色之相遠之習，是有差別之習中之相近性或一致性。〔註21〕

「相近性」與「一致性」當有差別，故孔子對人性論史貢獻，主要在說明「性」之相近性而非一致性；蓋若為「一致性」必走向「天地之性」，孔子似未有如此自覺，他僅說人性具某種程度「相近」，而所謂「相近」並非指「天地之性」言，當指相對於後天習染言，於是籠統說人天生有相近之質性，唐君毅先生說：

> 孔子不重人性之為固定之性之旨而隱含一「相近之人性，為能自生長而變化，而具無定限之可能」之旨者也。〔註22〕

〔註19〕 闇海燕，〈孔孟荀人性思想的演變及對其美育思想的影響〉，《常熟高專學報》卷 13 期 1（1999 年 2 月），頁 38。

〔註20〕 游喚民，〈論孔子的「性善論」及在其學說中的地位〉，《湖南師範大學社會科學學報》卷 33 期 3（2004 年 5 月），頁 5。

〔註21〕 丁為祥，〈從《性自命出》看儒家性善論的形成理路〉，《孔子研究》期 3（2001 年 6 月），頁 36。

〔註22〕 唐君毅，《中國哲學原論・原性篇》（臺北：臺灣學生書局，1991 年），頁 32。

唐先生謂孔子之「性」無固定內涵，此「性」會隨後天環境與個人努力而有無限變化可能。此亦就性未分化前狀態籠統言之者；如此或較近孔子原義。

基於以上討論，孔子性近習遠之性，當指本性論初萌芽階段，對性尚無明確自覺，只籠統言之而與「習」作區別；至於其內涵較有可能指「氣性」言，因《論語》有不少章論及氣性之故。

然而，即使此章「性」是指未分化前狀態，甚或單指「氣性」言，皆無害孔子可有「天地之性」的體會與認定，或說孔子可有吾人具足天地之性的感受，只是孔子未以「性」之概念表述爾。因此，《論語》中「性」的意涵是一回事，孔子本性論又是一回事；本章關心的是後者而非前者。

（二）子貢曰：夫子之文章，可得而聞也；夫子之言性與天道，不可得而聞也。（公冶長）

此章與本論題有關者二：一為此章「性」指「天地之性」或「氣質之性」？二為子貢所言是否屬實？若此章之性指天地之性，且子貢所言屬實，則意味孔子少言天地之性。進一步可追問原因，到底是孔子無所體會而未言；或此時屬本性論發展初期，本性概念尚未流行致孔子未言。若屬前者則孔子本性論無可說，若屬後者則孔子本性論仍可探討，但需用「前理論期研究法」。

1. 本章「性」之意涵

子貢所說「性」意涵歷來看法頗相近，皆以為指「天地之性」，劉寶楠《論語正義》以為此「性」指「易理」：

> 孔子五十學易，惟子夏商瞿晚年弟子，得傳是學，然則子貢言性與天道不可得聞，易是也。」又云：「性與天道，其理精微。中人以下不可語上，故不可得聞，其後子思作中庸，以性為天命，以天道為至誠。孟子私淑諸人，謂人性皆善，謂盡心能知性，知性能知天。皆夫子性與天道之言。〔註23〕

朱子《四書集註》，則直謂此「性」為「天地之性」：

> 性者，人所受天之理；天道者，天理自然之本體，其實一理也。〔註24〕

此「性」是人所受於天之理，又與「天道」為一理，則指「天地之性」無疑。大陸學者亦普遍持此說：

〔註23〕劉寶楠，《論語正義》（臺北：文史哲出版社，1990年），頁184、187。
〔註24〕朱子，《四書章句集注》，頁106。

此中之「性」顯然不是生之謂性之性義，否則子貢不會如此慨歎。
性與天道緊連一起，可知孔子對性之體會必已突破生之謂性之傳統
義。〔註25〕

　　子貢的這一感嘆，一方面說明孔子的確很少直接論性與天道之問題，
但這同時也說明，在孔子講學的氛圍中，性已經與天道處於同一層
面了。聯系到孔子對性習關系之規定及其性善之蘊含，因而性與天
道之關系，既是人超越上達之指向，也將是儒學發展之方向。〔註26〕
孔子「性近習遠」之「性」，如前所述當指「性未分化前而籠統言之者」，此
處「性」若解為「天地之性」是否有矛盾，蓋同書兩處論「性」理該同義。
本章以為：雖同書但言說者並不同，「性近習遠」是孔子說，年代稍早；此章
子貢所言，年代較晚；再者，因係人性論初期，對「性」意涵尚未完全固定，
或就氣性、或就天地之性、或兼二者言之，實亦有可能。

2. 子貢所言屬實否

　　若「性」指「天地之性」，為何子貢不可得聞？是孔子少言或子貢聽不懂？
若孔子少言，那為何孔子會少言？以下探討之。

（1）孔子有說而子貢未聞

　　此有兩種可能：一是孔子只講給某些利根弟子聽而子貢不在列。劉寶楠
《論語正義》：

> 孔子五十學易，惟子夏商瞿晚年弟子，得傳是學，然則子貢言性與
> 天道不可得聞，易是也。……性與天道，其理精微。中人以下，不
> 可語上，故不可得聞。〔註27〕

劉寶楠謂「性與天道」屬「易理」極精微難懂，子貢中人之資，孔子未予傳
授。若然則子貢當有怨言，但文中並無此意況，甚至《朱注》還以為是子貢
「歎美之言」，此其一；子貢屬孔門十哲，孔子歿後還廬墓三年，當是孔子
晚年重要心子，朱子所謂：「在孔門，惟子貢之智足以及此，故特語以發之」
〔註28〕，若子貢尚不能與此，能有幾人可與聞，此其二；子貢見於《論語》

〔註25〕鄧立光，〈淡帛書《易傳》重構孔子之天道觀〉，《鵝湖學誌》期13（1994年
　　　　12月），頁48。
〔註26〕丁為祥，〈從《性自命出》看儒家性善論的形成理路〉，頁36。
〔註27〕劉寶楠，《論語正義》，頁184、187。
〔註28〕此為朱子注「子曰：莫我知也夫」章之語，見朱熹，《四書章句集注》，頁219。

者 36 章，與孔子論心性之學數量甚多；尤其在孔子與子貢問答中，有兩處言及「天」，此亦是孔子言天之重要篇章〔註 29〕，蓋孔子乃因材施教，既對子貢兩次論及天道性命，則知子貢對此課題當關心而內行，必不如劉寶楠所說子貢不在孔子傳授心性學名單中。

另一說是孔門無資質根器之等級分班，完全採自由學習，具根器者便自然學到，無此能力則雖聽而不解其義，於是謂孔子未教而己未聞，牟宗三先生持此說：

> 孔子于「性與天道」並非不言，亦並非無其超曠之諦見。子貢不可得而聞自是子貢之事。〔註30〕

此為牟先生對此一問題的兩種看法之一（另一看法見後），他認為孔子有言「性與天道」，但子貢因智慧力不足故聽而不聞。徐復觀先生與蔡仁厚先生亦有類似之說：

> 子貢既謂「夫子之言性與天道」，是他已經聽到孔子說過而「不可得而聞」，只就一般門弟子而言；或者是指他雖已經聽到孔子說過，但他並不真正瞭解而言。〔註31〕

> 這個「聞」字，必是「知聞」之義，意思是說：子貢對於孔子所講之性與天道，聞之而不能知，無法深切瞭解。〔註32〕

按以上諸家說法皆謂孔子言及「性與天道」，但子貢因自己資質故未得聞。前已說子貢在孔門中，對心性學當是資質根器優異者，若子貢未聞其他將鮮有人能聞。再者，持此說法尚須說明為何《論語》中，孔子自言「性」者僅一章，且此章如前所說當解為：「性未分化前，以籠統說之者」。故知當非孔子有言，而子貢因不在聽課之列或根器能力不足致未得聞。

（2）孔子有說且子貢聞而讚嘆

另一說謂孔子有言，子貢亦有聽聞，且完全領悟，並發出讚美之詞，謂「性與天道」難聽聞而我今得聞，此為《朱注》之說：

〔註29〕一為：「子曰：莫我知也夫！子貢曰：何為其莫如知子也？子曰：不怨天，不尤人，下學而上達。知我者其天乎！」另一為：「子曰：予欲無言。子貢曰：子如不言，則小子何述焉？子曰：天何言哉？四時行焉，百物生焉，天何言哉？」（分別見朱熹，《四書章句集注》，頁 219、252。）

〔註30〕牟宗三，《心體與性體（一）》，頁 217～218。

〔註31〕徐復觀，《中國人性論史（先秦篇）》，頁 79～80。

〔註32〕蔡仁厚，《孔孟荀哲學》，頁 108。

言夫子之文章，日見乎外，固學者所共聞；至於性與天道，則夫
子罕言之，而學者有不得聞者。蓋聖門教不躐等，子貢至是始得
聞之，而歎其美也。」程子曰：「此子貢聞夫子之至論而歎美之言
也」。〔註33〕

朱子似謂：孔子罕言是因教不躐等，若有適合弟子孔子必無所保留傳授，子
貢直至此刻乃得孔子傳授，故歎美之。唯若孔子會對根器高者傳授「性與天
道之學」，理當記錄於《論語》，為何今《論語》論性僅一見；再者，將此章
解為「歎美之言」亦不類；此似謂孔子能力分班，初階「文章班」，進階「性
與天道班」；進初階班易，入進階班難，故子貢一入進階班聞「性與天道」，
便大加讚美，此於現有資料並無法找到支持證據；故可能性亦不大。

（3）孔子少說致子貢未聞

又有謂子貢「不可得聞」，非子貢未入進階班，亦非子貢聽而不聞；乃孔
子確實少言甚或不言。如唐君毅先生言：

觀孔子之言，言性者甚少。故子貢謂夫子之文章可得而聞，夫子之
言性與天道，不可得而聞。〔註34〕

牟宗三先生亦謂：

如是則說此積極面之「性」非其所常言，非其所積極正視而討論之
的問題，亦並非不可。〔註35〕

他如周群振先生〔註36〕、蔡仁厚先生〔註37〕等，亦同謂孔子少言性；至於為
何孔子少言性，則各有解讀，唐君毅先生曰：

孔子之教之所重者，則在人之所志所學。……由孟荀告莊以下，而
後通性與天道之言，乃得大而聞。〔註38〕

牟宗三先生曰：

〔註33〕朱熹，《四書章句集注》，頁106。
〔註34〕唐君毅，《中國哲學原論·原性篇》（臺北：臺灣學生書局，1991年），頁32
　　　　～33。
〔註35〕牟宗三，《心體與性體（一）》，頁217～218。
〔註36〕周群振：「是則書中之少所言性」，見周群振，〈論語選章釋義（一）〉，《鵝湖
　　　　月刊》期201（1992年3月），頁6。
〔註37〕蔡仁厚：「孔子學問的中心並沒有落在人性這個問題上，他暫時撇開了『天命
　　　　下貫而為性』這一老傳統」（見蔡仁厚，《孔孟荀哲學》，頁106。）
〔註38〕唐君毅，《中國哲學原論·原性篇》，頁32～33。

> 若以《論語》為準，衡之孔子之真精神乃在仁，仁是其真生命之所
> 在，是其生命之大宗。〔註39〕

蔡仁厚先生：

> 孔子學問之中心並沒有落在人性這個問題上，他暫時撤開了「天命
> 下貫而為性」這一老傳統，而別開生面的，而從主觀方面開闢了「仁
> 智聖」之生命領域。這才是孔子真精神真生命之所在。〔註40〕

此謂孔子關心者不在「性」故少言；孔子用心所在，唐先生以為是「人之所
志所學」，牟先生以為是「仁」；因生命關心面向不同，致所論輕重多少便異，
關心重所言多，關心輕所言少，此乃自然之事。而周群振先生與大陸學者則
另有說法：

> 當時社會文化人通講或通用之「性」字，並不足以盡孔子謂性之義
> 旨之真與全。是則書中之少所言性，意蓋有在於儘可能避免與時下
> 之流行觀念相混耳。〔註41〕

> 性分中具有成德之形上本源，孔子是首發者，然正因如此，這一偉大
> 之悟解不必即能以語言明白宣示，所以孔子少言，子貢少聞。〔註42〕

此言孔子發明「天地之性」義理，一方面是不易說明白，另一方面為避免與
通俗「性說」相混淆，故孔子少言性；但若孔子性論真與通俗之說不同，孔
子身負文化使命，不正宜離析辯駁而使歸於正道？為何孔子反任由偏邪之人
性論繼續蔓延，故此未必是孔子真意。

（4）孔子反對性與天道，致子貢未聞

最後，亦有對孔子「本性論」採全面否定立場，謂孔子本來對「性與天
道」就持反對意見，故當然不言，顧炎武《日知錄》：

> 性與天道，夫子之所不言，子貢之所不可得而聞。〔註43〕

此為立基反理學立場發言，「但是，這種理解顯然是不忠於文獻之解釋。因

〔註39〕牟宗三，《心體與性體（一）》，頁217～218。
〔註40〕蔡仁厚，《孔孟荀哲學》，頁106。
〔註41〕周群振，〈論語選章釋義（一）〉，頁6。
〔註42〕鄧立光，〈淡帛書《易傳》重構孔子之天道觀〉，《鵝湖學誌》期13（1994年
　　　　12月），頁56。
〔註43〕顧炎武，〈與友人論學書〉，《顧炎武詩文》，《中國名著選譯叢書》（臺北：錦
　　　　繡出版社，1993年），頁278。

為，子貢只是表示『不可得而聞也』，並沒有說孔子從不涉論『性與天道』」。
〔註44〕

3. 小結

上引諸家有些言之成理，有些則似未能成立；本章以為，《論語》中孔子自言性者僅一處，故將「夫子之言性與天道不可得而聞」，解為孔子少言性，似較可信。至於為何孔子少言，可說孔子重心在「仁」、「仁智聖」、「人之所志所學」等方面，故對「本性論」較少致力；亦可說孔子時屬本性論發展初期，對「本性論」內涵仍少精微探索，且此時文化環境尚無對本性論提出看法之強烈需求，故孔子少論述；只是時隔境遷至學生輩之子貢，由於年代漸後「本性論」需求漸增，加以個別學生之個別需要，於是子貢感嘆「夫子之言性與天道，不可得聞」。誠如大陸學者謂：

> 人為什麼會自覺接受禮之約束呢？囿於時代和理論水準之限制，孔子不可能從人性論和天道觀之形上層次正確說明道德理想之可能性與必然性之關係，……子貢是孔門弟子中思想敏銳者，他看出了孔子人學中之理論缺失。因此，必須從「性與天道」之高度為儒家人學尋找道德理想之內在依據和形上依託。這一歷史任務落到了被後人稱為「亞聖」之孟子身上。〔註45〕

以上說明孔子所處時代，因係「本性論」發展初期，對「本性」論述受限主客觀因素，故類皆從「性尚未分化前之狀態而籠統言之者」，且因非孔子關心主題，故所論不多，見於《論語》者僅兩處，孔子親言者惟一處，且此處只說「性近習遠」之簡單概念，連所有人性之一致性都尚未確立，更遑論對人性之善惡作出主張；另一章則是子貢感慨「夫子之言性與天道不可得而聞」，由《論語》中少有言性紀錄論之，可知孔子當是真實少言性，至於為何孔子少言，就積極面言是孔子致力於他關心之「仁學」建構，此為其學說核心故所論為多，對本性論關心較少所論亦少。其次，就外在文化環境言，此時「本性論」初萌芽，無論文化環境之需要或主體對人性內涵瞭解之精微度，都造成對人性問題少言說。此便是對《論語》中僅有論性兩章，經探析後所得之結論。

〔註44〕袁保新，〈「孟子道性善」的釐清與辨正〉，《鵝湖學誌》期7（1991年12月），頁7。

〔註45〕王芳恒，〈孟子創立性善學的理論與社會契機〉，《貴州社會科學》期172（2001第8月），頁52。

但對「本性」沒有言說或少言說，並不等同於沒有體會與認定；再者，《論語》中的「性」是指本性論未分化前籠統言之者，或專指「氣性」而言，亦不等同於孔子沒有本性論。亦即孔子當有本於自己生命實踐之心得，而對本性做出認定，只是此種體會與心得，尚未用概念性語言表出，而《論語》中的「性」亦非孔子用來指涉此種體會認定之概念語。故知孔子當有其本性論，只是這種本性論無法透過歸納分析《論語》中的「性」得之，宜另覓他法以求之。

（三）附論他書引孔子論性之文

以上兩章為《論語》直接論「性」者，為孔子論性最可靠資料；此外尚有《孟子》、《莊子》、《中庸》記載孔子論性之相關資料，唯此等著作距孔子時已相當時日，是否為孔子真實言論，殆已不可考，故僅當為參考資料，《孟子·告子》：

> 孟子曰：「乃若其情，則可以為善矣，乃所謂善也。若夫為不善，非才之罪也。……詩曰：『天生蒸民，有物有則；民之秉彝，好是懿德。』孔子曰：『為此詩者，其知道乎！故有物必有則，民之秉彝也，故好是懿德。』」〔註46〕

《孟子》所引詩出《詩·大雅·蒸民》，《朱注》：「有物必有法，如有耳目則有聰明之德，有父子則有慈孝之心，是民所秉執之常性也；故人之情無不好此懿德者。」〔註47〕朱子蓋謂《詩經》此篇在談人性之善；牟宗三先生亦謂：「作這首詩之人有很高之洞見（insight）」並謂這是「中華民族之智慧之最深根源，原泉混混，源遠流長，其來久矣。」〔註48〕牟先生亦謂《詩經》此篇蓋指人性之善。如是立論蓋謂孟子認為《詩》與孔子之言皆主張人性為善，唯徐復觀先生持不同看法：

> 孟子曾引此詩以為性善之證，後人便常以「秉彝」係就人性本身而言，其實這是一種誤解；自春秋時代以至孔子孟子，他們引詩多為感興之引用，不必合於詩之本義。上文之「有物有則」，指有一事即有一事之法則，「民之秉彝」，即民之執持各事之法則。民能執持事物之法則，則能知愛好有懿德之人；此四句為作詩者自述為此詩之

〔註46〕朱熹，《四書章句集注》，頁459～460。
〔註47〕朱熹，《四書章句集注》，頁460～461。
〔註48〕牟宗三，〈儒家的道德的形上學〉，《鵝湖月刊》期3（1975年9月），頁4。

緣由，並未嘗含有性善之意。〔註49〕

徐先生從人性發展史而論，謂在詩經時代尚未有「本質義」人性論產生，故將此詩「民之秉彝，好是懿德」解為「民能執持事物之法則，則能知愛好有懿德之人」，如此詮釋則與性善無關。此兩說甚難斷定誰是誰非，似都能言之成理。按春秋時代「性」尚未分化，也非「本質義」人性論發煌時代，但因此種本質乃本然存於人性中，既存於人性便隨時可能呈現，雖不用「性」概念說明，但無害實質在談人性之善；當然亦有可能如徐復觀先生所謂，此詩只是作者寫作詩緣由，未嘗含有性善之意。

　　若依牟先生說將此詩說成詮釋「性善」，並謂孔子讚嘆「為此詩者，其知道乎」之「道」解為「性善」，則為直接認定孔子主張「性善論」。如此立論或有不然，蓋「性」概念之分化及「本質義」人性之產生，當在孟子及其後，因此，最多只能說《詩經》與孔子時代雖有「本質義」人性思想，但並未加以概念化，更遑論以「性善」或「性善論」之詞稱之；再者，孟子距孔子死已百有餘年，此言未見他書記載，是否真為孔子言亦難斷定。故對孟子所引直謂孔子主「性善」之論，當只能供參考。另據《莊子・天道》載：

　　孔子西藏書於周室。……老聃曰：「請問仁義，人之性邪？」孔子曰：
　　「然。君子不仁則不成，不義而不生。仁義，真人之性也，又將奚
　　為矣？」〔註50〕

若《莊子・天道》此章可證明為孔子與老聃真實對話錄，便可確定孔子確實主張「人性為善」，因他說：「仁義，真人之性也」，明白謂人本質為「仁義」，當然人性為善。只是莊子「外篇」尤其〈天地〉、〈天道〉、〈天運〉三篇，寫作年代可能很晚，甚至可能晚到漢初〔註51〕；加上《莊子》屬寓言性質，很難確定孔子真有此論，故亦難由此證明孔子之「性善論」主張。最後《中庸》記載：

　　哀公問政。子曰：文、武之政，布在方策，其人存，則其政舉；
　　其人亡，則其政息。人道敏政，地道敏樹。夫政也者，蒲盧也。

〔註49〕徐復觀，《中國人性論史（先秦篇）》，頁57。
〔註50〕郭慶藩，《莊子集釋》（臺北：河洛圖書出版社，1974年），頁477～478。
〔註51〕近人崔大華謂：天地、天道、天運三篇中「藏書周室」、「上仙」、「白雲帝鄉」、「十二經」、「六經」等皆似漢人語，故斷定為「漢初」之作。見崔大華，《莊學研究》（臺北：文史哲出版社，1999年），頁72。

故為政在人，取人以身，修身以道，修道以仁。仁者人也，親親

為大。〔註52〕

此處相當明確說明我們宜「修道以仁；仁者人也」，用仁來修養自己，為何要用仁修養自己？因仁是人所以為人之本質；因此，只要確定《中庸》此處「子曰」真指孔子，且此言為孔子原音，便可確定孔子對人性明確主張性善。然而要作如此確定仍屬困難，《中庸》為《禮記》一篇，《禮記》乃孔門習禮筆記，輾轉流傳幾經刪削，未必為孔子本真；因此，仍難據此確定孔子真有明確「性善論」主張。

按以上直接資料部分，《論語》所述兩章，「性近習遠」章之「性」當指「人性論尚未分化前所籠統而說之者」；「性與天道不可得聞」章，亦當是就人性論初期，「性」之概念未普及，孔子因主客觀因素未具足，故孔子少言「性與天道」致子貢未聞；故知孔子當未有明確之本性論述。雖然《孟子》、《莊子》、《中庸》中有關孔子主張「性善」之直接資料，但因此等資料不具可靠性，故僅能供參考，無法據此以謂孔子已有本性論之成型架構與論述。既無法由《論語》直接論性文字以探知孔子本性論，便需藉助《論語》間接言性之篇章，此所謂「前理論期研究法」。

二、《論語》間接言「性」篇章

如前所言在本性論發展初期，無法透過尚未確定化之概念字詞，以探知哲人「本性論」內涵；唯有溯源「前理論期」之體會認定以為論述依據，乃較能精準把握哲人真正本性論意旨；最少此種「前理論期」探究所得結論，宜取資與「成型期」言說相互參酌印證。

此種「前理論期」體會認定雖甚可靠，但因哲人未必完全自覺，亦未必使用共通確定詞彙表述；因此便需蒐集紬繹全部有關資料，乃能得到較為完備之論述依據，由此以論孔子本性論或較能獲得整全看法。以下分就《論語》論及「生具」與「皆具」篇章依序說明之。

（一）「生具」之章句

「生具」謂吾人天生本具成聖質素，文中僅言特定人如此，而未說明是否所有人皆然者屬此，而所謂特定人則指聖賢之輩。

〔註52〕朱熹，《四書章句集注》，頁37。

1. 子曰：吾十有五而志於學，三十而立，四十而不惑，五十而知天命，
六十而耳順，七十而從心所欲，不逾矩。（為政）

此章孔子述其學思心路歷程與生命境界，尤其後三階段是其生命之登峰
造極，對「知天命」、「耳順」、「從心所欲不逾矩」，朱子有如下說明：「天命，
即天道之流行而賦於物者，乃是物之所以當然之故也；知此，則知極其精。」
「耳順，聲入心通，無所違逆，知之之至，不思而得也。」「從心所欲不逾矩，
隨其心之所欲，而自不過於法度，安而行的，不勉而中也。」〔註 53〕依朱子
言，「知天命」蓋謂對一切存在瞭解所以然之理，「耳順」指主體對一切存在
不產生違逆感，而「從心所欲不逾矩」則指我之心口身一切言行不違背中道
法度，此為生命最高境界且是生命最深本質所在；凡此皆預存生命本質為善
之假定。徐復觀先生曰：

> 孔子「五十而知天命」之「知」，是「證知」之知，是他從十五志
> 學以後，不斷地「下學而上達」，從經驗之積累中，從實踐之上達
> 中，證知了道德之超經驗性；這種道德之超經驗性，在孔子便由
> 傳統之觀念而稱之為天、天道、天命。……孔子所感受到之這種
> 生命與天命之連結，實際即是性與天命之連結。所以子貢曾聽到
> 孔子把性和天道連在一起說過。性與天命之連結，即是在血氣心
> 知之具體地性質裡面，體認出它有超越血氣心知之性質。這是在
> 具體生命中所開闢出之內在地人格世界之無限性地顯現。……他
> 之知命，乃是對自己之性，自己之心之道德性，得到徹底地自覺
> 自證。〔註 54〕

依徐先生說，孔子五十知天命是知「道德之超經驗性」，亦即義理天之內涵，
此種超越之道德性其實即為我們自己本質之彰顯與外化；因此，知天命就是
確定自己生命本質之善性；當然孔子未使用「性」或「善」，也未使用「道德
之超經驗性」等概念，但由徐先生說，孔子「知天命」可理解為孔子對人性
本質真實之體會認定。孔子雖未言「性善」，無害孔子有「性善」之體會感受。
又金炳采先生詮釋「七十而從心所欲不逾矩」曰：

> 七十而從心所欲，即內心純然是天理，不須反省，思索，便自然合
> 道，此時之心，完全是道之呈顯，是自然而無例外之踐仁，踐仁在

〔註 53〕朱熹，《四書章句集注》，頁 71。
〔註 54〕徐復觀，《中國人性論史（先秦篇）》，頁 86～88。

此時，是一點也用不著勉強的，雖任縱其心，隨其所之，亦不會與道相違。這是生命已純是天理流行，無私可克，從自覺而至超自覺之境界。〔註55〕

孔子在七十而實現「從心所欲不踰矩」之境界，孔子所說之「從心所欲」是順著內在之道德命令。孔子認為人性裏有道德之本心，所以他想我們只有聽從這個內在之道德之本心就可以，而不是聽外在之道德法則。這就是「從心所欲不踰矩」之意思。〔註56〕

金先生謂孔子七十從心所欲不逾矩，在言生命最究極之天理流行境界，而此境界是經由踐仁而自然呈顯，是道之本然流露，是順內在道德命令或道德本心而自然彰顯；故知它即是生命本質。足見孔子對「生具」當有真實體會認定，只因各種主客觀因素未成熟，致孔子未將之概念化理論化，且未用「性」、「善」、「本質」等概念描述耳。

2. 君子無終食之間違仁，造次必於是，顛沛必於是。（里仁）

《朱注》：「終食者，一飯之頃；造次，急遽苟且之時；顛沛，傾覆流離之際；蓋君子之不去乎仁如此。」〔註57〕此章說明君子任何時機皆依仁而行，包括極短時間、造次顛沛等都以仁為依據；那為何要以仁為依據，必是經己踐履發現仁為生命本質，唯依之而行乃能實現真實自己。徐復觀先生所謂：「此精神內在於人之生命之中，否則也不可能頃刻不離。」〔註58〕故孔子此語蓋謂：就君子言「仁」為他們「生具」之本質（性）；唯此言將主詞限定為「君子」，至於「非君子」是否同具此本質，孔子則未說明。

3. 子曰：賢哉回也！一簞食，一瓢飲，在陋巷，人不堪其憂，回也不改其樂；賢哉回也！（雍也）

《朱注》引程子曰：「顏子之樂，非樂簞瓢陋巷也，不以貧窮累其心而改其所樂也，故夫子稱其賢。」又曰：「簞瓢陋巷非可樂，蓋自有其樂爾」〔註59〕，何晏《論語集解》引孔安國曰：「顏淵樂道，雖簞食在陋巷不改其所

〔註55〕 金炳采，〈論孔子的「從心所欲不踰矩」〉，《孔子學術國際會議論文集》（臺北：鵝湖雜誌社，1999 年 9 月），頁 504。
〔註56〕 同前注，頁 507。
〔註57〕 朱熹，《四書章句集注》，頁 93。
〔註58〕 徐復觀，《中國人性論史（先秦篇）》，頁 97。
〔註59〕 朱熹，《四書章句集注》，頁 117。

樂。」〔註60〕此皆謂顏回尋得生命真本質且實踐之，雖簞瓢陋巷不改其樂；雖只說顏回「生具」成聖本質且實踐之而得樂，其實所有人皆然，唯孔子此處未論及其他人爾。

4. 子曰：飯疏食，飲水，曲肱而枕之，樂亦在其中矣。不義而富且貴，於我如浮雲。（述而）

邢昺《疏》：「此章記孔子樂道而賤不義也」〔註61〕，《朱注》：「聖人之心，渾然天理，雖處困極，而樂亦無不在焉。」〔註62〕此說明孔子心在道上故無處不樂，雖處困窮不改其樂，此為聖人本懷。就孔子言，既以道為樂，則道為其本質；亦即謂孔子肯定生具成聖本質。

5. 子曰：天生德於予，桓魋其如予何！（述而）

《論語集解》引包咸曰：「天生德者，謂授我以聖，性德合天地」〔註63〕，《朱注》：「孔子言天既賦我以如是之德」〔註64〕；此兩說皆謂孔子生具成聖本質，此本質與「天」相合；此為孔子明謂己生具成聖本質者，據此最少可確定孔子相信己性為善，此乃聖者必有之體會。

6. 太宰問於子貢曰：夫子聖者與？何其多能也？子貢曰：固天縱之將聖，又多能也。（子罕）

《論語集解》引孔安國曰：「言天固縱大聖之德，又使多能也」〔註65〕，《朱注》：「縱，猶肆也，言不為限量也」〔註66〕，此透過子貢言以論孔子得於天之聖人本質，雖非孔子親言，但孔子聞子貢言後並未糾正，則孔子當默認子貢之語，故仍可視為孔子之意。依此則說明孔子本性為純善，且天生具無限量大聖之德；亦即說明「生具」特質。

（二）「皆具」之章句

「皆具」指所有人皆生具成聖質素，故肯定皆具便同時肯定生具，乃泛指一切人皆然而未限定為某些人；以下亦依《論語》章句說明：

〔註60〕《論語》，《十三經注疏》，頁53。
〔註61〕《論語》，《十三經注疏》，頁62。
〔註62〕朱熹，《四書章句集注》，頁130。
〔註63〕《論語》，《十三經注疏》，頁63。
〔註64〕朱熹，《四書章句集注》，頁132。
〔註65〕《論語》，《十三經注疏》，頁78。
〔註66〕朱熹，《四書章句集注》，頁149。

1. 子曰：里仁為美；擇不處仁，焉得知？（里仁）

「里仁為美」，《朱注》：「里有仁厚之俗為美」〔註67〕；《鄭注》：「居於仁者之里，是為美」〔註68〕，亦即選擇環境時宜擇仁厚或仁者鄰里居住，乃為美好事；反之，若擇不仁厚或非仁者鄰里，便為不美好事；那為何選擇仁厚或仁者鄰里方為美好事，此便涉及本質問題；亦即「仁厚或仁者」是生命本質，故凡與生命本質相應便生喜樂自在而覺美好；此唯具智慧者乃能辦到。故孔子必肯定人人皆具生命美善本質。

2. 子曰：誰能出不由戶？何莫由斯道也？（雍也）

《朱注》：「言人不能出不由戶，何故乃不由此道邪？怪而歎之之詞。」〔註69〕此謂進出房子必經門戶，猶為人處世必依道而行，道是生命中必然門戶，孔子之道蓋謂仁義，故知仁義之道是每個生命必然本質，據此則孔子似認定人人「生具」與「皆具」善性。

3. 子曰：人之生也直，罔之生也幸而免。（雍也）

邢昺《疏》：「此章明人以正直為德，……人有誣罔正直之道而亦生者，是幸而獲免」〔註70〕，《朱注》引程子曰：「生理本直」〔註71〕。此皆說明生命本質是「直」，依之而行乃能喜樂，若不「直」即使能僥倖活下，亦只運氣好。「直」當指正直、純正、合道等，此謂生命本質是善直而非邪惡；此處孔子未限定某類人，故當指所有人所有時候，則知孔子認定人人「生具」、「皆具」善直本性。

4. 子曰：知之者，不如好之者；好之者，不如樂之者。（雍也）

邢昺《疏》：「此章言人之學道用心深淺之異也。」〔註72〕《朱注》引尹氏曰：「知之者，知有此道也；好之者，好而未得也；樂之者，有所得而樂之也」〔註73〕；二家皆謂「之」指「道」言，對「道」喜好三層次：知之、好之、樂之；知與好屬前段功夫境界；若進而能與道合一便能深品道滋味，獲喜樂之感；為何道能引發「樂」，表示人內在有與道相應本質，故能好之樂之，

〔註67〕 朱熹，《四書章句集注》，頁92。
〔註68〕 《論語》，《十三經注疏》，頁36。
〔註69〕 朱熹，《四書章句集注》，頁119。
〔註70〕 《論語》，《十三經注疏》，頁54。
〔註71〕 朱熹，《四書章句集注》，頁119。
〔註72〕 《論語》，《十三經注疏》，頁54。
〔註73〕 朱熹，《四書章句集注》，頁120。

足知生命本質是「道」。此處孔子就普遍人說，故知孔子認定人人「生具」「皆具」道之本質。

5. 子曰：仁遠乎哉？我欲仁，斯仁至矣。（述而）

《朱注》：「仁者，心之德，非在外也；放而不求，故有以為遠者；反而求之，則即此而在矣，夫豈遠哉」〔註74〕，此章原義謂「仁」近而不遠，且求仁甚易，要仁而仁到；朱子以自身實踐經驗，認最近者即在自身心中而非外在；若依《朱注》則孔子此言便是性善表述，謂仁為本有而實存吾等心中；故凡人都「生具」、「皆具」仁善之德。徐復觀先生曰：「孔子是認定仁乃內在於每一個人之生命之內，所以他才能說『仁遠乎哉，我欲仁斯仁至矣』，⋯⋯凡是外在之東西沒有一樣是能隨要隨有的。⋯⋯他實際是認為性是善的。」〔註75〕故知孔子雖未建構「本性論」，但實有「生具」、「皆具」仁善之體會與認定。

6. 子曰：篤信好學，守死善道。（泰伯）

邢昺《疏》：「守死善道者，守節至死不離善道也」〔註76〕，《朱注》：「不守死則不能以善其道」〔註77〕，此乃孔子對弟子勉勵之詞，期許弟子做到守死善道，此為對道最嚴正態度，即使面對死亡亦仍堅持道之理想；那為何道具如此崇高性，為何寧死亦要堅持道之純粹性，此乃謂道屬人間最珍貴物，犧牲生命在所不惜；人間價值本無過生命者，惟道超越之。除非是生命本質，否則在聖人眼中不可能有比生命更貴重者。由此可推知在孔子心目中「道」當是生命本質，孔子在他章中亦說：「朝聞道，夕死可也」（里仁），此皆言道之珍貴崇高，唯有生命本質乃能當之，故知孔子當是認定吾人皆具此種「道」之本質。

7. 「唐棣之華，偏其反而。豈不爾思？室是遠爾。」子曰：未之思也，夫何遠之有？（子罕）

前四句為逸詩，孔子藉詩言志；惟孔子志云何，容有不同看法，《論語集解》以為言「權道」〔註78〕而《四書集注》則以為談「道在近邇」，最近處唯在己身，己身為仁義內在與本具仁義之意，《朱注》：「夫子借其言而反之，蓋

〔註74〕朱熹，《四書章句集注》，頁134。
〔註75〕徐復觀，《中國人性論史（先秦篇）》，頁96～97。
〔註76〕《論語》，《十三經注疏》，頁72。
〔註77〕朱熹，《四書章句集注》，頁142。
〔註78〕《論語》，《十三經注疏》，頁81。

前篇仁遠乎哉之意」,《朱注》又引程子曰:「聖人未嘗言易以驕人之志,亦未嘗言難以阻人之進;但曰未之思也,夫何遠之有?此言極有涵蓄,意思深遠」〔註79〕;若依《四書集注》說,則孔子意在說明「道」不在遠只在己身之近,故意謂人人本具此道,此為孔子對「性」真實之感受體會。

8. 顏淵問仁。子曰:克己復禮為仁;一日克己復禮,天下歸仁焉;為
   仁由己,而由人乎哉?(顏淵)

就本性論言此章有兩重點,一是「克己復禮為仁」,一是「為仁由己」;就前者言,「復」是重點,《論語集解》引孔安國曰:「復,反也」〔註80〕,《朱注》亦曰:「復,反也。」〔註81〕反謂返,回歸、回復之意,既是回復便表示原來是「仁」、「禮」,亦即生命本質為仁禮,則孔子認定人具善本質,關於此周群振先生有深論焉:

> 論語記「顏淵問仁。子曰:「克己復禮為仁。一日克己復禮,天下歸仁焉」(顏淵篇)。從工夫之層面上看,禮不過為中規中矩之活動;但就這中規中矩之所以成之禮之本質言,則實與仁無二無別,故曰:「克己復禮為仁」。復禮之「復」,義如易傳「不遠復」,「復其見天地之心」之復,即「回歸」之意。克去己私而同歸於禮便是仁,且可使天下同歸於仁,由此可知「禮」與「仁」,是可以對等互詮的。〔註82〕

次就「為仁由己」言,《朱注》:「為仁由己而非他人所能干預,又見其機之在我而無難也」〔註83〕,此言為仁不難權在我,因我本具善性,只需將此善性展現便成;又因仁義內在,不假外求,由此更確定人生具善本質,徐復觀先生曰:

> 在人之生命之中,本來就具備此一內在世界(仁),其開闢只在一念之克己,更無須外在條件,所以接著便說「為仁由己而由人乎哉」。……孔子所說之仁,乃內在於每一個人之生命之內,所以仁之自覺是非常現成的。……孔子是認定仁乃內在於每一個人之生命之內,所以他才能說「仁遠乎哉,我欲仁斯仁至矣」,及「為仁由己」的話,凡是外在的東西沒有一樣是能隨要隨有的。……他實際是認

〔註79〕朱熹,《四書章句集注》,頁157。
〔註80〕《論語》,《十三經注疏》,頁106。
〔註81〕朱熹,《四書章句集注》,頁182。
〔註82〕周群振,〈荀子隆禮思想之分疏〉,《鵝湖月刊》期113(1984年11月),頁15。
〔註83〕朱熹,《四書章句集注》,頁182。

為性是善的。〔註84〕

袁保新先生曰：

> 孔子所說之「為仁由己」（顏淵篇）也是這個意思。這就是「自律道
> 德」。道德行為所依據之準則就在於內在之人性裏面之道德之自我，
> 而不能在於外在之道德規則，所以說「非道弘人」。〔註85〕

基於如上討論，則孔子當是認定人具善性，按此章雖是孔子回答顏淵問仁，但未設定此言只適用顏淵，孔子所論當就普遍人說，故是認定人人「生具」、「皆具」善性。

9. 司馬牛問君子。子曰：君子不憂不懼。曰：不憂不懼，斯謂之君子已乎？子曰：內省不疚，夫何憂何懼？（顏淵）

就本性論言此章重點在：「內省不疚」，邢昺《疏》：「此孔子更為牛說不憂不懼之理」〔註86〕，《朱注》曰：「言由其平日所為無愧於心，故能內省不疚而自無憂懼」〔註87〕，此謂君子經由內省之無愧於心而心安理得，無所憂懼；而無愧於心是假定有一「善心良知」存在，此善心良知是一切道德是非之判準，根據此標準才能說無愧，那此「善心良知」從何而來？是本具或外鑠？若屬後天建構之外鑠，《論語》中理該詳細論述，今《論語》無此論，由此或可推定孔子以此為人先天本具形式，屬不學而能者，則孔子認定人性為善便甚清楚明白。

按此章重在說明君子能依「善性良知」作反省，若所為合「善性良知」便問心無愧，理直氣壯而無憂懼；至於凡人則常違此「善性良知」而使心生憂懼。依此理解則孔子當是肯定所有人皆具「善性良知」，所不同者在君子所為合「善性良知」，凡人所為背「善性良知」；而「善性良知」之存在同為不爭事實；則知孔子認定人人「生具」、「皆具」善性。

10. 子曰：其言之不怍，則為之也難。（憲問）

此章與前章義實同，《論語集解》引馬融曰：「怍，慚也；內有其實則言之不慚」〔註88〕，此同肯定人內具「善性良知」，可為行事判斷準則，若君子

〔註84〕徐復觀，《中國人性論史（先秦篇）》，頁95～96～97。
〔註85〕金炳采，〈論孔子的「從心所欲不踰矩」〉，《孔子學術國際會議論文》（鵝湖月刊社舉辦，1999年9月），頁506。
〔註86〕《論語》，《十三經注疏》，頁106。
〔註87〕朱熹，《四書章句集注》，頁184。
〔註88〕《論語》，《十三經注疏》，頁127。

誇大不實而答應己所無法作到之承諾便心虛慚愧；反之，若小人則膨脹自己而毫無愧怍之心，他們要實現承諾便為困難之事；那為何小人會無愧怍之心，並非天生不具此善性，而是被我執貪嗔痴習氣錯誤觀念等所蒙蔽，致善性隱微不顯；若以此理解此章，則孔子認定所有人「生具」「皆具」善性良知矣。

11. 宰我問：三年之喪，期已久矣。君子三年不為禮，禮必壞；三年不為樂，樂必崩。舊穀既沒，新穀既升，鑽燧改火，期可已矣。
子曰：食夫稻，衣夫錦，於女安乎？曰：夫君子之居喪，食旨不甘，聞樂不樂，居處不安，故不為也。今女安，則為之。宰我出。
子曰：予之不仁也！子生三年，然後免於父母之懷。夫三年之喪，天下之通喪也。予也有三年之愛於其父母乎？（陽貨）

此章與前兩章皆同言人皆具「善性良知」，此為一切道德善惡最後判斷依據，是非對錯並非依聖人規定，亦非據外在法律規範，更非依循任何權威人士意志，凡此皆為第二義之他律道德，最後終需回歸自己內在「善性良知」檢證，故當宰我堅持要改三年喪時，孔子並非透過自己權威命令制止，而是回歸宰我自己內在「善性良知」作抉擇，以己道德無上命令評判「於女安乎」，若經己「善性良知」判斷而覺其「安」，那「女安則為之」。

此種判斷安與不安所據之「善性良知」，並非經後天建立而乃人天生本具者，凡是人皆具此先天「善性良知」，此即「生具皆具」之謂；唯天生本具之善性雖同，但每一生命氣質不同、習氣雜染有異，加以外在環境等差別，造成所判斷結果不盡相同；如孔子判斷要守喪三年才安，宰我一年便安，今人守喪更短；雖判斷有別，但人身具此判斷依據之善性則同；孔子雖未明言此即善性，為人生而皆具者，但他與宰我討論時，用安與不安作為行事判斷依據，便已認定此善性之存在，雖未言性、善性、良知、義理之性等，亦未建構縝密本性論之論述系統，無害孔子對此善性存在之深刻體會。

以上列舉《論語》間接論及人性者，說明孔子是肯定人人「生具」、「皆具」善性，只因孔子時代本性論尚未發達，尚在萌芽階段，加以孔子未完全意識到此問題之重要性，故《論語》未有深入完整論述，更遑論建構嚴密理論系統，及對所建構理論系統做有效證明。孔子雖未對「本性」作詳盡論述，但從他對其他範疇之言說所蒐集的詳細資料，可確定孔子肯定吾人「生具」「皆具」善性，只是此種肯定仍停留於感受體會認定階段，尚未發為概念文字與

理論耳。

　　雖然孔子對人「生具」、「皆具」善性很確定，但《論語》中仍存在相當多篇章，易讓人生疑義，以為孔子有些言論背離「生具」、「皆具」之說，此等章節請簡要說明如下：

　　　　子曰：我非生而知之者，好古，敏以求之者也。（述而）

　　　　子曰：莫我知也夫！子貢曰：何為其莫知子也？子曰：不怨天，不
　　　　尤人，下學而上達。知我者其天乎！（憲問）

上引首章易被誤解為孔子之聖是後天習得者，按將「知」分為「聞見之知」與「德性之知」是宋儒以後事，如《朱注》引尹氏曰：「蓋生而可知者義理爾，若夫禮樂名物，古今事變，亦必待學而後有以驗其實也」〔註 89〕；此乃清晰說明兩種知之不同，人天生本具之善性屬德性之知，雖各人偏蔽不同，呈顯程度有別，但本質卻完全一致；另為聞見之知，此需經後天學習而得，非天生本具者。此章孔子言「好古，敏以求之者也」之「知」當屬聞見之知，故非「生而知之者」；但善性良知則屬生而知之者，且所有人皆生而知之，是不學不慮之本然良知。

　　　上引第二章，亦易致誤解以為人天生未具天命本質，上達需經下學積累而成，屬無中生有者。其實不然，孔子義理中「性與天命」實相連結〔註 90〕，下學與上達本是一，下學同時便是上達；天是聖人人格之完成，是生命本質之展現，自己生命開拓同時，便是做上達功夫；且開拓自己生命，亦只將本然善性作彰顯。並非經向外求取之路，努力積累然後達於天，否則人性只如一張白紙耳。

　　　　子曰：君子而不仁者有矣夫，未有小人而仁者也。（憲問）

　　　　子曰：君子上達，小人下達。（憲問）

　　　　子曰：已矣乎！吾未見好德如好色者也。（衛靈公）

　　　　子曰：民之於仁也，甚於水火。水火，吾見蹈而死者矣，未見蹈仁
　　　　而死者也！（衛靈公）

　　　　子曰：古者民有三疾，今也或是之亡也。古之狂也肆，今之狂也蕩；
　　　　古之矜也廉，今之矜也忿戾；古之愚也直，今之愚也詐而已矣。（陽貨）

〔註89〕朱熹，《四書章句集注》，頁 131。
〔註90〕徐復觀，《中國人性論史（先秦篇）》，頁 88。

此四章易生誤會，以為孔子認定小人無善性，只知為惡墮落而已，不能實踐道德美善。此需說明兩概念，當知有善性是一回事，讓善性彰顯又是一回事；有善性不代表就能彰顯，否則主張性善論者便是主張所有人皆聖人矣。故即使現實世間全是小人且所為皆違背仁義道德，亦無法依此而否定人性之善。此處孔子但舉現實世間小人不知上進，且又生逢亂世，更見邪惡特質顯現，此皆感嘆語；意在說明世人不知認識本性而追求生命圓滿，只一味受慾望習氣支配而走向邪惡之途，深覺可惜歡惋；絕非謂小人無善性，更非謂小人天生具惡性。

　　按孔子依其生命實踐體驗，經如上蒐集考索釐析可確定：孔子對本性論之「生具」、「皆具」皆相當程度認定與確立；雖偶有表面上看似背離之立論，乃因孔子屬本性論發展初期，尚無「天地之性」與「氣質之性」意識，也無「德性之知」與「聞見之知」分類，又對「理論」與「現實」二範疇未詳細區隔，致易啟後人疑竇而謂孔子本性論或在談「氣性」，並由對「聞見之知」的重視而懷疑孔子是否相信本具「德性之知」，以及孔子因論及「現實」人心之墮落而間接認為孔子未必主張人性之善；實者孔子依其生命體驗不如此認定也。

第三節　結論

　　「本性論」是任何義理學說必探討解決之課題，孔子學說是中國義理學中最重要系統之一，雖孔子時代本性論尚未發達，孔子直接論性章節甚少，但孔子理該有對本性之認定與看法，因此有必要對孔子「本性論」進行探索，只是對這一論題之答案，歷來學者所見殊異，有以為孔子主性善說，有以為孔子屬氣性論，有以為孔子屬「性」概念未分化前之籠統說人性，亦有以為孔子未談本性者。即使認定孔子談本性論，亦未有詳盡周延之論述；故有必要對此再做探究。

　　學者研究結論之歧異每繫於採用方法之不同，本章除採歷來學者之研究法外，另標「前理論期研究法」，以為探究孔子本性論之工具。「前理論期研究法」將理論學說發展大別分為「前理論期」與「理論成型期」，前者雖尚未有系統言說，但卻是後者建構之基礎；有後者必有前者，然無後者未必無前者；因此就輕重主從言，前者之重要性不亞於後者，特別就未有成型理論之哲人，或雖有零星論述但旨意不明之哲人言，皆需昂賴前理論期之探究乃能

釐清確定該哲人之真正本性論主張。

　　孔子處外在文化環境本性論發展尚在萌芽階段，《論語》中僅有零星表述且其意旨不甚明確，故只得昂仗前理論期考索推論以為釐清之助。故論本主體分兩部分，一是孔子對「性」直接言說，此屬「理論成型期」資料探索；一是孔子對「性」間接表述，此屬「前理論期」文獻考析；前者資料少故所得結論較不確定，後者資料多故所得結論較明確。

　　經「理論成型期」與「前理論期」相關資料之蒐集考索論析，本論文以為：孔子所處時代人性論尚未發達，孔子對本性直接論述不多，亦即尚未建構完整本性論系統；但由他對本性之體會與認定，可確定孔子是確定人人「生具」、「皆具」善之質性。唯孔子雖有「性善」體會認定，因當時主客觀因素，致孔子未直接詳盡論性，亦未建構精審之性善論系統，此等工作便落到後繼者身上，而孟子對人性之直接論述便承繼孔子而來。孔子雖未完成「本性論」理論建構，但孔子是儒家本性論創發者，孟子則是本性論完成者；一為創發之功，一為繼承之效；對儒家與中國哲學本性論發展皆各佔一席之地。

徵引文獻

一、古籍

1. 《論語》，《十三經注疏》，臺北：藝文印書館印行，1979 年。
2. 劉寶楠，《論語正義》，臺北：文史哲出版社，1990 年。
3. 程灝、程頤，《二程集》，臺北：漢京文化事業公司，1983 年。
4. 朱熹，《四書章句集注》，臺北：大安出版社，1994 年。
5. 陸九淵，《象山全集》，臺北：世界書局，1990 年。
6. 顧炎武，《顧炎武詩文》，《中國名著選譯叢書》，臺北：錦繡出版社，1993 年。
7. 黃宗羲，《宋元學案》，臺北：河洛圖書出版社，1975 年。
8. 紀昀總纂，《四庫總目提要》，河北：人民出版社，2000 年。
9. 《大正藏》，臺北：新文豐出版公司，1983 年。
10. 郭慶藩，《莊子集釋》，臺北：河洛圖書出版社，1974 年。

二、近人論著

1. 唐君毅，《哲學概論》，臺北：臺灣學生書局，1978 年。

2. 牟宗三，《中國哲學十九講》，臺北：臺灣學生書局，1983 年。

3. 牟宗三，《智的直覺與中國哲學》，臺北：臺灣商務印書館，1987 年。

4. 周群振，《荀子思想研究》，臺灣：文津出版社，1987 年。

5. 唐君毅，《中國哲學原論・原教篇》，臺北：臺灣學生書局，1990 年。

6. 唐君毅，《中國哲學原論・原性篇》，臺北：臺灣學生書局，1991 年。

7. 唐君毅，《中國哲學原論・原道篇》，臺北：臺灣學生書局，1992 年。

8. 牟宗三，《心體與性體》（一），臺北：正中書局，1992 年。

9. 唐君毅，《中國哲學原論・導論篇》，臺北：臺灣學生書局，1993 年。

10. 徐復觀，《中國人性論史（先秦篇）》，臺灣：臺灣商務印書館，1994 年。

11. 蔡仁厚，《孔孟荀哲學》，臺灣：臺灣學生書局，1994 年。

12. 勞思光，《中國哲學史》（二），臺北：三民書局，1996 年。

13. 勞思光，《中國哲學史》（一），臺北：三民書局，1997 年。

14. 勞思光，《中國哲學史》（三上、三下），臺北：三民書局，1997 年。

15. 牟宗三，《中國哲學的特質》，臺北：臺灣學生書局，1998 年。

16. 王邦雄等，《中國哲學史》，臺北：空中大學，1998 年。

17. 崔大華，《莊學研究》，臺北：文史哲出版社，1999 年。

三、論文

1. 牟宗三，〈儒家的道德的形上學〉，《鵝湖月刊》期 3（1975 年 9 月）。

2. 袁保新，〈「孟子道性善」的釐清與辨正〉，《鵝湖學誌》期 7（1991 年 12 月）。

3. 傅斯年，〈論告子言性實言生兼論孟子一書之性字在原本當作生字〉，《性命古訓辨證》，臺北：中央研究院歷史語言研究所，1992 年。

4. 周群振，〈論語選章釋義（一）〉，《鵝湖月刊》期 201（1992 年 3 月）。

5. 鄧立光，〈淡帛書《易傳》重構孔子之天道觀〉，《鵝湖學誌》期 13（1994 年 12 月）。

6. 閻海燕，〈孔孟荀人性思想的演變及對其美育思想的影響〉，《常熟高專學報》卷 13 期 1（1999 年 2 月）。

7. 金炳采，〈論孔子的「從心所欲不踰矩」〉，《孔子學術國際會議論文集》，臺北：鵝湖雜誌社，1999 年 9 月。

8. 丁為祥，〈從《性自命出》看儒家性善論的形成理路〉，《孔子研究》期 3（2001 年 6 月）。

9. 王芳恒，〈孟子創立性善學的理論與社會契機〉，《貴州社會科學》期 172（2001 第 8 月）。

10. 游喚民，〈論孔子的「性善論」及在其學說中的地位〉，《湖南師範大學社會科學學報》卷 33 期 3（2004 年 5 月）。

11. 許宗興，〈孟子性善論解析〉，《華梵人文學報》期 4（2005 年 1 月），頁 31～71。

12. 許宗興，〈孔子本性論研究法芻議〉，《高雄師範大學國文學報》期 8，2008 年 6 月。

第四章　孟子（上）——孟子性善論解析

摘要

　　「孟子性善論」，是一意涵不夠精確清晰的語詞，本章希望透過語意的分析、恰當的分類，並依《孟子》原典作歸納，以使「孟子性善論」的本來意涵，得到精準如實的呈顯。

　　首言「性」、「善」的分類與意涵；次從各種切入面以說明「性」與「善」的可能關係；然後說明最究竟義「性善說」的意涵、內在屬性、與呈現樣態等；最後則舉《孟子》原典，以衡定「孟子性善說」之切確意涵。

　　經由本章探析所得出之「孟子性善論」意涵為：所有人天生「皆具」且「恆具」善的道德性，這種道德性與聖人「同質等量」，且會剎那的呈顯於我們生命中。

　　關鍵詞：人性論、性善論、孟子性善論

前言

　　要談「孟子性善論」，首先需弄清「性善論」之意涵；而要弄清「性善論」意涵，必先對「人性論」的內含與定位有所瞭解。故此處先概述「人性論」，以為進入主題預作準備：

　　「人性論」簡言之為探討人的本質問題，而這種本質是關於能不能成聖成賢的這一面向，亦即在探討人是否具有成聖成賢的本質；又因聖賢的主要內涵是善，故亦可說人性論在探討人是否具有善的本質。

　　「人性論」從表面觀之，似只是對人性善惡作主張，與道德學並無強烈的關連性；事實不然，它關係聖賢之學能否成立。首先，人性是人先天的本質，若人性為「惡」，則我們必作惡乃能盡性，乃能彰顯生命本質，也才能獲得生命根源性的喜樂，因此在理論上我們不能阻擋他人為惡以實現人的本性，如此則道德學無以建立。再者若人性果真是惡，那要成就聖賢之學，就必須將人性徹底加以改造；此時若有人不願接受改造，便無法成就聖賢，亦即「性惡論」無法保證人人必然成聖；這將使人失去為聖之信心，對成聖望而卻步。故知站在生命道德的立場言，唯有證明人性為善，乃能說：聖人只是人性的彰顯，且只要彰顯人性必然可成聖，亦即人人皆可成聖。這對道德學的建立異常重要，亦即人性的主張關係道德學能否建立。

　　粗略言之，「人性論」在探討人先天的質地，而這種質地到底是唯具善（性善論）或唯具惡（性惡），或善惡都不具（性無善無惡），或善惡都具（性有善惡），或有些人具善、有些人具惡、另有些人兼具善惡（性三品人性說）。這些是中國人性論的主要看法，至於更詳細的內容下文解析之。

第一節　「性善論」解析

一、「性」之意涵

　　中國「人性論」大別可分為兩類，這兩類的區分主要是對於「性」的見解不同所致：一為「初生義」的人性論，一為「本質義」的人性論。第一類在討論人剛出生時，是否具有善的質地；第二類在探討人的本質，是否為善。

　　關於此兩類的區別，牟宗三先生似有類似之論：

> 「生之謂性」意即：一個體存在時所本具之種種特性，即被名曰性。
> 此即「性者生也」之古訓所含有之意旨。……「生之謂性」之自然
> 之質，可直接被說為是生就而本有的。〔註1〕

牟先生此處似謂「一個體存在時所本具之種種特性」，便是「生之謂性」之「性」字的意涵，「可直接被說為是生就而本有的」，這種「性之古訓」便近似於本章「初生義」之說法。唯牟先生於他處對「生之謂性」又有些許不同的詮釋：

〔註1〕見牟宗三，《圓善論》（臺北：臺灣學生書局，1985年），頁5。

自然生命之綱縕所生發之自然徵象，如生理器官之自然感應、生理慾望之自然欲求、乃至生物之自然本能、心理之自然情緒等皆是，總之即叫做性，此即等於以自然生命之自然徵象說「生之所以然」。〔註2〕

諸心裡學的作用亦可俱含在內，這都是「生之謂性」一原則所呈現的「自然之質」。因此，由此而明的性是個事實概念。〔註3〕

此處牟先生似乎強調現存的狀況為「生之謂性」之「性」字的意涵，重在個體當下的存在狀態的全部，都是「生之謂性」之「性」的內容。亦即也許初生時不存在，但現今存在於個體身上，那仍是「生之謂性」之「性」字的內容。

按以上兩種對牟先生之理解方式（一就初生言性，一就存在言性）；都可能是牟先生「生之謂性」之「性」字的意涵。本章以為，若牟先生之本意為後一義，那就聖賢言，聖賢之心為超越的道德心，此時若就存在（生之謂性）而言性，聖賢當為超越義的真性，於是就聖賢言「生之謂性」無法與「超越義之性」區隔開來；此其一。中國「人性論」主要在探討人初生時本具的善惡問題，而非討論現實存在之人，其心之善惡問題；現實存在人的善惡問題歸於功夫論討論，而「初生本具」的善惡問題則歸於心性論探究；此其二。基於這兩點理由，故本章以為牟先生「生之謂性」較有可能指「初生義」的人性論。〔註4〕

牟先生於說明「生之謂性」的老傳統之後，又說明孔子以後，另有一超越義的人性論系統：

人性問題至孟子而起突變，可說是一種創闢性的突變，此真可說是「別開生面」也。此別開生面不是平面地另開一端，而是由感性層、實然層，進至超越的當然層也。〔註5〕

由此背景言性是自理或德而言性，是超越之性，是理想主義的義理當然之性，是儒家人性論之積極面，亦是儒家所特有之人性論，亦是正宗儒家所以為正宗之本質的特徵。〔註6〕

〔註2〕牟宗三，《心體與性體（一）》（臺北：臺灣商務印書館，1968年），頁88。

〔註3〕牟宗三，《圓善論》，頁10。

〔註4〕當然這樣的判別，只是作者個人的理解，是否得當，當屬仁智互見；且將此牟先生所謂的「生之謂性」的人性論系統稱為「初生義」，亦是作者個人的用語，是否精當，當亦有討論空間。

〔註5〕牟宗三，《圓善論》，頁22。

〔註6〕牟宗三，《心體與性體（一）》，頁216。

除了「生之謂性」外，牟先生謂中國人性論又有由孟子所創闢的新系統，「生之謂性」是在談初生時感性層、實然層的善惡問題；孟子進而論及超越層的內涵，以說明人性之善惡問題；此後，這種人性觀點便成正宗儒家的特徵。

此種自「超越義的道德心」以言性，主要在區別於傳統人性論，是就感性層、實然層以言人性，無法瞭解生命中更為純然絕對的內涵，故以「超越義」稱之，並無不可。唯本章以為：人性論旨在探討人「生而本有」的內涵，「超越義」較無此意涵，故置換為「本質義」，以說明生來本具的質性，或較為恰當也。〔註7〕

若依上文所論則「初生義」與「本質義」皆就「生而固有於人者」言，二者分屬兩層面：「初生義」是言其初生時具有，但以後有可能會改變的存在，亦即為偶然的存在；如生物學感性層的具有等。而「本質義」則是言其為本質的具有，無論時間多久將永不磨滅，亦即必然的存在；如道德性的無限心等。以下即針對此二義作論述。

（一）「初生義」之性

「初生義」之性，牟宗三先生稱為「即生言性」〔註8〕之路，意即就人初生時的質地定義為「性」；如人初生時有感性之私〔註9〕、食色之好等，甚至包括「才性」在內，都是「初生義」系統下「性」的意涵。

這一義的人性主張在強調初生時的狀態，若初生時為惡，即使以後可完全化除盡淨，仍是謂人性為惡。這一類的人性論，若用集合概念表示，以「性」為一集合概念，而「善」、「惡」為集合中的元素，則可得出以下各組人性論的主張：

1. { }：「性無善無惡說」（性中只有成就善惡的材質，而無善惡元素存在。）
2. {善}：「性善說」（性中唯善）

〔註7〕本文所謂之「本質」，取其不可磨滅性，它是存在物所以為存在物不可或缺的元素，若此元素消失便不成其為該存在；本文以為人的本質便是超越義的道德性，且除此超越義之道德性外，並無其他存在物；反之，超越的道德性便是本質，超越的道德性也無外於本質者，亦即本文以為此二語完全相等；唯稱「本質義」乃作者個人用語，若有失誤不恰當，無關牟先生之理論系統。

〔註8〕牟宗三，《心體與性體（一）》，頁198～224。此外，唐君毅，《中國哲學原論·原性篇》（臺北：學生書局，1989年），頁15～28亦有相近之論述。

〔註9〕本文所謂「感性之私」乃指感官受制於欲望，於是有我無人，形成行為的偏邪不善而言；按感官原屬中性，一受制於私欲便成惡行。

3. ｛惡｝：「性惡說」（性中唯惡）

4. ｛善惡｝：「性善惡混說」（性中有善有惡）

5. ｛善｝或｛善惡｝或｛惡｝：「三品人性說」（有些人性善，有些人性惡，有些人性中有善有惡。）

6. 「性不可知說」（初生時人性善惡無法了知。）〔註10〕

　　依邏輯的分析歸類，若將「性」定義為「初生義」，則人性論的主張大致不出上列六說。〔註11〕

　　第一說不認為性中有善惡，一切善惡都是後天教導學習所致，這一說基本上與後四說是對反的，亦即二者不可能同時為真。

　　第二說主張性中只有善沒有惡，這一說基本上也與其後的三說衝突。因只有善，就不可能有惡，更不可能只有惡。唯此派既然主張初生時人性只有善，便需說明惡如何產生，最後通常歸咎於後天環境教導與主體學習而來。

　　第三說為第二說的相反，主張人性中唯有惡沒有善，仍然與二、四、五說相衝突。同理它必須說明善從何而來，最後也是歸因於後天環境教導與主體學習而得。

　　第四說主張人性中，善惡都有；不是唯善也不是唯惡；故與前兩說仍為衝突。不過它要解釋善惡的產生較為容易，因初生時善惡便與生俱來。

　　第五說是前三說的折衷，之前的人性論都就普遍人性說，意即所有人都有相同的人性，第五說則謂有三種不同等級的人性，上品人性為善，下品人性為惡，中品人性為有善有惡，唯它雖折衷前三家之說，但主張與前三家都不同。這一家要解釋人有善有惡，就更不會有問題。

　　最後一說「性不可知說」認為：前五家的人性論，基本上只是一種「主張」，而這樣的主張是根於自己的經驗觀察，加上假設與推論所得；例如因自己生於亂世，觀察到人心險惡，於是加以假設與推論而謂人性當為惡，那為何會有善的產生，則歸因於後天改造所致。同理，性善論者亦依據其觀察，謂人性為善，惡是後天環境所致。無善無惡說，亦是經由觀察假設與推斷，而將善惡歸於後天。至於第六說則認為在人初生之際，全是無意識的言語行

〔註10〕案這六種主張除第六說是對於前五說的否定，中國人性論史上未見明顯持此論者外，其餘五家歷史上皆有代表人物，唯此非本論文重心所在，故此處不具引深論。

〔註11〕按這六種主張，並未建立在同一分類標準上，此處是藉助於集合的概念，勉強將「善」、「惡」當成類概念，而將歷來的人性論主張作簡要的概括說明。

為，並無法知其善或惡，等到年齡漸長而有善惡意識時，已深受環境的薰染影響，故人性是善或是惡實不可知也。這樣的一種說法是對於前面諸說的否定，認為人性是善或惡之主張是無依據而不可靠的。

以上是「初生義」的人性論，他們對人性是善是惡的主張，是立基於初生時的狀態而說。中國歷代人性論的大部份學派，殆皆立基於此而論人性之善惡〔註12〕，但這種立場並非中國人性論之主流。

（二）「本質義」之性

中國人性論之主流是「本質義」的人性論，牟宗三先生稱為「即心言性」之路，而此處的「心」是就道德本心說。

「本質義」在探討人性善惡時，不立基於初生時是善是惡論之，而是依據何者為永不可磨滅之本質而說。若人初生時有惡，但此惡是可經由後天加以根除，那這種惡就不是本質，也就不能謂人性為惡，只有那些人性中無法消除的質地，才是本質義所謂的人性。從這樣的角度來談人性便與初生義完全不同。初生義的主張是經由觀察推論假設而得，本質義的人性論無法經由常人之經驗觀察而得知，唯有透過生命的實際體證，藉由道德實踐之功夫，最終達於生命圓滿者乃能確知何者為本質？何者只是偶然存在？

就理論上說，「初生義」的人性論可以有六種主張；那「本質義」的人性論也一樣有相同的六種主張；所不同者只是「初生義」是在談初生時到底是善是惡的問題，而「本質義」則在談人性的本質到底是善或惡的問題。

案若依上文「初生義」與「本質義」二詞表面意涵來區分，那這二類所指涉的範疇並非絕對的相反；因「初生義」的內涵是指先天「生而然者也」，故「初生義」是與「後天」相對反；而「本質義」是指不可磨滅者，它與偶然存在的「非本質」相對反。故知「初生義」與「本質義」並非完全相對反；嚴格言之「本質義」包括於「初生義」中，「初生義」是一個大集合，而「本質義」是屬於「初生義」內的一個小集合；因為「本質」也是初生時便存在的，否則就不成其為本質。比較正確的說法是：所有的人性論都是「初生義」，都是在談初生時先天具有的質地；而「本質義」又更進一步加以限定，除了需初生本具者外，尚需具有不可磨滅的特性，才合乎「本質義」的人性主張。

〔註12〕牟宗三先生綜說中國人性論的大略，謂：「性惡亦與中性說及可以為善可以為惡說，相通也。即使後來揚雄之善惡混說，亦與此相通也。故此諸說皆賅括於『生之謂性』一原則下。」（見《圓善論》，頁21。）

　　由以上所論得知，若純就立名分類的要求言，分為「初生義」與「本質義」兩類，並非最為恰當，但因「初生」與「本質」二概念與「性」之意涵較為相近；且「初生義」本為中國論性的老傳統〔註13〕，最先都是依「初生義」論性，其後乃發現如此無法滿足道德學上的要求，於是將「本質義」獨立出來，而不再附屬於「初生義」之下，故如此分類也合乎「人性論」的發展史。職是之故本章仍沿用「初生義」與「本質義」以為分類。〔註14〕

　　以上將「人性論」分為兩大類，其下再細分為若干小類，如此分類是純就邏輯學理上的歸類，至於中國人性論史上，何人屬何類，因需有相當的論證資料佐證，故本章此處未做詳細指陳與論述，僅單純從邏輯思辨的角度作分析歸納。中國的人性論者之所主張，雖然頗為紛雜而不明確，或常依違於此兩類之間，唯所可肯定者，其所論者當不致跳脫如上之二類中。

二、「善」、「惡」之意涵

　　首先說明「善惡」可從哪兩個層次論述，次說明善惡的意涵為何？最後說明判斷善惡不同派別的不同主張。

（一）「絕對善惡」與「相對善惡」──善惡之分類

　　「善與惡」可就兩個層次論述：一是絕對的世界，一是相對的世界〔註15〕；在絕對世界中，沒有對立，是超越善惡二元，無主無客，善不可名，惡亦不可說，說是一物即不中的狀態，這是聖人所達致的境界；此時可稱「無善無惡」、「至善」、「絕對善」等。如果有人主張人性是在談人天生具有這種善的質地，那便稱為「人性至善論」、「人性超越善惡論」、「人性絕對善論」等。

　　因為「絕對」與此處之「善」為同義詞，都在講本體無對的境界；而「絕對」與「惡」並非同一層級的概念，故無所謂的「絕對惡」；故只要是主張人性中有「惡」成分者，便是立基於「相對善惡」的觀點，而非「絕對善惡」的立場。亦即站在「絕對善惡」的立場以論性，唯有「性善說」乃有可能。

〔註13〕牟宗三《心體與性體（一）》，頁198～224。

〔註14〕此種說法較牟宗三先生之說，又更為恰當；另許宗興將之分為即有限心言性與即無限心言性之系統，以說明「初生義」與「本質義」之別，亦是一種可供參考之分法。〔見許宗興，《孟子義理思想研究》（政大中文所博士論文，1987年6月），頁69～80〕。

〔註15〕這兩界的區別，可參看牟宗三，《現象與物自身》（臺北：臺灣學生書局，1990年），頁1～17。

「性善說」依前文「性」的二義說，則「初生義」的「人性絕對善論」意指人在初生時，便生具此種絕對善的質地，至於人會掉落於相對世界或產生惡，那是後天造成的。而「本質義」的「人性絕對論」則謂人初生時也許有惡，但那只是偶然存在，只有絕對善才是永不磨滅，方為人之真正本質。

其次，相對善惡是就相對世界言，意指在現象界中屬二元對立的世界，於是有善惡的對立分別、好善惡惡、為善去惡等的取捨。關於相對世界的善惡意涵以下簡略述明之：

（二）何謂善？何謂惡？──「相對善惡」之定義

相對世界中善惡的定義，因牽涉之問題甚多，屬不同的哲學派別便會有不同的主張，此處不擬從事廣泛複雜的討論，僅就有關中國哲學人性論的部份，對「善」與「惡」提出概括說明，簡言之：「善：指動機為良知、公心、為他人著想；所造成的結果為讓相關的人走向更喜樂美善圓滿者。」當然這樣的說明，有些詞語仍不夠嚴謹、具體、與清晰。但對探討人性論之善惡問題似已足夠，故本章不再深論這定義中的相關詞語，及由此衍生的相關問題。〔註16〕

「善」的意涵清晰後，「惡」的意涵便因之而明，它是「善」的相反：「惡：指出發點違反良知、依於私心、只為自己著想；所造成的結果為讓相關人受到苦痛墮落不圓滿者。」當然此中詞語亦仍有欠缺嚴謹、具體、與清晰，宜進一步解釋者，此處仍暫不論。

以上已說明「絕對善惡」與「相對善惡」之異。案二者的區別為在「質」的差異，一屬本體界，一歸現象界。唯二者並非完全不相干，亦非完全的對反者：當說「相對善惡」是分享「本體絕對善」而來，是將本體的「絕對善」加以概念化具象化而得者，本體的絕對善是不可說的，無法言詮表述；一用名相說明便是概念化的產物，便是受到時空影響，便是有限的內涵，便非絕對界如如的狀態。唯因大部分人都是有限的存在，都生活於現象界中，因此「相對善惡」的討論實有其必要性。甚至可以說在中國人性論史上，對於人性的主張，絕大部分都是立基於「相對善惡」而說者，故對於「相對善惡」的了解，將有助於中國人性論之定位。

〔註16〕這些會有不清晰明確之概念包括：良知、公心、為他人著想、更大的喜樂美善圓滿者；以及喜樂的質、量、廣度、深度等的差異如何計算，凡此皆可能造成善惡的難於判定；本論文此處僅標大方向而不作細目討論，故相關詞語暫不作更深入的探討。

（三）動機派與成效派──善惡判斷之派別

若依前文相對善惡之定義，則善惡各可從「動機」與「成效」上分判，若動機與成效都善或都惡時，欲判別善惡較無困難。若二者不一時，是依動機或成效作分判，則不同學派會有不同的主張，唯人性論的善惡主張，是依動機而論，此種判別方式歷來並無疑義。亦即若人初生時，與生俱來唯有善的動機，那便是「初生義的性善論」者；反之，若人初生時，與生俱來唯有惡的動機，那便是「初生義的性惡論」者；餘此類推。

基於以上討論，可知人性善惡的主張，可以有很多種可能。首先暫時假定前文關於「相對善惡之定義」與「相對善惡判別之不同派別」二項，無有疑義。那尚有對於「性」與「善惡」的理解會有不同，於是人性論者所主張的內涵便會有異，例如同樣主張「性善論」，可能意指有：「初生義的性是絕對善論」、「初生義的性是相對善論」、「本質義的性是絕對善論」、「本質義的性是相對善論」等四種可能。因此將每位人性論者的主張，確實釐清其意指與份位，實屬極為重要者，不宜單從字面作粗略的論斷，否則錯誤便所難免。

三、「性」與「善」關係

單就「性善論」言，其所以複雜難釐清，除上文所說「性」有兩種意涵，「善惡」亦有兩種範疇之外；「性」與「善」二者關係尚有多種可能，此亦造成「性善論」歧義的重要原因，以下嘗試從數個角度切入，以略述「性」與「善」的數種可能關係及意涵，「性」與「善」的關係明，「性善論」的語意乃可明：

（一）就對象之全與分言

這在說明「所有人」之性具善，或僅「部份人」之性具善；除「性三品人性說」謂部份人具善之外；其餘中國人性論中談性之善惡問題，類皆就所有人言；蓋不如此規定，則「人性」之討論便無意義，甚至就無所謂「人性」的問題，因此通常所說的「性善論」是就普遍的所有人言。

（二）就善之固有與外來言

這在說明善是「固具」，或由「外鑠」而來；簡言之就是本有或習得；「固具」是本有，「外鑠」是習得；「性無善無惡說」主張「善」由外鑠，所謂「義外」者；而「固具」是主張善為我所本有，所謂「義內」者；通常「性善論」者主張「善」為固具本有。

（三）就善維持之時間言

這在說明「善」具於性的時間久暫；最久者為性「恆具」善，包括生具、已具、今具、未來具、永具等，亦即時間之無限，或稱本質的具；相反立場，則謂有限時間之具善，如初生時有善，今已不再善；或今雖無善，未來會有善（此所謂性向善論）；不同的「性善論」者，對於時間之久暫便有不同的主張。

（四）就性中善之含量言

這是在探討性中除「善」外，是否尚有其他元素，以及「善」在性中所佔的份量比率為何；例如：「性唯善說」，謂性中除善外，別無其他元素；「性有善說」則謂善確定有，但未論及惡之有無；「性有善有惡」，則除善外，尚有惡的存在；「性有善端說」則謂善只是少量存在，凡此都是不同「性善論」者之所主張。

（五）就性中善之品質言

這在說明性中所具的善，到底是 100%的純度，或是含雜質之善，須經鍛鍊乃能達於純然的善；換言之，我們所具的善與聖人的善，是否為同一品質。這也會造成「性善論」者看法的差異之一元。立於儒家立場則謂「聖人與我同類」，與我具相同品質的性。

（六）就善具於性之必然或偶然言

這在說明性為善的可能性，「性必善」謂我們性中擁有善，是千真萬確，絕無例外，必然無疑；「性可善」謂只要努力，性便會是善；「性或善」只說有這種可能性，但無必然保證，善只是偶然存在。故性中具善的或然率，也會形成不同的「性善論」派別。

（七）就善之為潛能或實現言

這在說明性中的善是一種潛能，或是已實現者；「實現之性善論」謂性中的善目前已經完全存在；「潛能之性善」則謂性中的善，目前只在潛能狀態，尚未實現於性中。這也是不同「性善論」者爭論的問題之一。

（八）就善之為實然或應然言

這是說性中的善，是客觀之存在或是主觀的期望；「實然之性善論」謂善客觀實存於性中，「性應善論」則謂善是否真實存在於性中，並不清楚，但為了倫

理學上的需要，性中應該是善。此等差異性仍是「性善論」者的不同看法。

　　以上列舉八個向度，經由「性」與「善」的關係，說明「性善」的可能意涵，但此處所列舉者並非窮盡；亦即「性善」還隱含有其他向度的意涵，唯對成德之學言，如上之分析或已足夠，歷來對「性善」之認識與主張，大類不出上列之範疇。而這八項「性」與「善」的關係，可再綜合為四類，若依嚴格「性善論」者之說，則其內涵為：

1. 就時間言：固具、本具、生具、已具、今具、恆具。
2. 就數量言：（所有人）全具、（聖凡）同具。
3. 就品質言：（聖凡）同具、唯具、純具。
4. 就存在言：必具、實具、現具。

　　此處尚需作一補充說明：以上是論「性」與「善」的關係，而非論「性善」與真實生命間的關係。因此，所謂的「性」固具、本具、生具「善」等，並非指我們現在的凡人生命中，已經全然的善，無一絲的感性私蔽；而只謂在我們的「性」中已固具、本具、生具「善」。這屬兩個不同層面的問題，「性善」只說「性」中具有「善」，而未討論我們現實生命中是否已全然善而無須再作功夫。

四、「性善」之內在質性

　　前此所述只是對「性善」的外在意涵作說明；至於其內在特質此處將作論述。唯「性善」之內容非常豐富而多面〔註17〕，此處僅能就某些面向加以述明，如此論述或有助於呈顯「性善」的大致輪廓：

　　「性善」的內在特質無限的多，且每一義理流派對於「性善」的詮釋說明，都會有精粗與偏重的差異性，此處僅列兩點以對「性善」的內在屬性作說明。

（一）「性善」之道德性：知善知惡、惻隱、是非、辭讓、分別等能力

　　「道德性」用通俗語言說，便是希望人與我皆能走向更美善之境地的施為，各種的道德綱目都是為此一理想而訂立，就儒家言，如孔子的「仁」、曾

〔註17〕聖人是善性彰顯的結果，性則是聖人所具道德境界的潛能；亦即聖人有多少的美善，那性便有多少的美善；聖人的美善無法描述，猶如善性的內涵無法盡述一樣，故其內容為異常豐富而多面。

子的「孝」、孟子的「義」、荀子的「禮」等，各種的人倫德目如仁義禮智信、四維、八德等，凡能成己成人者皆是道德；這些便都是「性善」的內涵，也都是人所本有而存於性中之特質。

當然，存於性中的道德名目，是無窮無盡的，而每位哲人所標舉的德目，以及對於該德目詮釋的精粗，則與各思想家對於「善性」體證的深淺、生命風格、及所處的時空環境等有密切關連，此處無法一一羅列詳細論述與說明。

（二）「性善」之空靈性：無執、無善無惡、無有作好，無有作惡

前一目強調善性中具體的「道德性」，此則說明善性中的「無執性」。它是指「為善」而空靈、自在、無所得、放下、無罣礙之心境，它是「放下但不消極，努力卻不執著」的狀態。這一特性在道家與佛家之典籍中，闡述較為豐富，而儒家的哲人較少彰顯，但較少只是不強調，非謂儒家「善性」的義理系統中無此特性。〔註18〕

道德性的標舉，涉及哲人的道德實踐之高度；同理，對於「空靈性」的論述，亦涉及論述者之生命水平，不同體證者對於「空靈性」便有不同深淺的闡述。

以上二種「善性」的內在屬性，若用牟宗三先生之說，則前者為「存有義」，後者為「作用義」〔註19〕；存有義言其「有」，作用義言其「空」，「有」故能豐富莊嚴，「空」故能虛靈自在；此種「有」與「空」的絕對化，便是「善性」的完整內容。

五、「性善」之呈顯狀態

前一目說明「善性」的內在特質，此則說明具有這樣內在特質的「善性」，反應呈現在日用常行中的狀態；此處僅說明與道德實踐及孟子性善論有關者二類：其一為它呈顯的樣式，另一是它呈顯的強度。

〔註18〕牟宗三，《中國哲學十九講》（臺北：臺灣學生書局，1983 年），〈第七講 道之作用表象〉中，詳論這種空靈無執性，乃三教共法，在各教間最具普遍性。

〔註19〕牟宗三先生相關論述散見於，《中國哲學十九講》、《圓善論》、《佛性與般若》（臺北：臺灣學生書局，1979 年）等書。如，《圓善論》：吾人若不能了然於分別說與非分別說之足以以窮盡人類理性之一切境，而非分別說又有屬於「無限智心之融通淘汰之作用」者，又有屬於「存有論的法之存在」者，則不能知何以必在兩者兼備之非分別說中成立圓教。（見該書〈序言〉，頁 14）。

（一）「善性」呈現之樣式：剎那呈顯、完全朗現

前文所謂「固具、已具、恆具、唯具、必具、實具」者，是說「純然的善」如是之具於「性」中，而非謂我們目前的這個生命，已全然達於「純然的善」。而此處則是在說明那「純然的善性」呈顯於我們自然生命的樣式，大別地說有兩種，這兩種的呈顯方式與每個生命的澄明與混濁有關。

就常人言，「善性」因受感性之私、錯誤的觀念等遮蔽，故只能有「剎那呈顯」，而且剎那呈顯的當下，質地純度仍未必達於百分之百，此孟子所謂「人之異於禽獸者幾希」的「幾希」，即使是一般人也會有這一點靈明顯露，這便是人與禽獸不同之處。這一點靈明，會讓你為惡而覺不安愧疚，但也只是剎那呈顯，這是「善性」呈顯的第一種樣式。

若就心靈較為澄明空靈者言，則彼能將此一點靈明加以擴充，以使時間拉長，品質更純化，孔子謂「回也，其心三月不違仁」〔註20〕，孔子自言五十以後「知天命、耳順、從心所欲不逾矩」〔註21〕，孟子自言生命境界的「萬物皆備於我，反身而誠，樂莫大焉」〔註22〕、「不動心」〔註23〕、「美大聖神」〔註24〕等，類皆在說明此境。在此狀態下，我即天、即道、即聖、即究竟圓滿，時時在善性中，處處彰顯善性，朗現善性；這是「善性」呈顯的第二種樣式。

其實「善性」本來只是一種，「剎那呈顯的善性」與「完全朗現的善性」無二無別，只是個人生命的偏蔽程度不同，善性得以呈顯的程度便有別；極度偏私者甚至連剎那呈顯的「善性」都不易出現，生命究極澄明者便能時時刻刻全然的朗現善性；而中間地帶，則有各種不同程度的彰顯。此為「善性」呈顯樣式之大略。

（二）「善性」呈現之強弱：脆弱性、堅韌性

人生命中雖有「善性」，然亦有負面的「偏蔽」，包括情意上的「偏」與觀念上的「蔽」；這種偏蔽會干擾阻礙「善性」的呈顯，雖然這種「偏蔽」不是本質的，但常是天生的，它的存在不必然、非恆具於我們身上，但在現實

〔註20〕宋・朱熹，《四書章句集注》（臺北：大安出版社，1994 年），頁 115。
〔註21〕宋・朱熹，《四書章句集注》，頁 70～71。
〔註22〕宋・朱熹，《四書章句集注》，頁 491。
〔註23〕宋・朱熹，《四書章句集注》，頁 317～319。
〔註24〕宋・朱熹，《四書章句集注》，頁 520。

的生命中卻真實強烈地存在著。這樣的偏蔽在有限的期間中，會和「善性」形成兩股對反力量。「善性」的隱顯便在說明當「善性」遇到此種「偏蔽」時，會有如何的反應，我們可藉由這種反應瞭解「善性」的另一種外在特質。

通常「善性」碰到「偏蔽」會有兩極化的反應，其一為脆弱性，是指善性為偏蔽所擊敗以致隱微不顯；另一為堅韌性，善性將偏蔽擊敗而使之煙消雲散。而這兩種差異性的產生取決於主體是否願意自覺地作功夫，若主體有生命的自覺，瞭解生命的本質意義，則「善性」力道非常堅韌，「偏蔽」便無法得逞；反之，若主體無生命的自覺，不知生命的價值理想，而不願意作功夫，則生命隨偏蔽而起舞，「善性」也就湮沒不顯。因此，雖然所有人皆有善性，但並非所有人的「善性」都會呈顯作主。

以上對於（一）「性」之意涵；（二）「善、惡」之意涵；（三）「性」與「善」之關係；（四）「性善」之內在質性；（五）「性善」之呈顯狀態。做了簡要釐清，當然就「性善論」相關的範疇層面言，尚有未暇討論之部分；但就孟子性善說長期以來所碰觸的問題，類皆做了說明。

第二節　「孟子性善論」意涵釐定

以上是對於「性善」的意涵特性，作一普遍的解析論述，歷史上的每家每派每位哲人，對於「性」與「善」的定義皆有出入，對於「性」、「善」關係的切入點都有偏重，對於「善性」的內外屬性也會有不同的詮釋，無法一概而論。因此雖同名為「性善論」，但意涵並不全然相同。即使是同一哲人，他自己的論述，與後人對他的詮釋也可能會有差異；以孟子為例，在《孟子》原典所載、宋明儒的闡揚、今日新儒家的詮論，三者間便會形成某種程度的出入。因此，本章此處不擬據後儒之說，希望能回歸原始資料，以還原孟子「性善論」之真實面目。以下仍依前文之架構，據《孟子》文章以論「孟子性善論」之意涵。

在進入討論「孟子性善論」的義理辨析前，需先說明：孟子是中國哲學史上第一期的人性論者，也是第一位提出「性善論」的哲人，再者中國哲人之主張，並非如西哲之以專門論著表顯，而是透過與弟子的問答指點，弟子隨興記錄自己所見所聞，故條理性與完備性或較不足；因此，在論述中國哲人的義理內涵時，當採較同情的理解，不能因其未說便論定其未有，不能因其結構未嚴謹，就謂其義理有瑕疵，此為論述中國哲人思想應有之態度。

一、孟子「性」之意涵

前文言「性」有「初生義」與「本質義」之別，以下據《孟子》原典，以瞭解其所謂的「性」究屬何意涵。

> 人之所不學而能者，其良能也。所不慮而知者，其良知也。（盡心上）
>
> 口之於味也，目之於色也，耳之於聲也，鼻之於臭也，四肢之於安佚也；性也，有命焉，君子不謂性也。仁之於父子也，義之於君臣也，禮之於賓主也，知之於賢者也，聖人之於天道也；命也，有性焉，君子不謂命也。（盡心下）
>
> 生，亦我所欲也；義，亦我所欲也。二者不可得兼，舍生而取義者也。生亦我所欲，所欲有甚於生者，故不為苟得也。死亦我所惡，所惡有甚於死者，故患有所不辟也。如使人之所欲莫甚於生，則凡可以得生者，何不用也？使人之所惡莫甚於死者，則凡可以辟患者，何不為也？由是則生而有不用也，由是則可以辟患而有不為也。是故所欲有甚於生者，所惡有甚於死者，非獨賢者有是心也，人皆有之，賢者能勿喪耳。（告子上）

前章說明「良知良能」的善性，是不學不慮先天的存在，次章孟子說明性有兩層意義：一為感性方面的動物性，一為仁義禮智的真性；於此兩層皆會有命限之出現，在此性命對揚中，輕重抑揚不可不知〔註25〕；孟子稱前者為「命」，稱後者為「性」。第三章進一步說明這種感官需求是可以去除的，人若面臨需要犧牲生命的處境，是可以「捨生而取義」的，生之欲可以去除，但道德性卻不能解消；至於這種道德性是否為本質，從孟子他處談及「善性」的生具、恆具處看，似乎認為「善性」是本質的存在，因此「善性」與「感性之私」並非同一層級的存在，善性是「本質義」存在，而感官之私只是「初生義」的存在。

二、孟子「善」、「惡」之意涵

其次，關於「善」孟子雖未明言有「相對善」與「絕對善」的分別，也未說明自己「性善論」的「善」是相對善或絕對善，但若從《孟子》原典看，絕大部份當指相對善言：

〔註25〕此詮解本於牟宗三先生，見《圓善論》，頁 150～151。

君子創業垂統，為可繼也；若夫成功，則天也。君如彼何哉？強為善而已矣。（梁惠王下）

在於王所者，長幼卑尊皆薛居州也，王誰與為不善？（滕文公下）

可欲之謂善，有諸己之謂信，充實之謂美，充實而有光輝之謂大，大而化之之謂聖，聖而不可知之之謂神。樂正子，二之中，四之下也。（盡心下）

今夫水搏而躍之，可使過顙，激而行之，可使在山，是豈水之性哉？
其勢則然也。人之可使為不善，其性亦猶是也。（告子上）

上引首章孟子勉滕文公「強為善」，善而可強為，則非絕對善明矣；第二章謂宋王身旁若能增多如薛居州者，宋王將不致為不善，會有不善與善相對，則此善為相對善明矣；第三章意義更清楚，「善」是真實生命追求的目標，孟子將善置於生命發展六階位中的第一階，足見當非絕對善；最後兩章孟子在談性之善惡問題，他說人之為不善，是因勢之所逼，為善才是本然之性，此處孟子以不善與善相對，則其「性善」說之「性」，當是相對善之性；足見孟子性善論之善，當指相對善言。

不過，雖然如此說，並非意謂孟子性善之論不隱含「絕對善」於其中，他雖然透過語言文字的表顯說為相對善，但其真實的意涵，是否同時含括絕對善於其中。再說，他由性善論所達致的生命境界，實隱含絕對善於其中，姑引數則為說：

萬物皆備於我矣，反身而誠，樂莫大焉。（盡心上）

可欲之謂善，有諸己之謂信，充實之謂美，充實而有光輝之謂大，大而化之之謂聖，聖而不可知之之謂神。（盡心下）

夫君子所過者化，所存者神，上下與天地同流，豈曰小補之哉！（盡心上）

案孟子謂自己與君子所達到的境界，是一種絕對境界：「萬物備我」，指物我一體，無主客對立，「聖」與「神」，更是絕對世界的指稱，「過化存神」與「天地同流」，亦是聖人絕對境界下的描述；而孟子主張「義內」，一切的道德不來自外鑠，故此種絕對的善，實潛存於聖人之性中，加以聖凡同具「善」，則可證孟子實謂人皆具絕對善，故孟子的「性善論」雖然論述時都謂「相對善」，但實隱含「絕對善」於其中。

三、孟子「性」與「善」之關係

（一）就時間言：本具、生具、已具、今具、恆具

「性」與「善」的關係，若就時間向度論：就它本有與外來言為「本具」，就初生時具或後天具言為「生具」，就今天以前或今天存在言為「已具」，就今天具或未來具言為「今具」，就是否為未來永遠具言為「恆具」；更簡單的說為在任何時間中，「善」都具於「性」中。孟子關於此類的論述所在多有，將之化約為「本具」、「恆具」兩概念論述：

> 人之所以異於禽獸者幾希，庶民去之，君子存之。（離婁下）

> 惻隱之心，人皆有之；羞惡之心，人皆有之；恭敬之心，人皆有之；是非之心，人皆有之。惻隱之心，仁也；羞惡之心，義也；恭敬之心，禮也；是非之心，智也。仁義禮智，非由外鑠我也，我固有之也，弗思耳矣。（告子上）

> 牛山之木嘗美矣，以其郊於大國也，斧斤伐之，可以為美乎？（告子上）

> 無或乎王之不智也。雖有天下易生之物也，一日暴之，十日寒之，未有能生者也。（告子上）

> 乃若其情則可以為善矣，乃所謂善也。若夫為不善，非才之罪也。（告子上）

> 人之所不學而能者，其良能也。所不慮而知者，其良知也。（盡心上）

> 孩提之童，無不知愛其親者，及其長也，無不知敬其兄也。（盡心上）

以上七章在說明「善性」本有，非由外鑠於我；第一章說明人與禽獸最大不同便是善性，亦即謂人生而本有善性，只是在現實人間呈顯甚微，而這呈顯的「幾希」已是人禽最大的差別。次章謂凡人皆有「惻隱、羞惡、恭敬、是非」四種心，也就是性中的仁義禮智四德，孟子直言此四德為人所本有，非由外鑠我也。第三章以牛山比喻性，以木材比喻善，孟子謂牛山之木曾經是美茂，便謂人性本來是善，當然現在光禿禿的，並非善性不存，而是被摧殘後隱微下來，不在現實呈顯，但仍存於性中；上引第四章說明每人皆有善性，猶如有易生之物，需有環境的滋養方能長成，沒有成就聖賢是因為一曝十寒所致；第五章言「乃若其情」，謂順其實情則可以為善，則知本來為善；第六

章說明「良知善性」是不學不慮，不是後天的學慮所得；末章說明孩提之童尚未受教育，已知愛親，足見人生而本有善性。

其次，孟子說明此種善性，不唯本具、生具，而且今具、恆具，亦即在任何時間中「善性」皆「恆具」於人身上，孟子曰：

> 所以謂人皆有不忍人之心者，今人乍見孺子將入於井，皆有怵惕惻隱之心；非所以內交於孺子之父母也，非所以要譽於鄉黨朋友也，非惡其聲而然也。（公孫丑上）

> 由是觀之，無惻隱之心非人也，無羞惡之心非人也，無辭讓之心非人也，無是非之心非人也。惻隱之心，仁之端也；羞惡之心，義之端也；辭讓之心，禮之端也；是非之心，智之端也。人之有是四端也，猶其有四體也。（公孫丑上）

首章說「今人」皆有怵惕惻隱之心，這意謂不只過去曾有「善性」，現在亦有「善性」，甚至未來我們說「今人」時，便指未來的人，故此處的「今人」已意涵無窮時；第二章說明無「仁義禮智」四端，非人也；亦即人的必要條件是「仁義禮智」四端，猶如前引人禽之辨在「幾希」，這說明「善性」與人永相為伴，一日為人就一日有善性，故「善性」是恆具於我們身上。

（二）就數量言：全具、同具

此項在說明人具有「善性」的量，這可就人數言，到底是部份人具或所有人皆具；也可以就每人性中所具善的數量言，是具有全部的善，或僅具部份的善。以下先言多少人具善性，孟子曰：

> 曹交問曰：「人皆可以為堯舜，有諸？」孟子曰：「然。」（告子下）

> 雖存乎人者，豈無仁義之心哉？（告子上）

> 親親，仁也。敬長，義也。無他，達之天下也。（盡心上）

前已言「惻隱之心，人皆有之」、「無惻隱之心非人也」、「今人乍見孺子將入於井，皆有怵惕惻隱之心」。這些都說明凡人皆有「善性」，無人能例外。此處再引三章說明：「人皆可為堯舜」，凡人皆可成就聖賢人格，孟子主張善非向外襲取，因此成就聖賢是依人本有善性，足見每人天生善性都可成就聖賢，也足見人人皆有善性。第二章用反問法說明，難道人身上沒有善性嗎？最後一章意思更清晰，孟子認為「親親敬長」是通天下皆然，亦即謂每人皆有善性。

以下再說明人人所具的善，是完整具或部份具，甚至是少部份具：

> 曹交問曰：「人皆可以為堯舜，有諸？」孟子曰：「然。」（告子下）

> 惻隱之心，人皆有之；羞惡之心，人皆有之；恭敬之心，人皆有之；
> 是非之心，人皆有之。（告子上）

> 由是觀之，無惻隱之心非人也，無羞惡之心非人也，無辭讓之心非
> 人也，無是非之心非人也。……人之有是四端也，猶其有四體也。（公
> 孫丑上）

> 故凡同類者，舉相似也，何獨至於人而疑之？聖人與我同類者。……
> 至於心，獨無所同然乎？（告子上）

首章孟子謂人皆可為堯舜，便已說明人所具有的性，與堯舜無有差別；二、
三章說明性中的「仁義禮智」每個人皆有，若沒有它便不成其為人，並以四
體為喻，人身上的四體是完整全部，猶如仁義禮智四德完整無缺的具於我人
身上；最後一章意思更為清楚，說明凡同類者，舉相似也，聖人既與我同類，
心性理當相同，所以聖人有完整的善性，我等亦當有完整的善性。

（三）就品質言：同具、唯具、純具

前項言其「量」，此處論其「質」；說明性中所具善的品質，這可就兩方
面說，一是性中是否只有善；其次，這種善是否百分之百的純度。

首先說明性中是否有善以外的東西，因孟子未明言性中尚有何物，因此，
只能消極性的證明。前已謂孟子性的定義是道德本質，具體說便是仁義禮智，
這些東西就是「善」的內容，因此，孟子所謂的「性」，當無其他內容；其次，
《孟子》全文中論性之處，亦未指出另有其他存在為性者；故只能依此消極
性的說明孟子的性中，只有善沒有其他元素，故孟子之性善說可名為「性唯
善說」。

其次說明我們所具的善，與聖人的品質是否一樣？

> 曹交問曰：「人皆可以為堯舜，有諸？」孟子曰：「然。」（告子下）

> 故凡同類者，舉相似也，何獨至於人而疑之？聖人與我同類者。……
> 至於心，獨無所同然乎？（告子上）

以上兩章可充分說明凡人所具的性，與聖人無二無別；首章言人皆可為堯舜，
孟子道德學說主「義內」，反「義襲」，故成就聖賢是依於本然的善性，既然

每個人皆可成就聖賢，當然具有與聖賢一樣的善性。次章更清楚說明聖人與我同類，心中所具善性當然相似；故知聖凡所具善性是「同質等量」〔註26〕，聖賢所具之善不為多，凡人所具之善不為少；只是呈顯程度不同而已，若有心為之，人人皆可使與聖人同質等量的善性彰顯，而成就完完全全的聖賢生命人格。

（四）就存在言：必具、實具、現具

最後說明這種本具且與聖人同質等量的善性，它的存在狀態如何？是真實、具體、必然的存在，或只是潛能、理想、應然、偶然的存在？此處仍宜再強調一次，善存在於性中這是一層次，善性彰顯於現實生活中又是一層次；此處是論善存在於性中這一層次，到底善的存於性，是偶然存在或必然存在？是已經實存或只是潛能而已？是真實現存或是期望它應該存在？孟子的總答案是：當下的性中已真實具足善性。〔註27〕

> 今人乍見孺子將入於井，皆有怵惕惻隱之心；非所以內交於孺子之父母也，非所以要譽於鄉黨朋友也，非惡其聲而然也。（公孫丑上）

> 孩提之童，無不知愛其親者，及其長也，無不知敬其兄也。（盡心上）

> 人之所不學而能者，其良能也。所不慮而知者，其良知也。（盡心上）

首章說明所有人在任何時候，乍見孺子將入於井，都會有善性顯現，可見善隨時存在於性中；後兩章說明仁義良知良能，也是隨時隨處呈顯；故孟子的「性善論」是指性已真實存在於性中，可隨時發用，並非指有時存在有時不存在，也不是指善只是潛能，尚未實現出來，更不是指善不具於性中，只是我們主觀期望它能具於性中。

〔註26〕此一論定，歷來亦有不同說法，王陽明即「以精金喻聖，以分兩喻聖人之分量」，所謂「質同量殊」者。〔見王守仁，《王陽明全集・傳習錄》卷上（臺北：河洛圖書公司，1978 年），頁 21。〕按聖人只當有風格特色之差異，不當有分量小大之區別，若真有分量小之聖人，表示此聖人當仍有偏蔽，而非謂此聖人所得於天之本質較少，否則成聖便有命，非人人可達一百分之聖人，此殊違孟子「人皆可以為堯舜」之旨。

〔註27〕牟宗三先生謂：「你若能操而存之，則它即亭亭當當存在在那裡。你若不能操存而舍之，則它即亡失而不見。其實也無所謂亡失，只是隱而不顯。」亦即善性具在，即使惡人之善性，亦只是隱而不顯，善性仍然真實具足於性中。〔見牟宗三，《圓善論》（臺北：台灣學生書局，1985 年），頁 35〕。

四、孟子「善性」之內在質性

以上無論是「性」、「善」的意涵、及二者的關係，主要還是對「善性」作外在形式的說明；接著要說明這種「善性」的內在質性；依儒家系統「善性」最主要內容還是道德性，其次才是空靈性。

（一）道德性

乃若其情則可以為善矣，乃所謂善也。（告子上）

孩提之童，無不知愛其親者，及其長也，無不知敬其兄也。親親，仁也。敬長，義也。無他，達之天下也。（盡心上）

雖存乎人者，豈無仁義之心哉？（告子上）

人之有是四端也，猶其有四體也。（公孫丑上）

所以謂人皆有不忍人之心者，今人乍見孺子將入於井，皆有怵惕惻隱之心。（公孫丑上）

惻隱之心，人皆有之；羞惡之心，人皆有之；恭敬之心，人皆有之；是非之心，人皆有之。（告子上）

第一章說明順生命之實情就可以為善，「善」是性的概括說明，第二章以後說明具體內容為仁義、仁義禮智四端等。因此，孟子所謂「善性」的具體內容當是道德性，雖然孟子此等處只列舉仁義禮智等，但「性」的道德內涵當不止於此，一切的道德綱目當都在其中。

（二）空靈性

對於空靈性孟子所論不多，不唯孟子，其他的儒家人物，尤其宋代以前的儒家人物，所論皆少，甚至將它視為禁忌〔註 28〕；雖然所論甚少，並非謂無此體證，只因時代因緣，及個人的偏重不同，遂有輕重之別，如下引數章所描述的生命境界，便類似於空靈的特性：

萬物皆備於我矣，反身而誠，樂莫大焉。（盡心上）

大而化之之謂聖，聖而不可知之之謂神。（盡心下）

夫君子所過者化，所存者神，上下與天地同流，豈曰小補之哉！（盡

〔註 28〕 牟宗三：「因為忌諱佛老，所以大家講聖人之道，最怕講這個無，一講這個無，就說你來自佛老，……作用層上的話，人人可以說，不是誰來自誰，用佛教的詞語說，這屬於共法。」（見牟宗三，《中國哲學十九講》，頁 150～154。）

心上）

凡此皆在說明生命最高境界下的狀態，在這種狀態下，當然是善性的完全呈顯，同時也是空靈性的展現；因此，孟子闡述得少，並非意謂他的「性善論」不包括空靈性，更非說明孟子無此體證。

五、孟子「善性」之呈顯狀態

接下來是對孟子「善性」呈顯於現實世界的樣態作指陳；前三部份較偏於靜態的說明，此一部份較強調動態的指點；前一部份偏向心性論的意涵，此一部份則往功夫論接軌；前者較偏理論，後者較近實踐；前者討論性之範圍內者，此則往外擴充至現實生命。但二者皆是「孟子性善論」之所含。

（一）「善性」呈現之樣態

「善性」一定會呈顯，但呈顯的樣態則因人而異，《孟子》書中雖未明說呈顯樣態有哪些種類形式，今綜觀孟子所論大別有二：「剎那呈顯」與「完全朗現」；善性中的道德性與空靈性，會在日用常行中呈顯；若人無感性之偏私，則此道德性與空靈性便會朗現無遺，這便是聖人的境界，此所謂「完全朗現」。唯常人之心不能完全澄明無染，必有感性之私，「善性」便會被遮蔽而不能完全彰顯，但即使不能成片朗現，也會有某種程度剎那的乍現。例如原來被欲望觀念習氣蒙蔽者，會在主體意志減弱，欲望觀念降低時，靈光乍現而頓覺不安愧疚，這種對於為惡的不安感，便是「善性」的剎那呈顯所造成者；有些人這種不安可維繫較久，有些則很快又麻木不仁。這便是孟子對於「善性」呈顯的兩種樣態之說明。

1. 剎那呈顯

就常人言善性呈顯的時間不會很長，純度不會很高，力道不會很強；例如孟子舉乍見孺子將入於井，常人通常會有怵惕惻隱之情，但有些人可能馬上轉為利害計較之心，於是善性隱微而欲望隨即作祟；故孟子用「乍見」，只在剛出現的當下是根於「善性」，之後便都是我執行事，此時便背離了善性，故稱為「剎那呈顯」。孟子曰：

> 牛山之木嘗美矣。以其郊於大國也，斧斤伐之，可以為美乎？是其日夜之所息，雨露之所潤，非無萌蘗之生焉，牛羊又從而牧之，是以若彼濯濯也。……雖存乎人者，豈無仁義之心哉？其所以放其良

心者，亦猶斧斤之於木也。旦旦而伐之，可以為美乎？其日夜之所
息，平旦之氣，其好惡與人相近也者幾希。（告子上）

無或乎王之不智也。雖有天下易生之物也，一日暴之，十日寒之，
未有能生者也。吾見亦罕矣，吾退而寒之者至矣，吾如有萌焉何哉！
無惑乎王之不智也。（告子上）

鄉為身死而不受，今為宮室之美為之；鄉為身死而不受，今為妻妾
之奉為之；鄉為身死而不受，今為所識窮乏者得我而為之——是亦
不可以已乎？此之謂失其本心。（告子上）

非天之降才爾殊也，其所以陷溺其心者然也。（告子上）

則其旦晝之所為，有梏亡之矣。梏之反覆，則其夜氣不足以存。夜
氣不足以存，則其違禽獸不遠矣。（告子上）

人之所以異於禽獸者幾希，庶民去之，君子存之。（離婁下）

人之有是四端也，猶其有四體也。（公孫丑上）

所以謂人皆有不忍人之心者，今人乍見孺子將入於井，皆有怵惕惻
隱之心；非所以內交於孺子之父母也，非所以要譽於鄉黨朋友也，
非惡其聲而然也。（公孫丑上）

首章言人性本如牛山之木的美茂，因受環境摧殘而隱微，只剩下幾希的善性；
次章說明人的善性需要有好環境的培育，否則善性會萎縮；第三章說明自己
欲望會使善性消沈，第四章謂自己陷溺沈淪，造成善性亡失；因為有上列的
主客觀因素，造成原來可以朗現的善性湮沒不見，第五章謂其違禽獸不遠，
第六章說人與禽獸之異只有幾希，這幾希的善性仍偶會呈顯，它呈顯的樣貌
是「端」，是仁義禮智四端，最後孟子證明人有善性，就從乍見孺子入於井，
會產生怵惕惻隱之情而說，也就是透過剎那呈顯的善性說明。這是孟子謂「善
性」呈顯於人身上的第一類。

2. 完全朗現

常人的善性因受主客觀因素影響，只會剎那呈顯；聖人的善性則會完全
的朗現，孟子曾有多處描述說明此種境界：

可欲之謂善，有諸己之謂信，充實之謂美，充實而有光輝之謂大，
大而化之之謂聖，聖而不可知之之謂神。（盡心下）

> 萬物皆備於我矣，反身而誠，樂莫大焉。（盡心上）

> 夫君子所過者化，所存者神，上下與天地同流，豈曰小補之哉？（盡心上）

「性」是生而然的本質，聖人只是這種本質的展現；尚未開發前稱為性，開發之後就是聖人的境界人格；因此，當善性完全朗現時，便是聖人最完美的展現。上引三章便是在說完全朗現的善性，首章說明善性的彰顯階段，經「善、信、美、大、聖、神」的六階段，而完全朗現；第二章說明在善性朗現狀態下，主體的感受是物我無隔，心境誠明，樂莫大焉；第三章說明，善性彰顯下對於外境有「過化存神」之妙，甚至與外在天地宇宙，亦能同其運轉自在。這是善性徹底的彰顯，也是生命體證的最高境界。

（二）「善性」呈顯之強弱

人身上有「善性」，它是成聖的依據，前此已說明，問題是人身上尚有「邪惡勢力」的存在，「惡」雖非本質，但它的存在卻是不爭的事實；假如善性不能戰勝「邪惡」，那即使「善」是本質又有何用？對這一問題，大自然為人設下的定律是：總結局一定是喜劇，「善性」終必完全展現，但在過程中則互有輸贏，就一般常人言，「善性」是脆弱的，抵不過欲望觀念習氣的摧殘，但雖受到「邪惡」的打擊，但仍會偶而展現它的存在，此即前一目所謂剎那呈顯的善性；若就修行有素能夠自己作主者言，那欲望觀念習氣不會是「善性」的對手，此時善性求則得之，各種邪惡易被善性摧破，此所謂堅韌性；關於「善性」呈顯之強弱，孟子有此兩種說明。

1. 隱微性

關於隱微性，孟子只說明隱微之事實，而未說明為何「善性」抵擋不住「邪惡」，以下引數則說明：

> 雖存乎人者，豈無仁義之心哉？其所以放其良心者，亦猶斧斤之於木也。旦旦而伐之，可以為美乎？其日夜之所息，平旦之氣，其好惡與人相近也者幾希，則其旦晝之所為，有梏亡之矣。梏之反覆，則其夜氣不足以存。夜氣不足以存，則其違禽獸不遠矣。人見其禽獸也，而以為未嘗有才焉者，是豈人之情也哉？（告子上）

> 鄉為身死而不受，今為宮室之美為之；鄉為身死而不受，今為妻妾之奉為之；鄉為身死而不受，今為所識窮乏者得我而為之——是亦

不可以已乎？此之謂失其本心。（告子上）

無惑乎王之不智也。雖有天下易生之物也，一日暴之，十日寒之，
未有能生者也。吾見亦罕矣，吾退而寒之者至矣，吾如有萌焉何哉！
無惑乎王之不智也。（告子上）

仁義禮智，非由外鑠我也，我固有之也，弗思耳矣。（告子上）

上引第一章說明環境的險惡，人的善性，抵不過欲望、習氣、環境等的「旦
旦而伐之」、「旦晝之所為，有梏亡之」、「梏之反覆」，最後趨於「夜氣不足以
存」，善性終於隱微不顯；足見「邪惡」的力道高過於「善性」。次章同樣說
明，人的欲望也會戰勝「善性」；第三章謂若不加保養「善性」，它會隱微不
顯；末章說明若不思，也會讓「善性」隱微。當然隱微只是不顯而非消失不
見；但常人當「善性」遇到「邪惡」時，往往抵不過「邪惡」的攻擊，而歸
於隱微。這是孟子對於「善性」強弱的第一種描述。

2. 堅韌性

「善性」雖然是善的，且是生命的本質；但並不保證它可以抵擋甚至戰
勝「邪惡」，就常人言「善性」是非常脆弱的，經不起欲望觀念習氣的摧殘；
但若是聖賢君子或有意從事道德修養者，則「善性」又具有堅韌性：

故苟得其養，無物不長；苟失其養，無物不消。孔子曰：「操則存，
舍則亡。出入無時，莫知其鄉。」惟心之謂與！（告子上）

故曰：求則得之，舍則失之。（告子上）

公都子問曰：「鈞是人也，或為大人，或為小人，何也？」孟子曰：
「從其大體為大人，從其小體為小人。」曰：「鈞是人也，或從其大
體，或從其小體，何也？」曰：「耳目之官不思，而蔽於物。物交物，
則引之而已矣。心之官則思；思則得之，不思則不得也。此天之所
與我者，先立乎其大者，則其小者不能奪也。此為大人而已矣。」
（告子上）

「善性」需要存養，需要有意的去操持，這樣「善性」便會顯發出來，也就
能使善性作主；這種善性只要求則能得之；第三章說明人有能思之心，若能
善用此自覺能力，則善性能存，感性的的欲望無法擊敗它。凡此都說明「善
性」若加以操持存養，便能呈顯，不致被負面邪惡勢力所汨沒。

第三節　結語：「孟子性善論」衡定

綜合前文所說，孟子「性善論」的要點歸結如下：

孟子的「性」指人天生的道德本質而說。孟子的「善」兼指相對善與絕對善而言。孟子「性」與「善」的關係，謂「性」所具之「善」，就時間言為「本具、恆具」；就數量言為：所有人與聖人皆具「等量」的善；就品質言為：所有人與聖人皆具「同質」的善；就存在言：「善」真實現存於「性」中。「善性」的內在特質為道德性與空靈性。「善性」呈顯樣貌有兩種：剎那呈顯、完全朗現。「善性」呈顯的強弱有二：脆弱性、堅韌性。

關於這些要點，此處再作歸納綜合：首先，「孟子的性善論」雖涵蓋「相對善與絕對善」、「道德性與空靈性」、「剎那呈顯與完全朗現」等，但由引文可知關於「絕對善」、「空靈性」、「完全朗現」等，都是由孟子生命境界中推論而得，孟子在言談中通常不論及此義，尤其未以此義與性善論結合；因此，我們只能說「孟子性善論」隱含此義，最少「孟子性善論」的主要意旨，並非在論此最上一義之「性善」。若這樣的推論合理，則「孟子性善論」較可能的意涵當是：所有人天生具有一種善的道德性，這種道德性與聖人「同質等量」且「恆具」於我們的「性」中，再者這樣的「善性」一定會剎那的呈顯於我們生活與生命之中。

徵引文獻

一、古籍

1. 朱熹，《四書章句集注》，臺北：大安出版社，1994 年。

二、今人論著

1. 牟宗三，《心體與性體（一）》，臺北：臺灣商務印書館，1968 年。

2. 牟宗三，《佛性與般若》，臺北：臺灣學生書局，1979 年。

3. 牟宗三，《中國哲學十九講》，臺北：臺灣學生書局，1983 年。

4. 牟宗三，《圓善論》，臺北：臺灣學生書局，1985 年。

5. 許宗興，《孟子義理思想研究》，政大中研所博士論文，1987 年 6 月。

6. 唐君毅，《中國哲學原論・原性篇》，臺北：學生書局，1989 年

7. 牟宗三，《現象與物自身》，臺北：臺灣學生書局，1990 年。

三、論文

1. 張炳陽，〈告子、孟子和荀子的人性論證平議〉，《臺北師院學報》期 11，
   1998 年 6 月，頁 177～198。

2. 李明輝，〈焦循對孟子心性論的詮釋及其方法論問題〉，《台大歷史學報》
   期 24，1999 年 12 月，頁 71～102。

附註：本章曾以〈孟子性善論解析〉之名，
發表於《華梵人文學報》期 4，2005 年 1 月。

第五章　孟子（下）——孟子性善論證明

摘要

　　人性善惡的問題，關係著聖賢的道德學能否建立，它是中國哲學中一個重要的範疇；而孟子又是人性論第一期的提出者，也是中國哲學史上第一位主張人性為善的哲人；所以對於孟子的「性善論」有必要加以考究；本人已有〈孟子性善論解析〉探討「孟子性善論」的意涵，本章則進一步檢視孟子對「性善論」的論證，是否為有效；若孟子的論證並非有效，則進一步探討是否可建構有效的「孟子性善論」論證，以及這樣一個論證的內涵及證明過程當為如何？基於以上的條理，本章訂綱要為：

　　一、前言（說明本章寫作動機、定位、及預期成果）。

　　二、「孟子性善論」內涵與證明之路。

　　三、孟子對「性善論」所提出的論證。

　　四、孟子所提「性善論」論證之檢討。

　　五、嘗試建構「孟子性善論」的邏輯論證。

　　六、結論。

　　關鍵詞：性善論、孟子性善論、性善論證明

前言

　　「性善」是道德實踐中必要的前提，「性善論」是道德實踐學中核心的理論；孟子是中國人性論中「性善論」的首創者。孟子的道德體證、生命人格、

以及對「人性為善」的認定等，此殆皆無容置疑；唯他對「性善」的表述與論證，則屬學術探究範疇，可經由學術討論而使之更周延精確。本章希望對「孟子性善論」，作一嚴格審查，以期「孟子性善論」，不唯結論正確，同時推理過程也無瑕疵，讓這一普世的主張能盡善盡美的呈現；此本章述作之旨意。

關於題目所謂「孟子性善論」部分，乃依前章〈孟子性善論解析〉〔註1〕之結論而規定，至於「證明」部份，本章一方面依《孟子》原典綜合出他對性善的證明路數與證明方法；另一方面，則對孟子的證明作一檢視，然後提出自己對性善論之證明路數與證明方法。關於前者，因《孟子》討論性善之原典分散於各篇章中，且多為孟子對弟子時人的答問，此等話語類多孟子觀機逗教之指點，蓋孟子初非有意於系統性論述，更無意於用今日學術界習用之體例表達，因此其表述未必合於今人的思維體式；故本章首先嘗試將《孟子》的文本，透過分析歸納以得出孟子對「性善論」的論證架構。關於後者，本章則希望藉助「邏輯學」之推理法則，以檢視孟子之論證是否為有效論證，若屬無效論證則進一步希望自己能建構出「孟子性善論」之正確證明路數與證明方法。

第一節　「孟子性善論」內涵與證明之路

「孟子性善論」的意涵，據本書前章〈孟子性善論解析〉中的結論為：「所有人天生皆具有一種善的道德性，這種道德性與聖人「同質等量」且「恆具」於我們的「性」中，再者這樣的「善性」一定會剎那的呈顯於我們生活與生命之中。」要證明孟子這一義的性善論，若從邏輯觀點最少要證明：

一、所有人皆具善的道德性。

二、善的道德性恆具於性中（亦即善為人之本質）。

三、此種道德性聖與凡「同質等量」。

四、此種道德性會剎那呈顯。

以上四點中，前三項都在談「善」與「性」的關係，後一項則在說善性的呈顯；嚴格說來「性善論」只談性與善的關係，旨在說明性中是善或惡的問題，並不涉及「性」呈顯於日用常行中之事；亦即只要證明性中有善，至

〔註1〕見《華梵人文學報》期4（2005年1月），頁31～71。

於會不會呈顯似乎與「性善論」無關，亦即若不會呈顯，仍不害於性中有善。然而孟子似乎也將此「呈顯性」當為善的一個特質，故今要證明孟子的人性善論，尚需證明此種善性的「剎那呈顯性」。

其次，孟子之人性論，說得更精準一點是「性唯善論」，亦即認為「性」中只有善沒有惡；因此，若只證明性中有善還不夠，仍須進一步證明「性中無惡」，或者說「惡非本質」，乃算證成，故「孟子性善論」當有五義：「所有人皆具善」、「恆具善」、「聖凡具同質等量之善」、「善性會剎那呈顯」、「惡非本質」等。要完成孟子這五義的證明，若站在邏輯觀點確屬不易，因為：

一、要證明「所有人皆具善」，若立基於邏輯推理立場，只能透過取樣而採歸納推理，但無論如何取樣都無法達到百分之百，亦即其準確度只有蓋然的真，而無必然的真。故要完全證明「所有人」皆具「善性」，除非可以接受蓋然的真，否則則將永無證明可能。

二、同理，要證明「性」中「恆具善」也有困難，前者為空間廣度的困難，此為時間長度的困難。亦即必須證明從初生到死前的所有時間中，性中都具善的道德性，乃算證明了人性「恆具善」；若不能接受蓋然的真，一樣無法證明此一要點。

三、與聖人「具同質等量之善」，此點更難證明；首先我們都非聖人，無法知道聖人的善性其質與量為何；其次，即使知道聖人善性的質與量，然而每人之善性在未完全開發呈顯前，亦不知其詳細內容，當然就無從知道是否與聖人的善性為「同質等量」。在人文立場言，此一命題將屬絕對無法得證者。

四、此種道德性「會剎那呈顯」，孟子指的是像「乍見孺子將入於井，皆會有怵惕惻隱之心」的顯現，這種剎那呈顯的善性，若頻率不要求太高，只要有剎那呈顯就算是善性的呈顯，在理論上還屬較易證明者。

五、最後關於「性中無惡」，這點亦難證明，除非每人皆已達相當程度的聖賢境界，此時真實感受到完全沒有一絲惡的存在，亦即惡已完全從每人身上消除，我們才可說「惡非本質」，它只是偶然的存在。若未達聖人之境，說惡非本質，都只是「相信」而非真實感受其為如此狀態，因此要證明人性中無惡或惡非本質，立基於人文系統中，仍是無從證明者。

基於如上討論，若要從「邏輯上」完整證明「孟子的性善論」，可說絕對不可能，除非將證明的要求與標準降格，譬如說：「所有人皆具善」與「恆具

善」只要求蓋然的真，或者只要無法提出反證便算得證，那這兩點還算易於證明；第四點善性會剎那呈顯，這項也算較易證明。至於「具與聖人同質等量的善」及「惡非本質」二項，雖為中國哲學中主流人性論的共同主張，但因需有聖人證量乃辦，故絕無可能用邏輯的推理方式去證明。

因此，若要用邏輯推理的方式證明，必須將「孟子的性善論」的標準與要求降低，且扣除「具與聖人同質等量的善」及「惡非本質」兩項，而將「孟子性善論」化約為：「所有人之性中皆恆具道德性，且此道德性會剎那呈顯。」若是這樣的命題，基本上是可以相當程度的被證明。這一義的「孟子性善論」雖非孟子性善論的原意與全意，但在《孟子》書中卻花甚多的篇幅在作論述，是孟子性善論的通俗意旨；既然孟子性善論的原意全意，無法不經由生命的實踐體證去證明。只能退而求其次，證明孟子性善論中的通俗意涵，此為進入孟子性善論證明之前，所必須釐清說明者。以下先看孟子之論證。

第二節　孟子對「性善論」所提出之論證

按孟子對「性善論」提出三種類型的論證：「聖賢體證」、「自己實踐」、「邏輯推理」。〔註2〕若就證明的效力言，「聖賢體證」當是最有效者，因為聖人已達生命圓滿，他對於道德領域當是全知者，故他的發言當然最具效力；其次是「自己實踐」，自己經由實踐的經驗體會到生命的本質，這當然具有相當的可靠性；最後則是常人透過邏輯的推理，此則需經過資料的分析歸納與推理法則的運用，然後始得出結論來，因我們凡人尚未到達生命的圓滿境界，對於生命的真相猶如瞎子摸象，無法完全瞭然，故對資料的取得運用等較易產生失誤與瑕疵，故藉此方式以為證明，其謬誤性便較大。

不過，若從另一角度言，「聖賢體證」與「自己實踐」，就人文系統言皆不具普遍性，那只是少數人的主觀經驗，雖然這些少數人是生命的完成者，但難於取信於現實世界中無此經驗者，世人會懷疑這少數人的想法感覺會不會有偏差？世間是否真有聖人的存在？若真有聖人存在他的感覺絕對正確嗎？他會不會為了善而說謊話？這一系列的問題都是人文學者所易提出的質疑。若從這一立場言，則邏輯推理反而更能滿足世間人的需求。因此，以

〔註2〕此三類型的論證，頗似印度因明「三量」之說：聖教量、現量、比量。聖教量為聖人經由圓滿智慧所覺知者；現量為吾人自己親身體會感受者；比量為透過推理間接得知者。（見《瑜伽師地論》卷15，《大正藏》冊30，頁355a～361b。）

上三種證明入路實各有擅場，也各有限制；而孟子也都加以運用以證明其「性善論」：

一、聖賢體證

　　若對聖人有完全的信心，因聖人是道德實踐最究極者，那聖人所言必最為真確可信，因此這樣的證明方式當是最有效之論證。孟子曰：

　　　　心之所同然者，何也？謂理也，義也。聖人先得我心之所同然耳。

　　　　故理義之悅我心，猶芻豢之悅我口。（告子上）

　　　　形色，天性也。惟聖人然後可以踐形。（盡心上）

前章孟子引聖人之經驗，說明「聖人先得我心之所同然」，據聖人的經驗可確立我們心性的本質只有「理義」，由此可證明「所有人皆具善」、「恆具善」、「凡人與聖人皆具同質等量之善」、「惡非本質」。第二章亦根據聖人之經驗謂「唯聖人可實踐天性」，天性指善性言，此段意為：常人雖有天性而不能實踐，故亦間接證明孟子性善論的五義。此是經由聖賢的體證以證明「性善」。接著孟子引古來聖王賢相及哲人之言行，以證明人性為善：

　　　　舜明於庶物，察於人倫；由仁義行，非行仁義也。（離婁下）

　　　　舜之居深山之中，與木石居，與鹿豕游，其所以異於深山之野人者
　　　　幾希。及其聞一善言，見一善行，若決江河，沛然莫之能禦也。（盡
　　　　心上）

　　　　堯舜，性之也；湯武，身之也。（盡心上）

以上三章皆引舜作為人性本善的說明，第一章說明舜「由仁義行」，亦即謂仁義內在，非外鑠於我，當然意涵人性本善。次章明舜聞見善言行「沛然莫之能禦」，則說明「善性」是舜內在的本質，因為內外相應，故見善言行能自然流露出沛然不能禦之情。第三章謂堯舜「性之也」，指人天生本性就是純然的善，無有惡的本質，故堯舜的一切作為皆本於內在純善的發用，足見堯舜的人性當然為善。最後孟子再舉伊尹、孔子、與自己的經驗說明人性為善：

　　　　天之生此民也，使先知覺後知，使先覺覺後覺也。予（伊尹），天民
　　　　之先覺者也。予將以斯道覺斯民也，非予覺之而誰也？（萬章上）

　　　　孔子曰：為此詩者，其知道乎！故有物必有則，民之秉彝也，故好
　　　　是懿德。（告子上）

> 孟子曰：萬物皆備於我矣，反身而誠，樂莫大焉。（盡心上）

首章言「先知先覺覺後知後覺」，世人之不同非本性差異，只是先覺與後覺而已，伊尹是先知先覺者，一般凡民亦有善性只是後知後覺，經由聖賢的覺教我們便能夠覺醒，也成為一個覺者；此說明「聖凡皆具同質等量之善」，且如此立論也同時肯定「所有人皆具善」、「恆具善」於性中。上引第二章說明「民之秉彝，好是懿德」，每人所秉持的常道皆好善，這意謂「所有人皆具善」、「恆具善」，此雖是《詩經》之說，本身並無證明之效，但經孔聖引用肯定其正確性後，便等於孔子的立論，亦即孔子經由《詩經》以說明人性為善。上引第三章孟子以自己的親身經驗，說明透過道德修養，可以達致「萬物皆備於我矣，反身而誠，樂莫大焉」，孟子亞聖描述自己體證之境界，是萬物充滿應感於我心，悅樂無窮；在此境中為純然善性的彰顯而無惡的存在，此便為「惡非本質」的證明。

以上基於聖賢體證的經驗，以對孟子所主張「性善論」的五要點：「所有人皆具善」、「恆具善」、「聖凡具同質等量之善」、「善會剎那呈顯」、「惡非本質」等，提出論述說明。當然引聖人之言為證，前已謂對常人言，仍會持懷疑態度，故只是對聖人有信心者乃具證明效力；若對聖人持懷疑者，必須透過第二個路數的證明。

二、自己實踐

無法相信聖人之論述，就需靠自己經驗以為證明，透過自己的實踐以體會聖人境界，亦能如實了知「所有人皆具善」、「恆具善」、「聖凡具同質等量之善」、「善性會剎那呈顯」、「惡非本質」等特點，孟子曰：

> 求則得之，舍則失之。（告子上）

> 故苟得其養，無物不長；苟失其養，無物不消。孔子曰：「操則存，舍則亡。出入無時，莫知其鄉。」惟心之謂與！（告子上）

> 凡有四端於我者，知皆擴而充之矣，若火之始然、泉之始達。苟能充之，足以保四海；苟不充之，不足以事父母。（公孫丑上）

> 人皆有所不忍，達之於其所忍，仁也；人皆有所不為，達之於其所為，義也。人能充「無欲害人」之心，而仁不可勝用也。人能充「無穿窬」之心，而義不可勝用也。人能充無受「爾」、「汝」之實，無所往而不為義也。（盡心下）

老吾老以及人之老，幼吾幼以及人之幼，天下可運於掌。《詩》云：
「刑于寡妻，至于兄弟，以御于家邦」，言舉斯心加諸彼而已。故推
恩足以保四海，不推恩無以保妻子。古之人所以大過人者無他焉，
善推其所為而已矣。（梁惠王上）

心之官則思；思則得之，不思則不得也。此天之所與我者，先立乎
其大者，則其小者不能奪也。此為大人而已矣。（告子上）

「敢問何謂浩然之氣？」曰：「難言也。其為氣也至大至剛，以直養
而無害，則塞于天地之間。其為氣也配義與道，無是餒也。是集義
所生者，非義襲而取之也。行有不慊於心則餒矣。我故曰：「告子未
嘗知義。以其外之也。」（公孫丑上）

盡其心者，知其性也；知其性，則知天矣。（盡心上）

上引八章都在說明經由自己之實踐，包括：「求」、「養」、「操」、「擴充」、「推
恩」、「思」、「先立乎其大」、「養氣」、「盡心」、「知性」等功夫的踐履施為，
便能使善心增長、能將善心擴充至任何時間與空間、感官之欲無法干擾、善
性會充塞天地而成浩然正氣、終達知性知天的大人境界，苟能達致聖人境界，
便知何者為人性？人性的內涵為何？性與善的真實關係如何？性呈顯的狀態
為何？故終必證明：「所有人皆具善」、「恆具善」、「聖凡同具同質等量之善」、
「善性會剎那呈顯」、「惡非本質」等特性，亦即證明「人性為善」。

　　對這樣路數的證明，仍可有批判：首先「善性」會不會只具於這些願意
作道德實踐人之身上，且作實踐才可了知善性的存在，那對於不想作實踐者
便不具有普遍性；再說每人的差異性很大，有些人作功夫會有實際的成效顯
現，有些人或因個人根器等因素而未必會有成效，故知此一路的證明方法仍
為有限。此法只限於有心作道德實踐，且已經方法得力者，他才會真實感受
到前文所言「孟子性善的五義」；但是假如無心作道德實踐，或方法不得力者，
便無法經由此路去證明人性為善；若然則另需藉助於「邏輯推論」的方式以
為證明。

三、邏輯推論

　　這是經由常人的經驗加以觀察、分析、歸納、綜合而推理出結論者。這
種方法對於常人言，最為熟悉與可接受；但論述會較為繁瑣冗長，且對於生
命實踐較高的境界，恐難企及；亦即前面兩種入路，可以同時證明孟子性善

論的五義，而透過「邏輯推論」只能證明到化約過的「性善論」（或說孟子性善論的通俗意涵），而對於「聖凡具同質等量之善」、「惡非本質」等便無法證明，以下據孟子之論述分為「觀察法」、「歸納法」、「類比法」三類，以說明「所有人皆具善」、「恆具善」、「善性會剎那呈顯」等三要點。

（一）觀察法

> 孩提之童，無不知愛其親者，及其長也，無不知敬其兄也。（盡心上）

> 惻隱之心，人皆有之；羞惡之心，人皆有之；恭敬之心，人皆有之；是非之心，人皆有之。（公孫丑上）

> 人皆有不忍人之心。先王有不忍人之心，斯有不忍人之政矣。（公孫丑上）

> 一簞食，一豆羹，得之則生，弗得則死。呼爾而與之，行道之人弗受；蹴爾而與之，乞人不屑也。（告子上）

這些是孟子透過觀察蒐集到的資料，以證明人性為善，首章孟子經由觀察看到所有人少時愛親、長時敬兄的「道德性」，用此說明「所有人皆具」「恆具」善性，且此善性會「剎那呈顯」於日用常行中。次章藉由觀察得出「仁義禮智之性」、「所有人皆具」，又因所有人皆具便隱含「恆具」於其中，以證明人性為善。第三章孟子觀察到「所有人皆具」、、「恆具」不忍人之心；末章則說明即使是行道之人與乞人皆有且會呈顯「廉恥」的道德性。由此以肯定「所有人皆具善」、「恆具善」，且會「剎那呈顯」。孟子又曰：

> 所以謂人皆有不忍人之心者，今人乍見孺子將入於井，皆有怵惕惻隱之心；非所以內交於孺子之父母也，非所以要譽於鄉黨朋友也，非惡其聲而然也。（公孫丑上）

此為《孟子》本文中透過觀察，最為直接深刻地證明人性為善的章句。第一句說明「所有人皆有」且「恆具」、「不忍人之心」。第二、三句說明證明的方法為：遇到「乍見孺子將入於井」的情境，皆會有「怵惕惻隱之道德心」的剎那呈顯。接著補充說明此種道德性與功利現實等欲望心無關，是純善之心，而非雜有欲望的作為於其中，因此證明所有人皆恆具「不忍人之心」的道德性，且此道德性會「呈顯」於日用常行中。

歷來學者都以此為孟子對於人性為善的證明；至於這種方式是否真能證明人性為善，在下一綱目中再表述。

（二）歸納法

> 孟子曰：故凡同類者，舉相似也，何獨至於人而疑之？聖人與我同
> 類者。……至於心，獨無所同然乎？心之所同然者，何也？謂理也，
> 義也。聖人先得我心之所同然耳。故理義之悅我心，猶芻豢之悅我
> 口。（告子上）

孟子先透過觀察與歸納，得知世人之足同形、口同嗜、耳同聽、目同視等，亦即有形的足與無形的感官好惡皆具一致性，用此以歸納出所有人的性應該也具有一致性；接著進一步透過聖人的經驗而謂這一致性的內容就是「理義」。也就是先透過邏輯的觀察歸納推理出「所有人的性應該具有一致性」，然後藉助「聖人體證」之經驗，而得出這一致性的內涵為「理義」。於是可以證明「所有人皆具善」、「恆具善」、「聖凡皆具同質等量之善」。這一推理雖然以歸納法為主，而實混合了觀察法與聖人體證法於其中。

（三）類比法

　　此由外在事物的特性，類比人性以推出人亦有那事物的屬性。按此種類比法僅有說明之用，實無證明之效，孟子曰：

> 人性之善也，猶水之就下也。人無有不善，水無有不下。今夫水搏
> 而躍之，可使過顙，激而行之，可使在山，是豈水之性哉？其勢則
> 然也。人之可使為不善，其性亦猶是也。（告子上）

孟子借用告子的水喻，說明人性為善，他說水有向下性，猶如人有向善之性；水沒有不向下，就好像人無有不向善。用此比喻說明人性為善。按若以之助人瞭解性善論，那無可厚非；若謂如此類比便可證明人性為善，則屬邏輯的謬誤。蓋類比僅能說明以讓人瞭解而實無證明之效，因為水的向上向下性，與人性的善惡無絲毫關連。孟子類似的類比尚多，因無證明之效，故此處不具引。〔註3〕

　　以上透過「邏輯推理」的方式證明人性為善，第一種的觀察法，當是邏輯推理中孟子用以證明人性為善，最主要的方式。至於這三種證明方式的得失，待下一綱目再作說明。

〔註3〕例如：孟子以牛山之木嘗美，後受斧斤砍伐，而見其濯濯，類比說明人之放其
　　　　良心，亦猶斧斤之於木。（告子上）又謂麰麥播種耰之，收成會有不同，是地
　　　　有肥磽，雨露之養、人事之不齊所造成；類比說明人性本質相同，結果會有差
　　　　異乃後天環境使然。（告子上）。最後孟子謂善性的完整內容為仁義禮智，每人
　　　　皆同具此四德，猶人之同有四體也。（公孫丑上）

第三節　對於孟子「性善論」論證之檢討

前已言「性善論」本身的對錯正誤是一回事，「孟子對於性善論證明的有效無效」又是一回事，此二者不能混為一談。亦即「孟子的證明」容或有誤，但「孟子的性善論」仍可為千真萬確、屹立不搖之學說。以下所要檢討者是「孟子對於性善論證明」之有效與否，而非「孟子性善論」之對錯問題。本論文以為「孟子的性善論」是天經地義者，而孟子對於性善論的證明，則有部份是可商榷的。

按「孟子對性善的證明」，有一部份是有效論證，亦即推理過程正確，若對於它的前提能接受，則結論必因之而真。另一部份則是無效論證，亦即推理過程有誤，違背邏輯推理法則（當然結論也可能還是真）。唯推理的錯誤對於有心要瞭解性善論者而言，可能是一種阻礙，甚至是誤導，這便是瑕疵，故對這一部份實有必要加以檢視釐清。

一、有效論證部份：包括「聖人體證」與「個人實踐」的兩種證明方式。這兩種證明方式的問題不在於推理的錯誤，而在於能否接受此立論的前提，亦即聖人對於道德人性有完全的了知，以及個人若願意透過道德實踐之路，可以體會心性的本質。若可接受此前提，則此兩種推論皆為有效論證。但若無法接受此前提，則此論證對你而言便為無意義的論證。因這兩種推論皆是有效論證，故此處不詳論。

二、無效論證部份：指孟子透過邏輯推理（觀察法、歸納法、類比法）所作性善論之證明，就推理本身言有瑕疵，非必然為真，亦即為無效的論證。以下分別述之：

（一）觀察法

孟子謂透過他的觀察，發現「所有人」皆具「少時愛親，長時敬兄」等道德性；「仁義禮智」乃人皆有之；又人皆有「不忍人之心」；以及行道之人與乞人皆有「廉恥」的道德性。因此謂「所有人皆具善」、「恆具善」且「善會剎那呈顯」。關於這樣的論證可提出如下的質疑：

1. 是否真的「所有人皆具」孟子所說的這些道德性，亦即孟子所述是否真的有普遍性？如果能找到一個反證之例，則「所有人皆具」、「恆具」便會被否決。而且現實世界中要找到這樣的反證似乎並非太難，尤其在亂世中，更是所在多有。

2. 即使由觀察所得確實「所有人皆具」此等道德性，那我們還要問此道德性是先天或後天具有，是生具或習得。若未作釐清，則只能證明人身有善，而不能證明人性為善。要證明人性為善，除需證明人身上有善外，尚需排除此善為經由後天習得者，才可說此為先天本具，關於這一部份孟子並未作說明。

3. 「今人乍見孺子將入於井」一章，孟子是透過人在遇事時的「第一念」之「具有道德性」，來證明「性善」，他認為「第一念」與「性」具有相同的意涵，因此，若能證明人的「第一念」為「善」，便能證明人的「性」為「善」。例如當我碰到「乍見孺子將入於井」的情境時，我的「第一念」會立刻想到要救他，這便是人性為善的證明；反之，則人性為惡。關於此，謹作如下釐清：

   （1）首先，我們似可重新思考「第一念」與「性」是否真有「一對一」的必然關係？若有「一對一」的必然關係，則孟子的證明為有效；若無「一對一」的必然關係，則孟子的證明便屬無效論證。按「性」與「第一念」實無必然關係，蓋「性」在談天生本質，而「第一念」在談「心的發用」〔註4〕；若「心」惡則「第一念」便惡；因此「第一念」只與「心」有「一對一」的關係，而與「性」則無必然關連。亦即可能在「性善」的前提下，因心惡之故，他的第一念會是惡的；此時雖然他的第一念是惡，但仍只能說明他的「心」有惡，而不能說明他的「性」有惡；孟子舉「心」上的作用，以論「性」上的特質，實屬不相干者，此其一。

   （2）再者，孟子所舉之例只是巧合，或說此種情況並無普遍性，亦即可能有人碰到「乍見孺子將入於井」之情境時，第一念是利害現實的自私考量。當知這樣的反應最少在理論上是可能的，若有人朝思暮想、根深蒂固地以如何獲取自己利益為目的，長此以往若遇到孟子所述情境，難說他第一念不會想到自己利益超越孺子的安危。屆時，他可能想到如何藉此謀取自己最大的利益。若依孟子以第一念證明人性的善惡，最後可能反而證明出人性為惡。故知，用第一念以證明人性為善，並不正確。

〔註4〕心與性的分別，就最通常一義言：「身體活動之主宰者為心，心之純然本淨者為性」。

由以上的討論可知：孟子透過觀察法而推論出人性為善的論證，並非有效論證。首先孟子所觀察到的事實，並不見得「所有人皆如此地具有道德性」；其次，若真的所有人皆具此等道德性，尚需證明此等道德性為先天本具，而非後天習得者，乃可證明人性為善；最後，孟子用「第一念」的善，來證明人性為善，此犯了方法學的錯誤，由第一念的善不能證明人性為善，同理從第一念的惡也不能否定人性為善；且孟子謂「今人乍見孺子將入於井，皆有怵惕惻隱之心」，亦無普遍性，並非所有人皆會如此反應也。

（二）歸納法

孟子透過歸納人的足形、口嗜、耳聽、目視等有形與無形的特性，得出一個結論，就是只要是人都具有一致性；於是他把這個結論當為真理，推知人的「性」也應該有一致性；接著他「武斷的」說「聖人體會的理義」就是「性」的內涵。當然結論可能不誤，但就「邏輯推理」言卻是一個無效的推理，亦即這樣的推理，未必能得出那樣的答案。

1. 首先，「足形、口嗜、耳聽、目視」，是否真的所有人皆相同，世間絕無畸形之腳形，口耳目的喜好也真的都無特別的人嗎？若有一人例外，則人性亦有例外，未必所有人皆善矣；若然則孟子「所有人之性皆善」的理論反而被破解。

2. 其次，若觀察世間人之「足口耳目」之形狀嗜好果真全相同，能否得出「人性也相同」的結論，此又未必然，蓋二者並非同屬一層次，「足口耳目的同」是經驗偶然的同，它的同無必然性；而「性的同」是先驗必然的同，非屬經驗層級，故二者實不能類比。

3. 退一步言，假設孟子前面的推論皆為真，所有人皆有相同的「性」，還是沒辦法證明人性為善，於是孟子跳躍過經驗層次，直接說那個「性」的內涵即是「理義」之道德性，這在邏輯角度便無法成立。因此，孟子強謂理義的道德性為心的本質，若立於「邏輯推理」之立場言，並無堅強的根據，故這樣的推論屬無效論證。

基於以上的說明，可知孟子透過歸納人身上有形與無形存在的某種一致性，以推論出「凡人之內在特性皆具一致性」，因此謂「人性也有一致性」，所持的理由便不充分；最後更「武斷的」謂「聖人所體會的理義」就是人性的內容，更不合邏輯推理法則。

（三）類比法

孟子、告子辯論人性，告子提出性無善惡，並以水為比喻，由水之無分於東西，而說人性無分於善不善；孟子順此喻而說，「水信無分於東西，然無分於上下乎？」於是謂「人性之善也，由水之就下也；人無有不善，水無有不下。」這樣的類比，若只是為了說明方便，理無不可。同理，性無善惡說、性惡說、性善惡混說等，也都可以水為喻。但這都只是說明而非證明，故知類比法無法證明人性為善。

經過上文的討論，可知孟子對於「性善論」的證明，透過「聖人體證」與「個人實踐」而證明人性為善者，若對於「聖人」與「實踐」能夠認同接受，那這是一個有效的論證，可證明人性為善。至於孟子透過「邏輯推理」以證明「性善論」，都經不起邏輯的檢驗，亦即就邏輯角度言，此皆為無效論證，無法依此而建構出「性善論」。

最後關於孟子透過「邏輯推理」所建構的論證有瑕疵，這點於此稍作說明：首先，孟子對「邏輯推理」之思考模式未必感興趣，也非所擅長，加以當時也未有純熟的邏輯學，故其推論有瑕疵實可理解。且孟子處於邪說橫行的時代，當務之急是「正人心、息邪說、距詖行、放淫辭。」（滕文公下）而非斤斤計較於論證的形式。再者，孟子的言論，主要在指點弟子時人，啟迪他們的善性良知，初無意於成為研究人性的專著，也無須考慮數千年後的論述模式，因此是否合於今人「邏輯推論」等，初非所慮也。若能立於如此角度以意逆志去理解「孟子的性善論」，或較能完整把握其精華所在，而不致因其外在小瑕疵，而掩蓋其內在的精彩。

以下嘗試從「邏輯推理」角度，以說明是否可能建構出「性善論」正確的論證？若可以則其步驟方法當為如何？

第四節　嘗試建構「孟子性善論」之論證

一、「性善論」內涵規定

前已言孟子性善論有五義：「所有人皆具善」、「恆具善」、「聖凡具同質等量的善」、「善會剎那呈顯」、「惡非本質」等。若是這樣內涵的「性善論」，那唯有經由「聖人體證」與「個人實踐」乃有可能得到證明；若思透過邏輯經驗之路，則最多只能證明「所有人皆具善」、「恆具善」、「且此善會剎那呈顯」

等三義；簡單的說就是：「所有的人先天皆具且恆具道德的善性，且此善性必然呈顯。」若可以接受孟子性善論如是化約的內容，則「性善論」仍可經由邏輯經驗以為證明，以下即嘗試依此化約之性善論，以言其證明方式。

二、證明之種類

　　證明有嚴格與寬鬆之別，此處所謂嚴格的證明是透過演繹推理，以得出必然結論；而所謂寬鬆證明是透過歸納推理，以得出蓋然結論。要證明所有人性為善，必由歸納而得，但歸納無論取樣多少，都必然不會達到百分之百的比率，因此，即使所選取的樣本，都證明人性為善，這樣的結論，仍只是蓋然性的推論；因為在未取樣之中，是否有例外尚不得而知。此處所要使用的證明方式便是這種寬鬆的蓋然推理。

三、證明之步驟

　　若所要證明的命題為化約過的性善論：「所有人先天皆具且恆具道德的善性，且此善性必然呈顯。」要證明此命題，需先證明所有人的所有時間都有善心的呈顯，其次再證明此種善心乃天生本具，並非後天習得者；若能如此證明，便能相當程度證明孟子化約過的「性善論」。簡言之，前者證明凡人皆有善心，且會呈顯出來；後者證明此等善心為先天本具，而非後天習得者。將上文語意轉為具體的論式便是：

1. 所有人做他所認為的善事，會有舒暢喜樂感；反之，做他所認為的惡事，會有沈鬱罪惡不安感。
2. 此種對於善事之舒暢喜樂感與與對於惡事之沈鬱不安感，並非後天習得者。

　　前項是依據「做相應於內在本質者會喜樂；做違背內在本質者會沈鬱」的定律而來，若為善而樂，那善是本質；若為惡而樂，那惡是本質。前項便在驗證到底善與惡何者為人的本質？最後若能證明所有人「為善而樂，為惡心生不安」，則可證明所有人皆會有善心呈顯。

　　後項進一步探討，這種為善而樂與為惡心不安的善心，是先天本具或後天習得者；若為後天習得，那只能說心善，而且可能有很多人尚未習得，因此不是所有人皆心善；反之，若此種善心為先天本具，則可證明人性本善。

　　若以上兩項都能經由取樣歸納論析說明而得證，則人性為善，便獲得相當程度的證明；以下嘗試論證之：

四、證明之過程

以下所述的證明過程，並非透過問卷取樣統計歸納等，以得出人性善惡所佔之比率，由此來證明人性為善；而是透過論述解析方式，以探討說明人心是否真有善，以及此善為先天或後天者。由此以證明「孟子性善論」的正確性。

（一）首先證明：「人做他所認為的善事，會有舒暢喜樂感；反之，做他所認為的惡事，會有沈鬱罪惡不安感。」

「作自己認為對的事，會有舒暢自在感。」與「作自己認為惡的事，會有沈鬱罪惡不安感。」此二述句的意涵當為相等，也就是說只要證明其中一項便算完整證明。而人對於「沈鬱罪惡不安感」似乎較為強烈明顯，證明起來較為容易方便，故此處藉由所有人作他認為的惡事會有沈鬱罪惡不安感，以證明人性為善。

所謂「自己認為的惡事」，必須是自己內心真實認定它是一件惡事，才符合此處語意；若它本身是一件惡事，但你不以為然，那還不是此處所謂的「做自己認為的惡事」；同理，若它本身是一件善事，但你自己認為它是惡事，那反而合乎此處的要件；也就是說：不管那件事的本身是善是惡，只要你認定它是惡事，你又作了它，那你一定會覺得「沈鬱罪惡不安」；如果能證明此點，那就證明了「凡人皆有善心」；至於這種「善心」是否就是「善性」，那還要經過下一階段的證明，此處先不表。

只要有人提出反證，譬如有一正常的人，他作他認為的惡事，卻不會產生不安感，那便是人心未必是善的證明。要提出這樣的例證，其實並非易事。為惡之徒，他在為惡之時，通常會說服自己那不是惡事，或者說那沒什麼關係，總之，他不會真心覺得那是一件罪大惡極之事。有時他無法完全說服自己，還是會形跡敗露，例如夜深人靜、面對當事人、適當的開導、午夜夢迴等，都難掩神情緊張、心跳加快、慚愧後悔、不安臉紅、痛哭失聲等，尤其難逃測謊機的考驗，這便是人心中具有善的證明；也許看別人還不夠清晰，想想自己作了您認為無可原諒的惡事後，那種心境便是人心為善最好的證明。

若人為惡會心生不安，反之，作他認為對的事，在正常情況下，他也都會有「舒暢喜樂感」，所謂正常情況是指：他作得來、沒有別的事件干擾他、

那事件的性質不會違背他的個性等等；若做此等善事心生舒暢喜樂滿足快慰等情緒，那便是所為之善與他內在的本質合一的證明，也就是人性為善的證明。同理，若能找到一位反證，則可證明人性並非「所有人皆具或恆具善」，但事實上應該也不易找到這樣的反證；最簡單的例證，仍然是在自己身上找，在正常情況下，是否作了您認為真正的善事，不會有「舒暢喜樂感」？

若以上的證明可以接受，那便證明了「所有人皆具善」且「恆具善」，且此道德性會呈顯出來。蓋若透過歸納法，發現所取樣的人都有此種為惡會心生不安的道德性；因為所取樣的人不論何人、也不論何時，而且都會因善性而呈顯不安，這便同時證明了「所有人皆具善」、「恆具善」且「會剎那呈顯」。只是這裡的所有人當指有意識能力的正常人而言。〔註5〕

至於明明是惡事，但我卻不認為是惡事，以致為之而不覺不安，這樣人性為善又有何用？這一問題涉及教育、學習、環境等方面因素，此與人性為善未有直接關連，此留待下一項再作補充說明。

（二）其次，證明「此種舒暢自在感與沈鬱不安感，並非後天所習得者。」

若前一論證可以接受，那便證明了只要是正常人「皆具恆具道德性」，且「會剎那呈顯」。唯這樣的論證仍不能證明「人性為善」，因為雖然人心有善，但此善是先天本質或後天習得者仍是問題。若是先天本有才可稱為「性善」；若是後天習得者，就不能稱為性善。以下論述之：

首先必須分出：「事實的善」與「我認為的善」二者之區別，就一般人言，所有事物的善或惡，皆可透過各種方式的教導而讓你接受與轉變；而所謂的「教導」包括主動、被動、主體學習、環境影響等方式。具備如上之認識後，便可進一步討論「為惡會心生不安」到底是先天本然或後天習得者？

前項已證明「為善則喜樂，為惡則不安」的人心狀態，以下說明此種內心狀態，乃先天本具而非後天教導所成者。蓋後天只能教導你何事為善？何事為惡？一旦你接受而認定它是善是惡後，你心中自然會對你所認定的善事產生安，以及對你所認定的惡產生不安（慚）的感受，此種感受純屬先天者。亦即我們無法透過教導讓你：「做你認為的惡事而覺心安」，除非說服你這不算什麼惡事，或別人對你的教導絲毫沒有聽進去；否則，一旦教導成功，你

〔註5〕此處的正常人指，不是瘋子、白癡、嬰幼兒等，亦即具有行為能力者。

為惡事心必生不安（慚），這是先天的本具結構，無法透過教導加以改變。同理，你也無法教導一個人作「他認為的善事」而會心生不安。以下畫一簡圖以為說明：

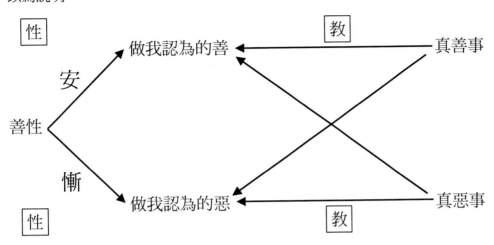

如上圖所示，左方善事與惡事，這是可以透過教導，以使人接受或轉變認定為善事或惡事，此一部份屬可經由後天教導達成者，〔註6〕這是「教」的範疇；然而，當我已認定它為善事或惡事後，我自然會對我所認定的善事產生安，對我所認定的惡事產生不安的感覺，此一部份屬先天的結構，這是「性」的範疇。「為善心安，無惡不安」的人心內在結構，是任何人天生來都相同，且無法做改變，這就是人先天的本質，所謂的「性」或「善性」，便在說明此種特質，孟子便由此而認定人性為善。

五、小結

基於以上的二項討論，可相當程度證明化約過的「孟子性善論」：由前一項討論得知凡人為惡必心生不安，而為善必心生悅樂；由為善而心生悅樂，故知善與人的內涵相應，因此知道人的內涵為善而非惡。而這樣的證明是人人皆可作的、隨時都可作，故知「所有人皆具善」且「恆具善」，並且此種善的內涵能夠「剎那呈顯」於日用常行中。

〔註6〕此處所謂可以透過後天教導加以轉變認定善惡事，乃指一般常人言，若是心地澄明者，他能直接透視事物的本質，瞭解到真正的善惡事，此時若要指鹿為馬，顛倒是非便無可能，此種人他的性或良知，便可直接及於事實的真相，這種人不只「為善而安、為惡而不安」，且能為真正的善事，不為真正的惡事；此與本文無直接關連，故不作深論。

由後一項討論得知：這種人人皆具且恆具的道德內涵，並非後天教導習得者。因為後天的教導只能改變你對於什麼事是善或惡的認定，而無法改變你對於所作善惡事的感覺，亦即無法透過教導讓你作你認為的善事而心生不安，也無法教導作你認為的惡事而心生輕安。這種為善而安及為惡必不安的架構，是先天本具者，就此我們說人的道德性是先天本具，為後天無法改變的本質。

既然所有人皆有善的道德性，且此道德性為先天本具而無法透過後天加以改變，那「善」為人性或人的本質，便獲得證明。

第五節　結論

孟子是中國哲學史中第一位提出「性善論」者，「孟子性善論」的內涵，乃採前章〈孟子性善論解析〉之結論：「所有人天生皆具有一種善的道德性，這種道德性與聖人「同質等量」且「恆具」於我們的「性」中，再者這樣的「善性」一定會剎那呈顯於我們生命中。」這一個結論包括五要點：「所有人皆具善」、「恆具善」、「聖凡具同質等量之善」、「善性會剎那呈顯」、「惡非本質」等。

為證明此一論證，首先檢視孟子的論證，孟子對於「性善」的證明，是經由三種類型的論證「聖賢體證」、「自己實踐」、「邏輯推理」而達成。關於「聖賢體證」是經由聖賢的生命現量之所證者，以此說明人性為善，乃為最有效之論證，但須有對聖賢完全相信的前提。其次，經由「自己實踐」，以了知人性為善，此亦為有效論證，前提是自己願意去作功夫，且方法正確得力，則能知人性為善。以上兩種類型是證明人性為善，最可靠有效的方式。唯此等論證並不具普遍性，故不易為「人文系統的學者」或「現今學術界」所接受。

第三種「邏輯推論」之方式雖較易為「人文系統的學者」或「現今學術界」所接受；但孟子之推論似乎有瑕疵，整個「性善論」的論證蓋屬無效論證。本章嘗試對孟子的「邏輯推論」作檢視，然後試圖提出合於「邏輯推論」之論式，以證明「孟子的性善論」。

本章採取的論證分二階段：首先證明所有人的心皆具善的內涵，其次是證明此種善為先天本具，由此得證「凡人皆具恆具善的本質」。前者由凡人作他認為的善事會心安、作他認為的惡事會心生不安而證成之；後者則說明「作

自己所認為的善事會心安」、「作自己所認為的惡事會心生不安」，並無法經由後天教導而改變之，故屬先天本質之性，由此得證「人性為善」。

　　這樣的證明似可彌補孟子「邏輯推論」的缺漏；當然只靠「邏輯推論」要證明孟子完整義的「性善論」仍有不足，例如前文所說孟子性善論的五要點中之：「聖凡皆具同質等量之善性」、「惡非本質」等特點，便難於由「邏輯推論」而證明之。若要對「性善論」作完整周延的證明，尚需加上孟子所提出「聖賢體證」與「自己實踐」二證明方式以為輔助，乃可謂精當無瑕也。

附註：

1. 本章有部分內容參考本人博士論文：《孟子義理思想研究》（台北：政大中研所博士論文，76 年 6 月），謹此說明。

2. 本章曾以〈孟子性善論證明〉之名，發表於《華梵人文學報》期 5，2005年 7 月。

第六章　荀子——荀子心析論

摘要

　　荀子是先秦儒家重要代表人物之一，不過他的學說歷來被排拒在正統儒家之外，「心」是荀子學說的關鍵處，本章將嘗試從「心」的角度切入，以說明荀子義理之內涵、風格與限制，並論其學說之正與歧。

　　首言「心」在荀子學說中的重要性，以及撰述的立場等；次論荀子心的意涵。本章分就內涵與作用二方面說明；又因荀子的心是向上超拔的力量，而荀子的性是生命墮落的根源，故接著說明心與性之關係；荀子學說最終理想仍是道或善，故跟著論述心與善的各種關係；最後則作總結。

　　本章以為荀子學說的諸多問題，實都繫於對「心」瞭解不夠深入與全面，首先荀子對於無限心體會不夠深邃，所論亦少，對於孔孟「踐仁知天」、「盡心知性知天」之終極道德理想，幾乎無法觸及，於是高度嚴重不足；其次，對於有限心亦只從「認知心」的角度闡述，未給「道德心」等以位置，對於生命中的美善，無法在心中找到安立，使道德學說無根，非人人可成聖，且「善」不得不向外求取，更嚴重的是荀子的「善」或「道」，只是一套「禮義之統」，而非孔孟「聖」或「天」的內涵，這些義理缺漏，便使荀子學說無法躋入正統儒家之林。

　　關鍵詞：性惡論、荀子性惡論、荀子的心

前言

　　牟宗三先生於《名家與荀子》序中謂：「荀子（約 325～235BC）之學，歷來無善解。」〔註1〕蓋謂荀子學說之內容、獨特風格、與限制等問題，歷來較少有人明其堂奧；此或因荀子學說所使用的語言、概念及其義理系統，與傳統儒家頗有不類處〔註2〕，故要明其學說內涵便較為不易。本章不擬對荀子學說作全面性探討，只想從「心」的角度切入，以論荀子學說之內涵、風格與限制；蓋荀子的「心」是其學說之關鍵處，若能釐清荀子「心」的意涵，將有助於明瞭其學說梗概，進而可論其學說之「正」與「歧」。〔註3〕

　　對於荀子之義理思想，可以採客觀的理解，將它定位為儒學發展的一環，蓋儒學首創於孔子，而大成於孟子，但遺留下來之問題尚多，孟子之後，儒學理論亟待補成，無論心性論方面或政治理論方面皆然〔註4〕；荀子學說便於此因運而生，他的學說重點便是「如何建立一成就禮義的客觀軌道」，荀子的價值哲學是落在客觀秩序的建構上〔註5〕；就此一面言，荀子學說當亦有一席之地。唯本章重點將不置於此，而是採取一種批判的角度，尤其是立基於孔孟心性學之立場〔註6〕，以論其學說之純駁正歧；此種撰文立場於此先作表述。

　　至於本章所引用資料主要為：陳大齊先生的《荀子學說》、牟宗三先生的《荀子大略》；陳先生對於荀子解說精密周備，此或因陳先生生命氣質與荀子甚為相應，故論述頗能揭發荀子立言旨意，就荀子以言荀子，可謂難出其右者；牟先生則立基於生命義理學的制高點，以說明其學說之精彩與限制，甚

〔註1〕牟宗三，《名家與荀子》（臺北：台灣學生書局，1994 年），頁 193。此為牟先生於 1953 年作《荀學大略》時之感慨語，今或已不然，近世學者相關論著相當豐富，都能如實彰顯荀學義理內涵。

〔註2〕例如：荀子的「性」、「心」、「道」等概念，還有「善」是本具或外鑠、「心」能否知善知惡、生命終極理想的內涵等等，都與正統儒家之說不盡相同。

〔註3〕要論一個學說之「正」與「歧」，首先必須說明何謂「正」，亦即「正」之判準為何；「正」確立之後，「歧」便因之而確立。此屬判教課題，必須另撰文討論。此處僅以歷來中國義理學上，對孔孟之學的認定為依據，且隨文說明而不作系統的歸納。

〔註4〕勞思光，《新編中國哲學史（一）》（台灣：三民書局，1997 年），頁 329。

〔註5〕勞思光，《新編中國哲學史（一）》，頁 330。

〔註6〕所謂「孔孟心性學」立場，乃指孔子「踐仁知天」、孟子「盡心知性知天」的說統，亦即指「心性天道貫通為一」的理解方式，因此雖說是「心性論」其實包含「天道論」於其中。

能把握荀子學說特色。其他如：勞思光、徐復觀、周群振等當代學者，也都
有甚多可採處，本章藉助以上諸家為多，其他近代學者亦間有參考引用。

第一節 荀子心之內涵作用

一、引論

荀子是孔孟之後儒家重要代表人物，唯因他主張人性是惡的，故須有一
正面的力量出來，乃可帶領人走向美善的人生目標，這個力量在荀子就叫做
「心」。〔註7〕荀子說：

> 心之所可中理，則欲雖多，奚傷於治？……心之所可失理，則欲雖
> 寡，奚止於亂？故治亂在於心之所可，亡於情之所欲。（正名）

這意思是說，人雖有很多負面的情欲，可能會造成對自己與社會國家的危害，
但只要有「心」的正確主宰力量，那再多的負面情欲都不會失控釀災；反之，
若沒有「心」的引領主宰，即使情欲寡少，那寡少的情欲仍會造成自己與社
會的危害；所以荀子結論說：問題不在於情欲的多寡，而在於有沒有作主的
「心」；故知「心」在荀子學說中是處於核心關鍵的地位。

「心」是一個內含非常豐富且複雜的存在體，他可從不同的面向與層次
去理解探討，中國、西洋、印度對於「心」的理會皆各擅勝場，即使同是中
國哲人，不同學派、不同人物，對於心便有不同的詮釋；本章將僅限於對荀
子心的剖析，且是有關其義理內涵、特色與限制面向的論析；若與此無關者，
便非此處所討論之範疇。

本章將「心」分兩方面表述，一就內在的成分言，一就外顯的功能說；
前者言其內涵，後者言其作用；透過內涵的離析與作用的論述，庶幾對荀子
的心有如實而充分的理解。

二、荀子心的內涵

此處之內涵乃謂心的構成份子、內在屬性與特質等；而荀子對於常人的
心與聖人之心各有不同表述，故此處分就常人與聖人兩方面說明之。

〔註7〕勞思光，《新編中國哲學史（一）》，頁336：「明知所言之禮義師法不能不有根
源，質具之解未精，故其思想轉入另一方向，欲在性以外求價值根源，說明禮
義師法之由來，並解釋所謂質具之義，於是乃提出『心』觀念。」

（一）常人心的內涵

人有外在的「耳、目、口、鼻、體」等官能，以及內在的「心」之官能；且「心」的層級高過於「耳、目、口、鼻、體」，它在人身猶如國君之於國中一般，是人身上最高的主宰，故荀子稱之為「天君」，他說：「心居中虛以治五官，夫是之謂天君」（天論）。這個天君之內含為何，荀子說：

> 生之所以然者謂之性；性之和所生，精合感應，不事而自然謂之性。性之好惡喜怒哀樂謂之情。情然而心為之擇謂之慮，心慮而能為之動謂之偽。慮積焉，能習焉，而後成謂之偽。正利而為謂之事，正義而為謂之行。所以知之在人者謂之知，知有所合謂之智。所以能之在人者謂之能，能有所合謂之能。（正名）

荀子此段文字中，詳細而精密地為「性、情、慮、偽、事、行、知、能」八種心理狀態下定義。陳大齊先生將此八種心理狀態作一綜攝而歸納為「性、知、能」三大類，他說：

> 情即是性，欲屬於情，故亦屬於性；慮是知慮，故屬於知，解作記憶的志，是知所遺留而儲藏於心，故亦屬於知；偽是情然之上而加以知慮的選擇，而後由「能」為之發動，故是性知能三者所合成的；事與行是有當於利有當於義的偽，故只是偽之具有特殊情形者，只是偽的細目；解作志意的志，亦是性與知所合成的。唯獨性知能三者，既非出自他種成分所合成，又不能相互歸屬故可推知：性知能應是心理作用的成分。荀子在此三者的定義中，固未嘗用有成分或同義的字樣，……明示三者之為基本作用。現代心理學家中，有分心理作用為知曉、情感、作為三目者，荀子性知能的三分法，與之正相符合。〔註8〕

陳大齊先生將荀子上文所列的八種心理現象，並書中他處出現的相關心理現象，作一疏通綜合，最後歸為三大類：「知曉」、「情感」與「作為」（知、性、能）；亦即心理學上通稱的「知、情、意」。他認為荀子的心當是三者的綜合體，雖然荀子用心指稱「知」或「知慮」的次數較多，而用「心」指稱負面的「情感」次數較少，但荀子的心並非「專攝知而不兼攝情」〔註9〕。

雖然依陳大齊先生所論，荀子的心包括「知、性、能」三者，但因荀子常

〔註8〕陳大齊，《荀子學說》（台灣：中國文化大學出版部，1989年），頁43〜44。
〔註9〕陳大齊，《荀子學說》，頁44〜45。

將「心」、「性」分言；「性」即是情〔註10〕，這是指生命負面的慾望言；而心則是生命中較為正面的「知」與「能」言；本章所謂的「心」，雖然兼含「知、性、能」三者，但主要還是指這種較具正面意義的心，它具有「知慮」與「意志」的作用，它能讓生命由黑暗走向光明，由邪惡情欲中超拔而達於聖賢之美善。

（二）聖人之心的內涵

通常要看一個學說的高低，可從他對生命最究極內涵的描述，如「道」、「本體」、「形上學」等的說明約略見出一二；也可從他所體證的實際境界大致瞭解其梗概；而後者更是檢定學說真假的試金石。通常中國哲人因為重在生命實踐，故除了本體論能說得精闢圓到外，對於自己親身體證的境界，也會描述得深刻詳實〔註11〕，孔孟如此，老莊佛教亦然，這些便是用來檢證說明一個學說高度與風格之依據，我們先看看荀子對於本體與境界的描述：

> 心何以知，曰：虛壹而靜，心未嘗不臧也，然而有所謂虛。心未嘗
> 不兩也，然而有所謂壹；心未嘗不動也，然而有所謂靜；……虛壹
> 而靜謂之大清明。（解蔽）

此當是《荀子》對於「本體」與「境界」最清晰的描繪，亦即荀子對於聖人之心的最扼要說明，唯此種「大清明」，到底宜如何詮釋理解，學者實有不同解讀；如牟宗三、徐復觀、周群振等學者〔註12〕，因預先設定荀子的心是「認知心」，故認為此處所謂的「大清明」，當指心境完全無雜染，能如實反應真實情況，好比清澈的鏡子能照見萬物一般，是求真的徹底完成，它本身當無美善之屬性於其中。然而前已言荀子的心是一個綜合體，陳大齊先生說為「知、情、能」，則此時的大清明心，或不當只是呈顯「認知心」一向度，其他如「道德心」、「美感心」等亦當皆含括其中；只是荀子特重認知向度而已，且看荀子於〈不苟〉之說：

> 君子養心莫善于誠，致誠則無它事矣。惟仁之為守，惟義之為行。
> 誠心守仁則形，形則神，神則能化矣。誠心行義則理，理則明，明

〔註10〕性與情在荀子是相同內涵，故荀子有時也性情合說，或稱情性，或稱性情。見陳大齊，《荀子學說》，頁40。

〔註11〕本體論與境界論，在中國實踐義理學言，前者在說明聖人所體證之理，後者在說明聖人所體證之事；前者如：道、仁、天等；後者如：耳順、知天命、從心所欲不逾矩、不動心、萬物皆備於我等。

〔註12〕見後文「心是否為單純之認知心」一目所引之文。

則能變矣。變化代興，謂之天德。天不言而人推其高焉，地不言而
人推其厚焉，四時不言而百姓期焉。夫此有常，以至其誠者也。君
子至德，嘿然而喻，未施而親，不怒而威：夫此順命，以慎其獨者
也。善之為道者，不誠則不獨，不獨則不形，不形則雖作于心，見
于色，出于言，民猶若未從也；雖從必疑。天地為大矣，不誠則不
能化万物；聖人為知矣，不誠則不能化万民；父子為親矣，不誠則
疏；君上為尊矣，不誠則卑。夫誠者，君子之所守也，而政事之本
也，唯所居以其類至。操之則得之，舍之則失之。操而得之則輕，
輕則獨行，獨行而不舍，則濟矣。濟而材盡，長遷而不反其初，則
化矣。

荀子此段所談亦是對聖人境界的描述，此章所論便明顯不是「認知心」，他所
說的「誠」，是指高層道德境界的經驗，包括：仁、義、形、神、化、行、義、
理、明、變、天德、獨、形等的體證，這些實無法含括於認知心者，故知荀
子所述的聖人境界，當不只是「認知心」的完成，同時也該是道德心、美感
心等的成就，且觀牟宗三先生對此章之評語便知：

> 此段言誠，頗類《中庸》《孟子》，此為荀書中最特別之一段。……
> 荀子若由此悟出本原，則其禮義之統不徒為外在，而亦有大本之安
> 頓矣。〔註13〕

由此可知荀子對聖人之心的描述，是與孔孟聖賢所體證之內涵本質上無別，
只是體悟不深不切，故不能由此開出道德之源，於是不得不另立外在的標準，
以致造成其學說歧出於正統儒家，殊屬可惜。

三、荀子心的作用

前節說明常人心與聖人心的內涵狀態，本節旨在說明荀子「心」的功能，
特別是在認知、執行、與分辨善惡之作用上說明，好讓我們能更清晰瞭解荀
子的心它的作用是不是止於認知，是否還包括將此認知落實的執行力，以及
分辨是非善惡之道德力。

（一）心是否為單純之認知心

荀子的心是否為「純認知心」，亦即「認知心」可否規定荀子「心」的全

〔註13〕牟宗三，《名家與荀子》，頁 197～198。

部內容，此處作一論述。先看荀子對於心的「知」或「知慮」作用的說明，
荀子謂：

> 凡以知，人之性也；可以知，物之理也。（解蔽）
>
> 所以知之在人者，謂之知；知有所合，謂之智。（正名）
>
> 人之所以為人者，何已也，曰：以其有辨也。（非相）
>
> 禮之中焉，能思索，謂之能慮。（禮論）
>
> 情然而心為之擇，謂之慮。（正名）
>
> 其知慮足以應待萬變，……其知慮足以決疑。（君道）

據以上各章可知，荀子認為人有認識、理解外物的能力，外物也有被認知的
特性，當這種主客認識活動正確時，就稱之為「智」，這是「知」的第一步。
接著人可以就所認識的事物，加以辨析、歸納；進而思索、思慮；最後作抉
擇、決疑、判斷等。〔註14〕這便是荀子自己對於「心」的「知」或「知慮」
作用的描述說明，唯這樣的作用，牟宗三先生將之全解為「認知心」或「智
識心」，其言曰：

> 惟其所謂心，非孟子「由心見性」之心，孟子的心乃「道德的天心」，
> 而荀子於心則只認識其思辨之用，故其心是「認識的心」，非道德的
> 心；是智的，非仁義禮智合一之心。可總之曰：以智識心，不以仁
> 識心也；此智心以清明的思辨認識為主。荀子解蔽篇即在解人之蔽，
> 以恢復其清明之智心，清明以「虛一而靜」定。而其正名篇之所言，
> 則在明此心之表現也。〔註15〕

徐復觀先生亦謂：

> 孟子所把握的心，主要是在心的道德性一面，而荀子則是在心的認
> 識性一面；這是孟荀的大分水嶺。〔註16〕

周群振先生也有相同觀點：

> 荀子的「心」，亦僅是作用地以「認知」為事。〔註17〕

〔註14〕以上說明綜合陳大齊，《荀子學說》，頁117；周群振，《荀子思想研究》（台灣：
　　　　文津出版社，1987年），頁37；等家說法。

〔註15〕牟宗三，《名家與荀子》，224頁。

〔註16〕徐復觀，《中國人性論史（先秦篇）》（台灣：商務印書館，1994年），頁239
　　　　～240。

〔註17〕周群振，《荀子思想研究》，頁41。

關於此點請說明如下：首先就語意而言，與「荀子的心是認知心」相對者，可有兩種可能內涵：一、就作用言，謂荀子的心是「認知心」而不是「道德心」、「美感心」、「慾望心」等，故荀子的心只能認清事實真相，或說只問真假而不問善惡，它不具有道德或價值判斷。二、就知行關係言，謂荀子的心只有認知理論能力而缺乏「意志之執行力」。此兩種說法都可能是上引三位學者對於荀子之心只是「認知心」的可能意涵，以下先談第一種可能。

前文已說「心」是一個豐富而複雜的集合體，說為「慾望心」、「認知心」、「道德心」等，其實都只是為了理解方便，分別從各不同角度切入以說明心之某一特性；嚴格言之，在我們心裡並無所謂的「慾望心」、「認知心」、「道德心」等〔註18〕的分別存在，此首當說明者。

其次，「認知心」與「道德心」的關連性，其實甚為緊密；據牟宗三先生謂：「認知心」在說明如何之問題，屬於知識宇宙，而「道德心」則在說明為何之問題，屬於行為宇宙；道德心決定方向，而認知心達成之。亦即每一件行為都必然有「認知心」與「道德心」參與其中；以做桌子為例，決定要不要做桌子，屬於道德心，而如何去做桌子則屬於認知心。〔註19〕從此而言，則謂荀子的心只是認知心，便根本不可能；甚至可以說沒有一個人，他做一件行為，可以不經由道德心去做價值判斷者。

我們可以說荀子的心，只是分辨行為是否合於道，他本身並不做價值判斷，不去思索這件行為是否為善；但他是先立一個善惡標準以作為行為準則，標準確立後，心就依此標準以思索我的行為，是否合乎此一標準，然後判斷要不要做。在這樣的判斷過程中，看起來好像只有認知心在活動，其實之前肯定一個標準（如禮義之統），認定它是善的、有價值的、值得追求的、以之為生命的最高價值等等，都是「道德心」的活動。〔註20〕

因此，若謂荀子的心只是「認知心」並不合乎事實；當說荀子是先透過「道德心」確立人生的目標，然後就以「認知心」執行達至此目標，故認知

〔註18〕見許宗興，《孟子義理思想研究》（政大中研所博士論文，1987年），頁32～41。作者以為人的心可分為「本體界的無限心」與「現象界的有限心」兩層級；而現象界的有限心是一個雜集的狀態，您可立某一性質以統整之，它便可稱為此一性質的心，如慾望心、認知心、美感心、宗教心等等，故知這種有限心是開放的，可依論述之需要開出種種的心。

〔註19〕牟宗三，《從陸象山到劉蕺山》（臺北：台灣學生書局，1990年），頁249～255。

〔註20〕牟宗三，《名家與荀子》，頁216：「天君之為心，雖其本為認識的，而有道德之涵意」。

心是荀子義理中的主軸，而道德心較不顯其重要性耳。或頂多可說有輕重主從關係，而不能謂荀子的心只是「認知心」而無「道德心」之作用。

再者，荀子的心前已言含括「知、情、能」三者，「認知心」只是三成分中之一，此外尚有「情」與「能」；雖然荀子將「情」歸為生命負面的慾望，常用另一個字（性）稱呼它；但有時荀子言心，亦指慾望而言。故知不能以認知涵蓋荀子心的全部作用。

（二）心是否具執行之意志力

荀子的心是否具有執行的作用，以下說明之；前文已說荀子的「認知心」具有認識理解、分析歸納、思索思慮、抉擇判斷的能力；其中抉擇與判斷便是執行的先前準備，接著就是貫徹此種判斷，讓它實現於具體事為上，這便是陳大齊先生所謂心三種成分中的「能」、「作為」或「意志」，先看《荀子》之說：

> 心者，形之君也，而神明之主也；出令而無所受令，自禁也，自使也，自奪也，自取也，自行也，自止也，故口可劫而使墨云，形可劫而使詘申，心不可劫而使易意，是之則受，非之則辭。（解蔽）

荀子此處將心的自主性與意志力表顯無遺，它是人身上最高的統帥主宰，在人身上諸元中，它支配其他諸元而不受其他諸元所支配，它的一切作為都是取決於自己，並具有道德意識──「是受非辭」，表達堅強的意志力；以下各段荀子更明顯說明心之「是受非辭」的執行力：

> 情然而心為之擇，謂之慮；心慮而能為之動，謂之偽；慮積焉，能習焉，而後成，謂之偽。（正名）

> 凡人莫不從其所可，而去其所不可；知道之莫之若也，而不從道者，無之有也。（正名）

> 心知道，然後可道；可道然後能守道，以禁非道。（解蔽）

以上話語都在說明「心」不只具有認知作用，且能將此認知實現出去，首章「心慮而能為之動」，是說心經過思慮抉擇之後，「能」（作為、意志）就加以執行使之落實，這過程叫做「偽」。次章說明凡人皆會由「知道」而「從道」，由知而行；第三章更詳細說明，「心」認知到「道」後，情感上認可接受此「道」，接著意志出來「守道」與「禁非道」，這些都是落實於現實世界的部分，亦即荀子的「心」並不是空有認識，而不做實踐落實功夫；初期是認識，接著是

意志執行而實現於現實世界；故知荀子的心是具有意志執行力的，這樣的心也可說是具有「主體性」。〔註21〕

其次，荀子心的意志力並不只展現於外在事物上，同時對於內在的「情欲」也彰顯它的執行力：

> 故欲過之而動不及，心止之也。……欲不及而動過之，心使之也。（正名）

這說明「心」除了能支配外在的行為外，也能支配內在的行為，使之合於「道」，此一部份將於「心與性的關係」一目再做說明。

由以上的說明可知荀子的心，認知只是其中一個作用，最少還包括道德之作用於其間；再者，心不僅有認知分辨之作用，且有落實執行心所做判斷的力量；以下則進一步探討對於善惡是非，心是否亦具有分辨力。

（三）心是否具分辨是非之力

依前文言「心」是一個具有豐富內含與作用的存在體，陳大齊先生依荀子之說，將之綜合為「知曉、情感、作為」（知、情、能）三類，這是中性的分類，未論及與善惡有關的作用。近人或有將心分為「慾望心」、「道德心」、「認知心」等；而傳統哲人則常將心分為「道心」與「人心」等；後兩種分法便是與善惡有關的分類；那荀子對於心的善惡作用到底是怎樣理解，且先看學者之說：

> 明辨之心能明禮義，能為禮義，而禮義卻不在人性中有根。〔註22〕
>
> 站在荀子立場，心與道為二物，不能有後來道心的觀念。〔註23〕
>
> 「心」則只能「知道」，其本身並非道。……底子上總是空無所有，必待外來物以為充實的。〔註24〕
>
> 荀子之「心」雖一度說為「主體性」，但此心為一不含理之空心，並非道德主體。其功用僅是在虛靜中照見萬理。〔註25〕

〔註21〕勞思光，《新編中國哲學史（一）》，頁337：「換言之，此『心』即視為文化的根源，同時亦表道德意志（因能作選擇）。只觀此種說法，荀子之『心』似有『主體性』之義，而〈解蔽篇〉中又極主心為主宰能力。……皆足見荀子以『心』為『主體性』。」

〔註22〕牟宗三，《名家與荀子》，頁226。

〔註23〕徐復觀，《中國人性論史（先秦篇）》，頁243。

〔註24〕周群振，《荀子思想研究》，頁33。

〔註25〕勞思光，《新編中國哲學史（一）》，頁338。

以上諸家皆一致認為荀子的心只是「認知心」，他能分辨、思慮、觀照；但本身並不是「善」、「理」、「道」等；它只能作中性的判斷合不合它所認知的禮義，而本身並非禮義；這樣的認定是學界普遍的看法。根據荀子的系統，心具有「知慮」的作用，它能認識「禮義之統的道」，然後用這個標準去「知善知惡」；接著心有「能」（意志執行）的作用，可將所知之道實踐出去，故在理論上，荀子的心是能「知善知惡」與「為善去惡」，荀子曰：

> 心知道然後可道，可道然後能守道以禁非道。（解蔽）

> 心也者，道之工宰也。（正名）

> 人之所欲生甚矣，人之所惡死甚矣；然而人有從生成死者，非不欲生而欲死也，不可以生而可以死也。故欲過之而動不及，心止之也。

> 心之所可中理，則欲雖多，奚傷於治？欲不及而動過之，心使之也。

> 心之所可失理，則欲雖寡，奚止於亂？故治亂在於心之所可，亡於情之所欲。（正名）

依荀子之說，心是可以「知善知惡」與「為善去惡」；但問題是心所知的善惡，是否為真善惡？因為它所依據的標準是外在的「禮義之統」，這種「禮義之統」是否為絕對標準實有問題；其次，這個標準是否真的那麼完備，鉅細靡遺；若真是完備，那這種禮義之統數量必甚為驚人，要讀懂與記憶，便難有可能；再說，當下的事情，變化萬千，時空情境，各不相同；如何依以前客觀的準則來作判斷。

　　粗略的說，荀子的心是以它所接受的價值為標準，然後以清明的認知作用去作衡量判斷，以判定此人事物之是非善惡，這樣的知善知惡存在著甚多問題，此一部份將留待「荀子心與善的關係」一節再做探討。

　　以上對於荀子「心」的意涵與作用作了說明：常人的心是一個內容豐富的綜合體，包括有「知曉」、「情感」與「作為」（知、性、能）三部分；至於聖人的「大清明心」，荀子雖然主要設定在「認知心」，但他還同時論及「道德心」，只是所論甚少且不夠深刻精微，由此見到其學說之限制與不足，此或其學說之大問題所在。至於「心」的作用方面，「認知心」是大宗而非全部，他的心除了能理解、分辨、判斷外，也具有意志作用，能將所知執行落實。至於這樣的心有無知善知惡的作用，基本上是有的，只是這種作用荀子對於相關問題沒作恰當的安排，種下他學說駁而不純的結局；以上是荀子對於「心」本身的說明，以下說明心與性、心與善之關係。

第二節　荀子心與性之關係

一、何謂性

　　荀子的「性」，他自己及學者，都已說得很清晰而確定，荀子曰：

> 凡人之性者，堯舜之於桀跖，其性一也。君子之於小人，其性一也。（性惡）

> 生之所以然者，謂之性。（正名）

> 性者，本始才朴也。（禮論）

> 凡性者，天之就也；不可學，不可事。（性惡）

首章言「性」具有普遍性，只要是人，無論聖賢、君子、小人、大惡，都具有相同的「性」。後三章說明這種人人同具的性，是天生自然的材質狀態〔註26〕，至於「性」的內涵，荀子曰：

> 性之好惡喜怒哀樂，謂之情。（正名）

> 性者，天之就；情者，性之質；欲者，情之應也。（正名）

> 故雖為守門，欲不可去，性之具也。（正名）

> 若夫目好色，耳好聲，口好味，心好利，骨體膚理好愉佚，是皆生於人之情性者也；感而自然，不待事而後生者也。（性惡）

> 今人之性，飢而欲飽，寒而欲暖，勞而欲休；此人之情性也。（性惡）

上引各章說明荀子所謂的性，主要包括「性、情、欲」，而這三個心理現象所指涉的內含實際上是相同的，周群振先生言：「性是抽象地言其總持之根源，情則是具體地言其活動的態勢，而欲則為情性之實際內容。」〔註27〕更直接的說荀子所謂「性」實即是「欲」。徐復觀先生亦謂：「荀子性論的特色，正在於以欲為性。」〔註28〕頂多在心理自私的慾望外，加上中性的生物本能，這便是荀子「性」的全部內容。〔註29〕這樣的看法基本上是學者普遍一致的

〔註26〕勞思光，《新編中國哲學史（一）》，頁333，稱之為「事實義」：「荀子之論性，即純取事實義。」

〔註27〕周群振，《荀子思想研究》，頁49。

〔註28〕徐復觀，《中國人性論史（先秦篇）》，頁234。

〔註29〕牟宗三，《名家與荀子》，頁223：「其論人之性完全從自然之心裡現象而言。從好利、疾惡、耳目之欲方面言，則性是喜怒哀樂愛惡欲之心理現象，是即人欲之私也。從飢而欲飽、寒而欲煖、勞而欲休方面言，則性是生物生理之本能。自人欲之私與生物生理之本能而言性，是即等於自人之動物性而言性。」

認定，故對於荀子「性」的內含，並無異議。

荀子的「性」與「心」的關連，前已言陳大齊先生將心分為「知、性、能」三成分，「性」即「情、欲、私欲、負面情感等」，所以「性」是小集合，而「心」是大集合；「性」包括於「心」；唯說到「性」時每強調其慾望的作用，而談到「心」時往往重在知慮的作用；此為二者間之差異。〔註30〕

二、性惡說

依荀子對於「性」的定義，那人性為惡是必然的發展，歷來學者亦無不同看法，以下先述荀子之說：

> 凡古今天下之所謂善者，正理平治也；所謂惡者，偏險悖亂也：是善惡之分也矣。（性惡）

> 禮義之謂治，非禮義之謂亂也。（不苟）

> 今人之性，飢而欲飽，寒而欲暖，勞而欲休；此人之情性也。（性惡）

> 今人之性，生而有好利焉，順是，故爭奪生而辭讓亡焉。生而有疾惡焉，順是，故殘賊生而忠信亡焉。生而有耳目之欲，好聲色焉，順是，故淫亂生而禮義文理亡焉。然而從人之性，順人之情，必出於爭奪，合於犯分亂禮，而歸於暴。（性惡）

> 人生而有欲，欲而不得，則不能無求。求而無度量分界，則不能不爭；爭則亂，亂則窮。（禮論）

以上是荀子性惡說的主要論述，他所謂的「惡」是指「偏險悖亂」、「非禮義」而言，而「性」是指動物本能、自私心理，故荀子終必謂人性為「惡」；是以牟宗三先生說：

> 把人只視為赤裸裸之生物生理之自然生命。此動物性之自然生命，剋就其本身之所是而言之，亦無所謂惡，直自然而已矣。惟順之而無節，則惡亂生焉，是即荀子之所謂性惡也。〔註31〕

徐復觀，《中國人性論史（先秦篇）》，頁234：「荀子之所謂性，包括有兩方面的意義，一指的是官能的能力，二指的是由官能所發生的慾望。」

〔註30〕陳大齊，《荀子學說》，頁55～56：「荀子所說的性，是心理作用三個成分中的一個成分，其特色，亦即其所以異於知與能者，在於能作好惡喜怒哀樂等主觀的反應。在理解荀子性惡論時所首宜注意的，荀子所說的性中含有欲的作用而不含有慮的作用。」

〔註31〕牟宗三，《名家與荀子》，頁223。

陳大齊先生更謂，若依荀子「性」與「惡」的定義，那性惡結論是必然的：

> 荀子既以貪得無厭的欲視為性的中堅，又將藉以為善的知慮置諸性
> 外，由以證明人性之惡，預存了人性必惡的結論；凡足以支持此結
> 論者，則納諸性中，足以破壞此結論者，則擯諸性外，其結論自可
> 安穩站住，而不慮其會有所動搖也。〔註32〕

故若對於荀子的「性」、「惡」的定義有所理解，那對於荀子主張人性為惡，便
沒有什麼好驚訝；甚至若是這樣的定義，即便是孔孟宋明儒也都會說「性惡」；
因此，荀子之為正或歧，並不應該是因「性惡說」，而當有更進於此者，例如他
是否肯定人有「善的本質」，而「惡」只是「偶然存在」，且這種「善」的朗現
便是「道」、「禮義之統」、「天」、「誠」等，這才是關鍵所在；此等大關節不能
把握，即使同情的瞭解其立說之善意，如「人性並非固著於惡而不可遷移」、「人
應矯情化性，以期智明行修」、「其僅為人性向惡說」〔註33〕等，皆無甚大意義；
都無法挽救使之歸於正統者也。

三、心與性

　　荀子以生物本能、心理自私說性，若順著這樣的自然本能便會造成「偏
險悖亂」，故需對治這種「性」，使之歸於平治；這力量的來源便是「心」。荀
子說：

> 欲過之而動不及，心止之也。心之所可中理，則欲雖多，奚傷於治？
> 欲不及而動過之，心使之也。心之所可失理，則欲雖寡，奚止於亂？
> 故治亂在於心之所可，亡於情之所欲。（正名）

這說明「心」的存在層級高過於「性」〔註34〕，「心」可以支配「性」，「性」
不得不聽命於「心」，因此，「性」的有無或善惡、以及強度的大小，事實上
已經無關緊要，因為決定勝負不在較低層級的「性」，而是取決於更高層級的
「心」；因為「性」掌控在「心」手中，故雖是「性惡」實在沒什麼好怕，因
為起不了作用。所以如果能確立「心為善」的主張，那便與孟子之說無大異；

〔註32〕陳大齊，《荀子學說》，頁62。
〔註33〕陳大齊，《荀子學說》，頁55～66。
〔註34〕牟宗三，《名家與荀子》，頁224：「荀子只認識人之動物性，而於人與禽獸區
　　　　以別之真性則不復識；此處虛脫，人性遂成漆黑一團。然荀子畢竟未順動物
　　　　性滾下去，以成虛無主義。他於『動物性之自然』一層外，又見到有高一層
　　　　者在，此層即心（天君）。」

問題是荀子能否肯定「心善」？若可以確立「人心為善」，那孟荀義理當無甚大不同。

荀子主張「以心治性」，而荀子的心前已言，是一個複雜的綜合體，陳大齊先生分為「知、性、能」三成分，三成分中有「性」；因此平常所謂「以心治性」的「心」，當偏重在「知能」——知慮與意志而言。「知慮」是就理解、分辨、判斷；「意志」是就執行言。

關於荀子的「以心治性」我們可以提出這樣的討論：這個「知慮」是根據什麼作判斷，以阻止過強而不正確的欲望或加強不及而正確的作為；就荀子系統而言，當是「禮義之統」；亦即「心」內的「知慮」依據「禮義之統」的標準，來對治慾望的「性」，使之避免「過與不及」而回歸於「道」。〔註35〕唯這樣的過程實有甚多問題存在：首先若「善」的標準不在內，那我如何知道這個「禮義之統」是善的，然後去接受它？即使接受而認知了這個「禮義之統」，那是否人間大小事情都可以用它來作衡量判斷？試想可不可能有這種放諸四海而皆準，百世以俟聖人而不惑的「禮義之統」之存在？再者若是以「禮義之統」來對治「性」，既是對治便永遠無法進入「無限心」之可能，亦即無法達到儒家真正的「聖」，這些便是荀子學說的限制與不足，故「以心治性」仍難自圓其說，理論上仍有不少瑕疵，甚至荀子的心是否真可以治性實仍有疑問也。

第三節　荀子心與善之關係

「心與善的關係」是荀子學說最大且最嚴酷的考驗，因為「善」是生命追求的最高理想，它的內含是什麼？我是否本具此善？我與善是一是二？善是內具或外鑠？要回答以上這些問題，都必須對於心的本質有如實深入的理解乃辨，否則所立的系統便會錯誤百出，難成圓滿的架構。荀子學說的困難與限制便出此，他對於「心」的瞭解，僅限於有限心，尤其是以認知心為大宗；緣此故對有限心中的道德心所論甚少，更何況是對於無限心的體會與說明，更是渺乎少哉；既然對此「無限心」理會不多，很多精微之分辨便茫然

〔註35〕牟宗三，《名家與荀子》，頁 226：「荀子以智心之明辨治性，實非以智心本身治性，乃通過禮義而治性也。明辨之心能明禮義，能為禮義，而禮義卻不在人性中有根，卻不在惻隱之心羞惡之心辭讓之心中表現，是則禮義純是外在的，而人之積習以成，由人之天君以辨。」

不知。如他不知道人想要「治理平治」的心，本質上就是無限心〔註36〕，若將此心擴充至極，便自然能生「禮義之統」；且客觀的「禮義之統」容或有失漏，心上的「禮義之統」絕不會有差池；只要復得此本心，則一切義理全由此出，一說就對；很顯然荀子於此較不能領會，故其學說終必走向歧出之路。〔註37〕

一、何謂善（道）

「道」在正統儒家道家與佛家，類皆指形上的實體，是心靈純淨化後所體現的內涵，也是生命最終極追求的圓滿境界；但是在荀子的「道」並不具有這種本體義，從某一方面說是荀子生命特質為「誠樸篤實之人」〔註38〕，故未致思於玄遠的義理追求；但從另一角度言，則是荀子生命高度的不足，故對於生命最究竟的內涵尚有所不知；陳大齊先生謂：

> 荀子是一位偏重實用的學者，專說平實的話不作玄妙的議論。像宇宙本體等問題不是荀子所措意的。天地萬物之所以然，荀子視為「無用之辯，不急之察」，而不求知之，宇宙本體自亦在其「棄而不治」之列了。〔註39〕

荀子的「道」並非孔孟的「道」、「天」、「理」等，此為研討荀子義理首當注意者，否則會發現荀子學說與孟子之論甚為相近，只是用語與說法稍有不同爾。其實二者的差異實為天淵之別，荀子認為最值得追求的「道」，其內涵實為「禮義之統」、「禮義」、「君道」、「人道」等，以下先引《荀子》及《楊倞注》：

> 道者，非天之道，非地之道，人之所以道也，君子之所道也。（儒效）
>
> 古者聖王以人之性惡，以為偏險而不正，悖亂而不治，是以為之起禮義、制法度，以矯飾人之情性而正之，以擾化人之情性而導之也。

〔註36〕牟宗三先生說得好：「荀子只知君師能造禮義，庶人能習禮義，而不知能造禮義習禮義之心，即是禮義之所從出也。」

〔註37〕按此處無限心與有限心之分類，是據牟宗三先生之說，牟先生依《大乘起信論》一心開二門之架構，將心分為真如門之無限心，由之產生無執的存有論；與生滅門之有限心，由之產生執的存有論。並謂道家之道心、佛家之如來藏自性清淨心和儒家之良知或本心皆是無限智心。

〔註38〕牟宗三，《名家與荀子》，頁199：「誠樸篤實之人常用智而重理，喜秩序、愛穩定、厚重少文、剛強而義；而悱惻之感、超脫之悟，則不足。」

〔註39〕陳大齊，《荀子學說》，頁78。

　　始皆出於治、合於道者也。……禮義者，聖人之所生也。（性惡）

　　聖也者，盡倫者也；王也者，盡制者也。兩盡者，足以為天下極矣。
故學者以聖王為師。（解蔽）

　　故學至乎禮而止矣，夫是之謂道德之極。（勸學）

　　道，謂禮義。（解蔽〉楊倞注）

簡言之，荀子認為人間最高的價值為客觀的「禮」或「禮義之統」〔註40〕，
這是聖人哲王治理天下的行事規範，學習教導此一套制度典範，可讓天下「正
理平治」，可使個人社會在一個合理的制度下運作。按禮義之用以為治國規範
者，特稱之為「政治」，禮義之用以為修繕個人人格的準繩，且用以為個人處
事接物的規範者，特稱之為「道德」。〔註41〕這兩方面的圓滿，便是荀子追求
的最後目標。

　　荀子這樣的「道」，基本上與中國正統哲人對於「道」的定義，殆皆不同；
這樣的理想價值是否可為生命最終極的價值，實有疑義；再說，是否可以找
到歷來聖王們之「禮義之統」，也頗有困難；蓋時空環境各不相同，實難找到
一個能放諸四海而皆準的具體準繩，頂多可歸納出一些原理原則以供利用，
不可能大小事情鉅細靡遺的作規定。這樣的道，在政治上是一套「辦事細則」，
在德行上是「禮儀規範」；把這個當為生命最高的理想境界，似乎對於生命的
瞭解差距甚遠。

二、心與善是一或二

　　據前文所說則荀子之「道」實為「禮義之統」，那這「禮義之統」與「心」
的關係為何？若「禮義之統」與「心」的關係是二而一；亦即由心可生出禮
義之統，二者本質內涵相同，那荀子學說仍有起死回生之路；若「心」與「禮
義之統」是二，亦即「心」需透過學習才可得到「禮義之統」；則屬「義外」
之學〔註42〕，那此「禮義之統」非人人本有，亦非人人必得，得道（成聖）
將無必然保證。這些義理荀子或許未曾致思，否則他當會對自己學說另有安

〔註40〕牟宗三，《名家與荀子》，頁211：「荀子之道即人之所以道，君子之所道；亦
　　　　即君道，君道即能群之道，即治道。故此道即『人文化成』之『禮義之統』
　　　　也。」
〔註41〕此段分別取自陳大齊，《荀子學說》，頁42、76、81、94、211。
〔註42〕牟宗三，《名家與荀子》，頁203：「禮義之統不能拉進來植根於性善，則流於
　　　　『義外』，而『義外』非客觀精神也。」

排。先看荀子之說：

> 心也者，道之工宰也；道也者，治之經理也。（正名）

> 心不可以不知道，心不知道，則不可道而可非道，心知道然後可道。可道，然後能守道以禁非道。（解蔽）

> 塗之人，可以為禹。曷謂也？曰：凡禹之所以為禹者，以其為仁義法正也。然則仁義法正，有可知可能之理。然而塗之人也，皆有可以知仁義法正之質，皆有可以能仁義法正之具，然則其可以為禹明矣。（性惡）

首章說明「心」是認識「道」的主宰工具，而「道」是治理的原理原則；次章說明用「心」去知「道」的必要性；末章說明所有的人皆可以達致禹的生命狀態；因為禹所以為禹是在於「仁義法正」（禮義之統），而我們每個人皆有能夠知「仁義法正」的心，所以，只要想達致禹的狀態，都可以透過努力而達致。依此所說，則「心」與「道」分而為二，心需透過學習乃能有道，這與正統儒家「心性天通而為一」、「心理為一」等的思想，並不相一致。

　　以下再看學者之說法，以更確定此一論述，勞思光：

> 荀子所言「心」乃觀「理」之心，而非生「理」之心，心之功用重在能受，而不重在能生。如此，則理在心之外，與四端之說大異。
> 〔註43〕

勞思光先生謂荀子的「心」只能認識學習「理」，本身並不能產生「理」，因此心理為二。關此周群振先生亦有詳盡論述：

> 荀子所謂的「道」（楊注云：道，謂禮義），乃客觀外在的，只有道，才足以正理人生、平治天下，而為吾人理想之所託命者，「心」則只能「知道」，其本身並非道。所謂「可道」，乃至「守道以禁非道」，皆是心之相對於道，而認識其意義以後之求為附著於道之「可」與「守」，並非即心是道也。心之本意只是知。……在荀子，則心與理，顯屬不同之兩物；換言之，即身心本不是理，甚至不具備理。〔註44〕

此外徐復觀等學者亦有相同說法，此處不具引；荀子的心理為二，雖然心可以認識理，但沒有必然保證；人人可成聖也無必然性。會造成這樣的結論主

〔註43〕勞思光，《新編中國哲學史（一）》，頁337。
〔註44〕周群振，《荀子思想研究》，頁33、41。

－150－

要是因為他的「理」與「心」都是形下的意涵，對於生命最上一機的無限心不甚瞭知，故只能退而求其次，在現象界中說明，將心規定為形下的認知心與少分的道德心〔註45〕；而將「道」或「理」規定為客觀的禮義；於是整個系統下滑，變成主要在探討政治的制度規章，與他律道德的禮俗規範；這些距離正統儒家所論當然迥不侔矣。

三、善是內具或外鑠

前言荀子的「心」與「理」為二，若此「理」內在於心上，則荀子的系統仍有一生路，因為「理」本具我心，只是透過主宰的心去認清本然之理，凡俗之人雖有心但他不能認清本然之裡，聖賢則透過主宰性的心或主體性，去發現本然之理，然後回復朗現本然之理；所以，這個「理」是在心內或心外，便格外重要。荀子曰：

> 聖人積思慮，習偽故，以生禮義，而起法度。然則禮義法度者，是生於聖人之偽，非故生於人之性也。（性惡）

> 今使塗之人，……積善而不息，則通於神明，參於天地矣。故聖人者，人之所積而致也（性惡）

以上兩章說明「理」非本有，它需透過「積」、「習」、「偽」以生起，因為本身沒有才需要經由「偽」、「積習」與「法效」，以產生「禮義、倫理、法制等物事」〔註46〕，故知荀子的「理」並不在心上。牟宗三先生亦明言此弊病並謂荀子悟性的不足：

> 其所隆之禮義繫於師法，成於積習，而非性分中之所具，……而禮義亦成空頭的無安頓的外在物。〔註47〕

> 其所言之「皆有知仁義法正之質，皆有能仁義法正之具」，此中之質與具，亦不指仁義之心言，而指才能言，如是，遂有「可知可能而不必真能知真能行」之含意，此則真為大過矣。〔註48〕

> 荀子只知君師能造禮義，庶人能習禮義，而不知能造禮義習禮義之

〔註45〕荀子的心是有限心中的道德心；但他不知道他個有限心中的道德心，就是無限心的本質，就是一切道德之源，他未有如此體會，故無法說心與善為一。

〔註46〕周群振，《荀子思想研究》，頁65。

〔註47〕牟宗三，《名家與荀子》，頁198。

〔註48〕牟宗三，《名家與荀子》，頁228。

心，即是禮義之所從出也。〔註49〕

首段說明荀子的「禮義」由師法來，是客觀外在之物，主體透過積習學得這身外之物，故是「空頭無安頓之外在物」。次段說明即使這個外在之理，可以被主體學習；但能不能真正學到，則需有才能在；並非孟子善是內在的本質，其成聖是必然的，故人人終必成聖；而荀子此說則成聖未有必然保證，故牟先生謂「此則真為大過矣」、「此則鄙夷生民甚矣。」〔註50〕最後一段牟先生批評荀子對於「心」的體會不夠深入，其實「能造禮義習禮義之心」就是孔孟的「道心」、「天心」；蓋就有限心言，有主客對立的道德心，其本質就是無限心；若能夠體會當下一念悲心，實與完全朗現的道體無二；或說有限的道德心是分享道體的部分而成，則能了知「能造禮義習禮義之心」，實即是生命最高境界的道心。唯荀子於此未能如理契會，於是不得不向心外求取「禮義」，於是「理」「善」便在心外，成了「義外之學」，殊屬可惜。〔註51〕

四、善之來源問題

「善」與「心」是二，且「善」又在「心」外，那便要問「善」從何而來？我怎麼知道那是「善」而不是「惡」？若是由聖王規定，則每個人都可以自稱是聖王而規定他所認為的善，那我將無所適從。因此，善的來源問題也將會是荀子學說的致命傷。荀子說：

> 聖人化性而起偽，偽起而生禮義，禮義生而制法度。然則禮義法度者，是聖人之所生也。（性惡）

> 禮起於何也？曰：人生而有欲，欲而不得，則不能無求。求而無度量分界，則不能不爭；爭則亂，亂則窮。先王惡其亂也，故制禮義以分之，以養人之欲，給人之求。使欲必不窮於物，物必不屈於欲。兩者相持而長，是禮之所起也。（禮論）

> 古者聖王以人之性惡，以為偏險而不正，悖亂而不治，是以為之起禮義、制法度，以矯飾人之情性而正之，以擾化人之情性而導之也。（性惡）

〔註49〕牟宗三，《名家與荀子》，頁198。

〔註50〕牟宗三，《名家與荀子》，頁227。

〔註51〕相同立論尚有：徐復觀，《中國人性論史（先秦篇）》，頁248～249。周群振，《荀子思想研究》，頁25。

因為人性是惡的，欲求若得不到滿足，將會造成偏險爭亂，於是聖人、先王、聖王們就出來，自己先化性再起偽，然後生禮義、制法度而有善，再用這個善去「矯飾擾化人之情性」，使之歸於正。現在問題是聖人也是人，「堯舜之於桀跖，其性一也」，那聖人身上是否有善的因子？不然他如何能知善，並以所知的善來化己之性，再產生偽，由偽而生禮義；此其一。再者就常人言，我如何知道何者為聖人之道，然後用它來化我性起我偽；此其二。最後，我為何要依禮義而行，為何要化性起偽；此其三。而這三點非難，其實都必須肯定我心有善乃能排解，荀子於此未深入理會，不謂善內具於己心，故需向外求善，於是種下學說理論的疏漏。

　　學者每謂此為荀子學說之嚴重漏洞處，牟宗三先生認為荀子「善」的根，既不在內，必求之於外，最後不是依循自然之理，便是聖人虛構，而使其學說造成大缺陷。〔註52〕勞思光先生謂：「蓋此乃荀子思想之真糾結所在，或十分糊塗之處。」〔註53〕周群振先生亦謂：「就性論性，荀子實亦難以回答。」〔註54〕

　　「善」無法在外在找到源頭，這是荀子學說的最大缺陷，他將心與善分為二，將善歸於外在，外在又找不到源頭；他只簡單的認定「百王的禮憲」就是善的源頭，但我如何確定它真的是善，若不是從主體找到答案，便都是權威式的虛妄根源；而荀子所以有此疏誤，實皆根於他對心的本質體會不深，他不知道心本身便有知善知惡能力，這種能力的開展便是「道」與「善」；唯有這樣的認定，才能讓心與善合一，善是本具非外鑠，善的來源問題才算真正解決。

第四節　結論：荀子之學問性格與學說定位

　　在中國哲學中「心」可分為「無限心」與「有限心」兩層級；「無限心」是指「形上界」、「本體界」、「一元世界」、「無執無對」、「究竟圓滿」等狀態；而「有限心」則指「形下界」、「現象界」、「二元世界」、「執著對立」、「平凡有漏」等狀態；前者是聖人所證之境界，後者是凡夫的現況。〔註55〕荀子所

〔註52〕牟宗三，《名家與荀子》，頁226。
〔註53〕勞思光，《新編中國哲學史（一）》，頁334。
〔註54〕周群振，《荀子思想研究》，頁67。
〔註55〕以上分疏乃依牟宗三先生之說，牟先生之說散見於所著《圓善論》、《現象與物自身》及《智的直覺與中國哲學》等書中，此處不具引。

論涉及形上本體界者甚少，殆皆形下心的範疇。

對於「形下心」荀子將之分為「知、情、能」三者；三者之中「知」的部分所論最多，因此歷來學者認定荀子的心就是「認知心」；「情」的部分，荀子視為與「欲」、「性」為同義語，於是「情」只成了負面內涵，在這種狀態下生命中良善部分，如慈悲、善良、美善等德性，無法在心中安立，只得將它們置放於心之外；於是便需靠認知心去認識外在的美善，然後將它學習過來，以之對治負面的情（性）；這樣的安排造成荀子理論上的大缺陷，如：心與善為二、善在心外、善如何產生、我如何認定它是善等問題。唯在另一方面言，因荀子特重「認知心」，於是造成「偏重客觀精神」與「重視名學認識論」等特色。以下分就「學問性格」與「理論缺陷」兩方面說明；前者言其特色，後者道其不足，並兼論在中國義理學上的地位。

一、學問性格

荀子的心是有限心，雖然他的心具有豐富而複雜的內容，但主要仍以「認知心」為大宗；為了對治「惡的性」，並開出「正理平治」的理想社會，所以建構「禮義之統」來化性起偽，創造出一套完備的客觀制度，以為我人行事之規範準則，此即所謂「客觀精神」。牟宗三謂：

> 故禮憲者實是仁義之客觀化，荀子特重此構成客體之禮憲，故曰外
> 王之極致，亦比較有客觀精神也。其重現實之組織，重禮義之統，
> 重分重義，皆客觀精神之表現也。〔註56〕

荀子幾乎所有生命精神皆花在此處，他所論的「雅儒大儒與聖人，實即是一堅實的政治家」，也就是懂得客觀精神的人；〔註57〕他所說的仁「自始即為位於『分位等級』中之客觀存在體。」〔註58〕他所說的道「即人之所以道，君子之所道，亦即君道；君道即能群之道，即治道。故此道即人文化成之禮義之統也。」〔註59〕綜合的說：「荀子學說之基源問題可說為：如何建立一成就禮義之客觀軌道。」〔註60〕「其所論之禮，乃是一社會組織，強調秩序、階級以及相應的報酬與慾望的滿足，並未包含德性價值的意義，故與孟子道德

〔註56〕牟宗三，《名家與荀子》，頁200～201。
〔註57〕牟宗三，《名家與荀子》，頁208。
〔註58〕牟宗三，《名家與荀子》，頁210。
〔註59〕牟宗三，《名家與荀子》，頁211。
〔註60〕勞思光，《新編中國哲學史（一）》，頁331。

人格挺立的論述完全不同。」〔註61〕

至於為何荀子學問的重點會置於客觀精神，牟宗三先生謂：

> 誠樸篤實之人常用智而重理、喜秩序、愛穩定、厚重少文，剛強而
> 義，而悱惻之感，超脫之悟，則不足。……然而荀子不解孟子，亦
> 正其無可奈何處，以其高明不足故也。〔註62〕

這是說荀子性格上較為質實，且較缺乏高超的悟性，於是展現橫向的客觀精
神的開展，將大部分心力投入「禮義之統」的建立，以及名學的講習；而這
樣的方向特色，牟宗三先生以為亦是「承孔子而來者」；牟先生以為荀子特
重知統類、一制度等，此即孔子從周之義。由此言之，荀子亦繼孔子之統。
〔註63〕

表面看來荀子雖是繼孔子者，但孔子之學有本源，而荀子之學則空無安
頓處。故勞思光先生謂：「蓋荀子之價值哲學，於主體殊無所見，故其精神落
在客觀秩序上。然以主體之義不顯，所言之『客觀化』亦無根。」〔註64〕

於此牟先生亦有公允之論，他將世間的精神分為三類：「客觀精神與主觀
精神及天地精神」，孔子三者齊備，孟子特重主觀精神及天地精神，而荀子則
「特順孔子外王之禮憲而發展，客觀精神彰著矣，而本原不足，則客觀精神
即提不住而無根。禮義之統不能拉進來植根於性善，則流於義外，而義外非
客觀精神也。」〔註65〕

由此可見荀子雖重客觀精神，唯因其客觀精神無法在心性本源上安立，
致使其學說易致無根之談，與生命兩不相關，此義容下文說明。

二、學說定位

依據前文的論述，從「心」上來說，荀子學說有以下諸項缺失：1.對心的
內涵瞭解不夠深入，或說對心的體證不夠高卓，屬於無限心部分殆皆闕如。
2.心上未安立善源，使道德學說無根。3.善與心為二，且善在心外，致非人人
可以成聖。4.將心主要內涵定位於「認知心」，而未給「道德心」以恰當位置，
於是一切道德行為，變成知識活動。5.認知心所追求的「道」，並非生命最高

〔註61〕劉振維，〈孟子性惡說芻議〉，《東華人文學報》期6（2004年7月），頁87。
〔註62〕牟宗三，《名家與荀子》，頁199。
〔註63〕牟宗三，《名家與荀子》，頁217。
〔註64〕勞思光，《新編中國哲學史（一）》，頁331。
〔註65〕牟宗三，《名家與荀子》，頁201～203。

境界，只是一套「禮義之統」的知識內涵，這樣的願景有別於孔孟「踐仁知天」、「盡心知性知天」之終極道德理想。基於這些理由，使荀子學說有缺漏，無法成為正統的儒家之學。以下引學者之說論之：

> 此（孟子）則統體透出之學，故又比荀子為高也。此所以後來理學家皆宗孔孟，而視荀子為別支也。〔註66〕

> 荀子倡性惡而言師法，盤旋衝突，終墮入權威主義，遂生法家，大悖儒學之義。學者觀見此處之大脈絡，則益可知荀學之為歧途，固無可置疑者。〔註67〕

> 荀子之廣度必轉而繫屬於孔孟之深度，斯可矣。否則弊亦不可言。
> 〔註68〕

> 故孟子敦詩書而立性善，正是向深處悟，向高處提；荀子隆禮義而殺詩書，正是向廣處轉，向外面推。一在內聖，一在外王。然而荀子不解孟子，亦正其無可奈何處，以其高明不足故也。〔註69〕

上引諸位先生所論，並以荀子學說為「別支」、「歧途」、「易生弊病」，而所以會衍生此等問題，實乃「高明不足」所致，亦即對於心的形上義不能深悟，故僅著眼於心的形下義。按孔孟儒學的終極理想是希望達致形上的「天」、「道」、「聖」之境地，然後依此以說明心性功夫及內聖外王之道，而荀子於此似較少致意，故只能從形下的心去論述，此所以荀子學說高度不足而深度欠缺。這樣的架構，即使系統無比嚴密，亦總是半壁江山的格局，甚至因缺乏道德本源，使一切義理易成戲論；再加上他的道德理論有不少漏洞，難於自圓其說，故荀子學說終無法躋於正統儒家之列，實亦必然之勢。

徵引文獻

一、今人論著

1. 周群振，《荀子思想研究》，台北：文津出版社，1987 年。
2. 陳大齊，《荀子學說》，台北：中國文化大學出版部，1989 年。

〔註66〕牟宗三，《名家與荀子》，頁 221～222。
〔註67〕勞思光，《新編中國哲學史（一）》，頁 330。
〔註68〕牟宗三，《名家與荀子》，頁 211。
〔註69〕牟宗三，《名家與荀子》，頁 199。

3. 牟宗三，《從陸象山到劉蕺山》，臺北：台灣學生書局，1990 年。

4. 牟宗三，《名家與荀子》，臺北：台灣學生書局，1994 年。

5. 徐復觀，《中國人性論史（先秦篇）》，台北：臺灣商務印書館，1994 年。

6. 勞思光，《新編中國哲學史（一）》，台灣：三民書局，1997 年。

二、論文

1. 許宗興，《孟子義理思想研究》，政大中研所博士論文，1987 年。

2, 陳德和，〈荀子性惡論之意義及其價值〉，《鵝湖月刊》期 231，1994 年 9 月。

3. 劉振維，〈孟子性惡說芻議〉，《東華人文學報》期 6，2004 年 7 月。

附註：本章曾以〈荀子心析論〉之名，
發表於《臺北大學中文學報》期 2，2007 年 3 月。

第七章　老子——老子本性論探究

摘要

　　「本性論」在探討吾人是否本具成就生命圓滿之質素，這在生命實踐哲學上是一重要論題，在中國主要哲學流派之儒釋道三家中，除道家外，類皆明言人具此本質，故本章乃對道家始祖老子進行探究，以瞭知其對「本性論」之主張。

　　本章首依牟宗三先生「主觀體證境界」之詮釋系統，將老子哲學定位為生命實踐哲學，它所追求之理想是「聖」，而聖之內涵為「道」，故本章主要便在探究：在老子哲學系統中，「道」是否本具於吾人「性」中。

　　嚴格本性論需證明三命題：「吾人本具成聖質素」（本具）、「人人皆具成聖質素」（皆具）、「人人圓具成聖質素」（圓具）。本章依《老子》主「為道」乃向內求取，且是經由銷解生命負面情愫，以創造「道」呈顯之有利條件，而讓「道」自然呈顯；據此證明「吾人本具成聖質素」。至於「皆具」與「圓具」，因《老子》僅五千言，限於資料，無法詳盡縝密論述此等主張；本章僅透過《老子》近似之論與消極性之證明入路，而謂《老子》在某種程度上亦主張「皆具」與「圓具」。

　　故本章以為道家老子與儒釋兩家哲人，對本性論看法並無二致，雖然《老子》未做文字上明白宣示，但經由本章之探究，可知《老子》當是主張吾人本具成聖質素。

　　關鍵詞：道家、老子、本性論、性善

第一節　緒論

一、本性論意含說明

　　「本性論」〔註1〕是一內涵與外延不甚明確之詞語，隨使用者不同，便有不同之意涵與廣狹不同之界定；籠統言之「本性論」乃在探討：我人身上是否具有「成就生命圓滿之質素」，而所謂「成就生命圓滿」則各家所指涉內涵不盡相同，就儒家言為「聖」、佛家言為「佛」、道家言為「至人、聖人、神人」等；亦即「本性論」在探討是否吾人天生便具成就「聖、佛、至人等」之質素。若此問題答案為肯定，則成就生命圓滿只需將此內在本質加以開展，並無需向外學習或求取任何質素。

　　嚴格之「本性論」須討論三命題：一為「本具」──我人是否本具成就生命圓滿之質素，二為「皆具」──是否所有人「皆具」成就生命圓滿之質素，三為「圓具」──人人所本具之質素是否與聖者無二無別；必三命題皆具乃為「本性論」完整之內涵，亦唯有如此之「本性論」乃能保證：人人皆能成就生命之絕對圓滿。〔註2〕

　　按第一命題之「本具」──本來具足無須外鑠，此為「本性論」較一般之意涵，要找到《老子》如是主張之資料較為容易。第二命題之「皆具」──所有人皆具足無一例外，此為較精密本性論之要求，因古人建構義理是為生命實踐，而非為滿足純理論要求，故古哲未必會精心設計嚴密之論述系統，是以在《老子》文本中要找到正面直接之論述，便較困難。第三命題之「圓具」──圓滿具足，謂吾人本性與聖人本質無異，此又較前二者深邃，就一般生命實踐者，並不需論及此，故《老子》亦未有直接之論，要找到《老子》有關文本又更不易。

　　以上說明何謂「本性論」，本性論在探討哪些問題，以及找到《老子》相關文本支持之難易程度等。

〔註1〕作者以為「生命實踐學」有七論：現況論、價值論、本性論、本體論、功夫論、境界論、外王論；本性論是探討我人身上是否具足成就生命圓滿的質素。〔請參考許宗興，〈「中國實踐哲學」的範疇論〉，《華梵人文學報》期8（2007年1月），頁53～88。〕

〔註2〕以上有關「本性論」內涵之論述，請參見許宗興，〈孟子性善論解析〉，《華梵人文學報》期4（2005年1月），頁31～72。該文對於孟子的本性論解析出四個意涵：「本具」（就時間言）、「皆具」（就人數言）、「圓具」（就品質言）、「實具」（就存在言）；其中第四意實具，重在談孟子的現成良知，就老子言此意不顯，故本文只論前三意；為免重複，相關論述請參考該文。

二、本性論之重要性

　　「本性論」在生命實踐學上之重要性，實不言可喻；蓋若一個義理系統未完整具足上列三命題，將見出其學說之漏洞百出，例如若未主張「本具」，則無法保證吾人可成就生命之圓滿，再者，什麼是生命圓滿將無法定義，且我為何要走向生命圓滿，也將找不到價值根源；對達致生命圓滿也將無必然保證。若未主張「皆具」，則僅能讓某些人成就生命圓滿，而非人人皆可達生命圓滿；若未主張「圓具」則吾人所成理想未必是最圓滿境界，如此之「本性論」便是有瑕疵的本性論。

三、老子本論之重要

　　中國哲學主流為儒釋道三家，此三家中儒家從孟子始，便明言「性善」，其後雖有歧出如荀子與漢儒之氣性論〔註3〕，至宋明儒者便再度確立「性善」論述；佛家自南北朝「佛性論」主張一闡提皆有佛性後，人人有佛性亦是佛家通義；唯道家本性論歷來未見諸文字，未成為明確論述，也未為大家所熟知；似乎道家本性論是一模糊地帶，無法如儒佛之明確堅定。

　　道家始祖為老子，老子為此一學派立下理論根基，開出道家方向與特色，甚多義理系統皆肇始於老子；故要瞭解道家「本性論」有必要回到《老子》原始素材中找答案。

四、本章之方法入路

　　《老子》五千言並無「性」字出現，亦無當人性用之其他詞語存在，此或在老子時代，人性問題尚未被意識到；中國哲學中對本性論之重視當在戰國中晚期之孟莊時代〔註4〕，而老子或早於此一時期〔註5〕，故《老子》書中

〔註3〕如荀子主性惡、董仲舒主三品人性說、揚雄主性善惡混、王充亦主三品人性說，這些都立基於氣性立場以言人性，不謂人本性為善。

〔註4〕牟宗三言：「《詩》《書》及《左傳》明言性之諸文，自人言，皆指實然之生性而言。」必到孟子、中庸、易傳，才明言性命天道。見牟宗三，《心體與性體》（一）（臺北：正中書局，1992年），頁206～216。

〔註5〕老子的年代歷來無確說，陳德和〈略論老子的年代與思想──對劉笑敢《老子》的幾點質疑〉以為牟宗三先生主張，先秦諸子是對於「周文疲弊」所提出的藥方，而老子又是對於孔子的反動，故當在其後；故推老子年代當在「從春秋末年到戰國初期（請注意在春秋、戰國之間還有幾十年的時間難以歸類而被史家稱之為「春秋戰國之際」）才最有可能是牟先生的意見」。（見《鵝湖學誌》期22（1999年6月），頁183。）

並無此等論述，但即使未使用「本性論」概念與詞語，並非意味《老子》學說中不隱含對人性之看法，因此吾人仍可透過其相關立論，以推闡《老子》或道家對此問題之主張。

　　本章所採方法是：先為《老子》學說義理內涵作定位，先確定《老子》義理屬生命實踐學，然後說明聖凡之別在「道」與「非道」，接著探討：吾人原初本性中是否有「道」？是否人人原初本性中皆有「道」？人人本性所具之「道」與聖者之「道」是否完全相同。若最後證明《老子》主張人人本具皆具圓具「道」，便可確定《老子》與儒釋兩家之本性論實為相近。

五、歷來之研究成果

　　目前對《老子》「本性論」之探究，學者所論不多〔註6〕，殊屬可惜。唯歷來對《老子》義理之相關探究，則內容甚為豐富〔註7〕，尤其近年對《老子》義理之定位已幾成定論，如牟宗三先生、王邦雄先生、袁保新先生、高柏園先生等〔註8〕，他們對《老子》義理詮釋，可謂細密精當而成果輝煌；因近世學者對老學義理有如此豐富研究成績，對《老子》義理內涵有甚恰當之衡定，是以要研討《老子》本性論便較為容易，本章便在此等基礎上，藉助以上諸先生之研究成果，繼續向前探究《老子》本性論。

第二節　老子哲學之定位問題

　　如果《老子》義理不屬「生命實踐學」，則他所建構之理想便非「生命圓滿」，也就無「本性論」問題〔註9〕；所以確定《老子》義理內涵性格，尤其

〔註6〕截至目前為止並無相關博碩士論文之探究，期刊論文僅一篇：郭沂，〈從道論到心性之學──老子哲學之建立〉，《哲學與文化》，期275（1997年4月），頁351～368）。

〔註7〕依唐君毅先生之說，歷來老學之型態可大分為四：其一是以漢人之章句傳注之業為主；其二是以魏晉玄學方式之理解；其三是佛學東來之相比附，以及其會通三教之作；其四則是相應西方之科學哲學之理論以解老學。〔見唐君毅，《中國哲學原論·導論篇》（臺北：學生書局，1984年），頁348。〕

〔註8〕這些論文主要發表於《鵝湖月刊》、《鵝湖學誌》、《鵝湖研討論論文集》等相關雜誌，此處不詳列。

〔註9〕例如，假如老子「道」是外在客觀存在之總原理，而這種總原理與主體生命無關，那人生所追求之「道」便不可能內具於我人身上，若然則根本不存在本性論之問題。

確立是否為「生命實踐學」，將是討論《老子》本性論之先決要項。

由古至今對《老子》解說，主要有三方面：傳統註釋、近世考據、及義理詮釋〔註10〕；其中「義理詮釋」方面，近世名家輩出，此等學者對《老子》義理有不少建樹，唯因此部分非本論文重點，故本章僅簡要綜述此等名家對《老子》重要問題之解決方案，然後確定何種解決方案最可被接受，並以之為現階段較恰當之《老子》義理詮釋方式，本章即據之以定位《老子》義理。

按「道」〔註11〕既為《老子》最高、最終極之概念，那「道」是什麼？它具有什麼作用？它如何被建立認識？它是客觀實體或是主觀心境？它是推求、思索而構作出來的？或是實踐體證出來的？這些問題的解答便益形重要；再者《老子》書中言及「道」者至少可分為「客觀宇宙律則」與「主觀體證境界」兩範疇，那此兩義如何安立並存？二者關係如何？哪一義才是本義？二者之輕重主從為何？又「道」如何創生天地萬物？等等問題便需加以釐清。

《老子》雖不能確定是一時一人之作，但其義理本身則具有相當程度的統一完整性，雖然《老子》作者是何許人也？他存在時間為何？目前仍眾說紛紜，但《老子》書之內容則為固定〔註12〕；吾人如何將《老子》書所含以上諸問題做統一而不相矛盾之詮釋，便是吾人所追求之理想；如此理想表面看似容易，其實具相當複雜度與困難度。

《老子》書最重要概念是「道」，《老子》之道可釐析為甚多意涵〔註13〕，

〔註10〕 袁保新：「當代老學的研究趨勢，基本上是循兩個方向發展。一是考據校詁，另一是義理詮釋。」另加上傳統註釋之學，故說為三類。〔見袁保新，〈老子形上思想之詮釋與重建（三）〉，《鵝湖月刊》期112（1984年10月），頁48。〕

〔註11〕 若以老子王弼注為據，「道」在老子書中前後出現74次。

〔註12〕 《老子》至今可見之版本除王弼本、河上公本外，另有1973年馬王堆出土之帛書甲、乙本二種，及1993年出土之《郭店楚墓竹簡》中之文獻，唯文句差異仍相當有限，並不大影響老子義理之理解。

〔註13〕 例如唐君毅先生透過「以義類聚」方式，將老子「道」歸納為六義，陳康先生將老子「道」分為「存有原理」「應然原理」〔見 Chung-Hwan Chen，〈What does Lao-Tzu mean by the term "Tao"？〉，《清華學報》卷4，期2（1964年2月），頁150～161。〕方東美先生則依道體、道相、道用、道徵四類作說明〔見方東美，《中國哲學之精神及其發展》（臺北：成均出版社，1983年），頁169～179。〕陳鼓應先生認為道有三層：一是實存意義之道，二是規律性之道，三是生活準則之道。〔陳鼓應，《老莊新論》（臺北：五南出版社，1993年），頁4～15。〕嚴靈峰先生從「道體」、「道理」、「道用」、「道術」等四方面來分析老子『道』。〔見嚴靈峰，《老莊研究》（臺北：中華書局，1966年），頁50。〕

此等意涵又可初步綜合為三義：（一）存有義，指宇宙人生之總原理，如《老子》：「有物混成，先天地生，……可以為天下母，……字之曰道。」（25）「反者，道之動；弱者，道之用。」（40）「天之道，損有餘而補不足」（77）等。（二）宇宙論義，指宇宙萬物之創造生成原理，如《老子》：「道生一，一生二，二生三，三生萬物。」（42）「道生之，德畜之，物形之，勢成之。」（51）等。（三）道德價值義，指生命活動之準則，包括主體生命之成德內涵與外王之政治文化規範等；如《老子》：「是以聖人為而不恃，功成而不處。」（77）「以道佐人主者，不以兵強天下。」（30）「道無為而無不為。侯王若能守之，萬物將自化。」（35）等。

此初步之三義又可再綜攝為兩大類，前兩義可合為「客觀實有之道」，後一義可稱為「主觀體證之道」〔註14〕。前者以道為外在客觀存在，它是宇宙萬事萬物之總原理，也是萬物生成變化之總原理；後者以道為吾人內在主觀存在，它是主體生命實踐之價值理想。此兩類「道」皆並存《老子》書中，對此兩類「道」如何整合，使兩義不衝突地安立一系統中，此為詮釋家首要課題。

關於整合策略有二：一是從「客觀實有之道」出發，以之為首出，再從此觀點而談「主觀體證之道」，若走此路數則必須解釋人如何能把握認識此「客觀實有之道」，且需說明「道」如何產生天地萬物，最後則需說明「客觀實有之道」如何產生「主觀體證之道」。另一路數則是從「主觀體證之道」發動，以之為首出，然後說明「主觀體證之道」如何被把握認識，及如何產生「存有義」與「宇宙論義」之道等。

以上兩路之詮釋系統，若由「客觀實有之道」出發，困難在：宇宙間是否真有客觀存在之道體，它能支配萬事萬物，它是宇宙萬物與人生之總原理，且是萬物生成之總原理；若真有此道那它內容為何？人真能把握此道？人有何方法能找到此放諸四海而皆準，百世以俟聖人而不惑之「客觀實有之道」？此種「客觀實有」與吾人主體作道德實踐所體證之「道」是否一致？為何外在事物之總原理，會與我由道德實踐之理合一？其次，若「客觀實有之道」與我作道德實踐所體證者不同，那何者方是真正之真理？何者才是首出？何

〔註14〕按此處之「主觀」乃相對於外在之客觀者言，意為「主體內在體證之境界」，因為是根源於每一生命本然體性，故反而具有相當程度之絕對性與客觀性；這與通俗所謂個人偏頗之「主觀」意涵不同。

者該被統攝？以上每一問題皆是難題，故知走此路真是荊棘滿佈，困難重重。

反之，若從「主觀體證之道」發動，那此道可被體會與認識絕無問題，因是主體實踐之境界，故當然可站在「主體境界」立場，談道為存有之總原理，以及創生萬物之過程，任何形上學內容都可收歸此系統中論述，此所謂「道德的形上學」，故要解釋與各義「道」間之關係，便較能揮灑自如而游刃有餘。

以下便依上文所論以檢視近代重要學者對《老子》「道」之詮釋系統〔註15〕，以瞭解何者之詮釋系統較能自圓其說，能將《老子》諸義之道詮釋成完整體系，並能依此對《老子》原典作恰當理解。當《老子》義理定位清晰後，《老子》本性論乃有可說。

一、方東美

袁保新先生說：

> 方先生強調『道』一方面是萬物之存在根據，而另一方面也是宇宙生發源源不絕之創造力，所有屬於形上之『道』之性德，也都可以在聖人之人格中體現，換言之，陳康先生所分析之「道」的異質性，在方先生的理解中，是可以取消的。令人遺憾的是，方先生如此重要的結論，並未以嚴格的論證方式鋪陳。〔註16〕

簡言之，方東美先生認為道是萬物存在之根據、宇宙創造之力量來源、道德價值之指導者；但此三義如何共處，尤其前兩義與第三義間屬異質存在，將何由融合；方先生似未意識到三者間之歧異性，以及同時存在之矛盾性，只籠統認定「道」同時具足此三義，故知方先生似尚未看到問題癥結所在，更遑論提出解決方案。

〔註15〕 當代老學詮釋，亦屬見仁見智而莫衷一是。舉其犖犖大者，如胡適、馮友蘭、徐復觀、方東美、錢穆、唐君毅、牟宗三、勞思光等諸位前輩先生，均對老子思想持一定見解，且作出相當貢獻，值吾人重視與參考。

〔註16〕 袁保新，〈老子形上思想之詮釋與重建（三）〉，《鵝湖月刊》期 112（1984 年 10 月），頁 50。陳康先生著作見 Chung-Hwan Chen，〈What does Lao-Tzu mean by the term "Tao"？〉，《清華學報》卷 4，期 2（1964 年 2 月），頁 150～161。〕文中所謂「陳康先生所分析的『道』的異質性」，乃指『存有原理』與『應然原理』，大致相應於本文所謂的『客觀實有之道』與『主觀體證之道』。

二、唐君毅

唐先生屬「客觀實有」型態之詮釋系統，謂「道具有多層義」〔註17〕，在此多層義中，唐先生又以「形上道體之道」一義為首出，以疏通其他義之道，亦即以客觀存有義之道，當成老子哲學始點，依此以解釋說明其他義理與存有義之道的關係〔註18〕，故袁保新先生指出，在唐先生系統中，老子之人生價值規範，是順「自然律之了解而建立」〔註19〕，亦即自然律優先於價值規範，是先有自然律，人透過直覺去瞭解此自然律，然後依自然律產生價值規範。問題是人間是否真有如此客觀存在之自然律，若有吾人真能透過「直覺」去把握它嗎？〔註20〕再者，自然律如何產生價值規範？此二者若相衝突宜如何解決？此等問題皆是唐先生必須說明而未說明者，對唐先生「客觀實有型態之老學觀」，高柏園先生認為「在理論上恐怕仍有商榷的餘地。」〔註21〕亦即唐先生之客觀實有型態之詮釋系統，實難統合老子義理成完整理論架構。

三、徐復觀

徐復觀先生：

> 老學的動機與目的，並不在於宇宙論的建立，而依然是由人生的要求，逐步向上面推求，推求到作為宇宙根源的處所，以作為人生安頓之地。因此，道家的宇宙論，可以說是他的人生哲學的副產物。〔註22〕

〔註17〕唐君毅先生道之六義：1.道指通貫萬物之普遍的、必然的律則、或根本原理。2.道乃形上實體，真實存在，且具有生物的真實作用。3.道即道相。這是就道體對照有形萬物所呈顯的各種面相。4.道即德，包括道體的「玄德」，以及一切人物所得於道體之「德」。5.道指修德之道及其他生活之道，包括修德積德之方、自處處人之術、政治軍事上治國用兵之道。6.道亦可以指事物的一種狀態。（見唐君毅，《中國哲學原論：導論篇》，頁368～384。）

〔註18〕唐君毅，《中國哲學原論·導論篇》，頁367。

〔註19〕袁保新，〈老子形上思想之詮釋與重建（四）〉，《鵝湖月刊》期113（1984年11月），頁52。

〔註20〕唐君毅，《中國哲學原論·導論篇》，頁369～370；唐先生最後以直覺為老子建立道體之依據。

〔註21〕高柏園，〈論唐君毅先生的老子學〉，《鵝湖月刊》期348（2004年6月），頁13。

〔註22〕徐復觀，《中國本性論史（先秦篇）》（台灣：商務印書館，1994年），頁325。

老子思想最大貢獻之一，在於對此自然性的天的生成、創造，提供
了新的、有系統的解釋。在這一解釋之下，中國才出現了由合理思
惟所構成的形上學的宇宙論。老子之道乃由現象界進而追求其所以
能成此現象之原因，所推度出來的。即是由有形推及無形，由形下
推及形上。所以老子『道』的觀念的成立，是通過精密思辨所得出
的結論。〔註23〕

按以上兩段徐先生論述顯有不一致；前段談「客觀實有義」與「主觀體證義」
之主從關係，認為「主觀體證之道」才是首出，「客觀實有義之道」是副產
品，因此應該由「主觀體證義之道」去收攝「客觀實有義之道」，將「客觀
實有義之道」統合於「主觀體證義之道」中。然而，後段論述似主從異位，
重在形上天之建構，並據此以解釋一切世間存在原理，「由形上學的宇宙論
以建立他的人生論」〔註24〕，故王邦雄先生曰：「仍是偏向宇宙論決定人生
論，而不是人生論體證宇宙論的進路。」〔註25〕袁保新先生亦曰：「這種模
稜態度，說明了徐先生並未清楚地意識到形上之『道』與實踐的價值之『道』
之間的分際。」〔註26〕更遑論解決「客觀實有義之道」與「主觀體證義之道」
間之矛盾性。

四、勞思光

　　勞思光先生認為《老子》之「道」乃一切經驗現象所依循之必然規律，
此統律一方面超越一切經驗現象，另一方面又內在於經驗事物中，成為範疇
萬物之形式力量。〔註27〕

　　按勞先生之「道」較屬存有學義，但存有學之道如何建立，它與「主觀
體證」間之關係為何，此種道如何過渡到道德價值，以及二者間若衝突如何
解決等，皆是問題，故袁保新先生曰：「在形上意義的『道』與具實踐價值意

〔註23〕見徐復觀，《中國本性論史（先秦篇）》，頁325～330。
〔註24〕徐復觀，《中國本性論史（先秦篇）》，頁325。
〔註25〕王邦雄，〈徐復觀詮釋老子理路的研討〉，《鵝湖月刊》期208（1992年10月），頁5。
〔註26〕袁保新，〈老子形上思想之詮釋與重建（四）〉，頁50。
〔註27〕勞思光云：「『道』即指萬有之規律，因規律本身非萬有之一，故謂『先天地生』。……但『道』本身雖非經驗事物，並非超離之存在，而為經驗世界恃之而形成之規律；故謂『周行而不殆』，又謂『可以為天下母』。」〔見勞思光，《中國哲學史》（一），頁157。〕

涵的『道』之間，勞思光先生並未提出明確的詮釋」〔註28〕；故對《老子》『道』之三義間之差異性與矛盾性，勞先生亦未有恰當疏通統合。

按以上諸家皆較傾向將「道」瞭解為「客觀實體義」之存在〔註29〕，如此路數較難統合「道之三義」的歧異；以下討論從主觀體證上論道之系統。

五、牟宗三

最後，論述牟宗三先生老學詮釋系統；牟先生採取「主觀體證」之詮釋進路。為解決《老子》文本中「存有義」、「宇宙論義」、「道德價值義」三義道之衝突矛盾關係，牟先生採取之方法為透過「主觀體證境界」來彌合三者間縫隙，進一步說，他是透過主體功夫修養，以言「主觀體證義之道」的建立，此最無問題；其次，他以「姿態說」說明「存有義之道」，他認為《老子》所說萬物總原理之「道」或「無」，表面看似為客觀實有，其實它之客觀實有性只是一姿態，是透過道德實踐後，所提煉顯發出之實有，並非指客觀真實存在。至於彌合「宇宙論義之道」，他以王弼「不生之生」〔註30〕來說「道」對宇宙萬物之生成作用，此種生不是客觀世界中創造之意涵，如上帝創造世界然，而是當主體透過道德實踐後，放下自我主觀想法等執著，對對象物放開一步，不以自己主觀意識去把持、執著、控制、主導，而讓一切存在物以他最合適方式展現，此為一種道德境界之創造生成。透過以上詮釋手法，牟先生將《老子》中道之三義彌合成統一之義理系統，以下稍引牟先生之文為說：

> 從無為再普遍化、抽象化而提煉成「無」。「無」首先當動詞看，它所否定的就是有依待、虛偽、造作、外在、形式的東西，而往上反顯出一個無為的境界來，這當然就要高一層。所以一開始，「無」不是個存有論的概念（ontologicalconcept），而是個實踐、生活上的觀念；這是個人生的問題，不是知解的形而上學之問題。〔註31〕

〔註28〕袁保新，〈老子形上思想之詮釋與重建（三）〉，頁49。

〔註29〕袁保新：「當代老學中，傾向於將『道』理解為形上實體之學者，為數頗眾，如錢穆先生，嚴靈峰先生，甚至徐復觀先生、勞思光先生、方東美先生亦有類似的趨向。」（袁保新，〈老子形上思想之詮釋與重建（三）〉，頁57）。

〔註30〕王弼注第十章「玄德」所說的「不塞其原，則物自生，何功之有？不禁其性，則物自濟，何為之恃？物自長足，不吾宰成，有德無主，非玄而何？凡言玄德，皆有德而不知其主，出乎幽冥。」〔見王弼等，《老子四種》（臺北：大安出版社，2006年），頁8。〕

〔註31〕牟宗三，《中國哲學十九講》（臺北：臺灣學生書局，1983年），頁89。

道家就是拿這個「無」做「本」、做「本體」，這個「無」就主觀方面講是一個境界型態的「無」，那就是說，它是一個作用層上的字眼，是主觀心境上的一個作用。把這主觀心境上的一個作用視作本，進一步視作本體，這便好像它是一個客觀的實有，它好像有「實有」的意義，要成為實有層上的一個本，成為有實有層意義的本體。其實這只是一個姿態。〔註32〕

「道生之」者，只是開其源，暢其流，讓物自生也。此是消極意義的生，故亦曰「無生之生」也。然則道之生萬物，既非柏拉圖之「造物主」之製造，亦非耶教之上帝之創造，且亦非儒家仁體之生化。總之，它不是一能生能造之實體。它只是不塞不禁，暢開萬物「自生自濟」之源之沖虛玄德。而沖虛玄德只是一種境界。……故表示「道生之」的那些宇宙論的語句，實非積極的宇宙論之語句，而乃是消極的，只表示一種靜觀之貌似的宇宙論語句。此種宇宙論之語句？吾名之曰「不著之宇宙論」。亦可曰「觀照之宇宙論」。〔註33〕

依上引牟宗三先生之說，牟先生以主觀境界來說《老子》「主觀體證義」、「存有義」、「宇宙論義」三義之道，頗能言之成理，前後一致而無齟齬，雖然不能由此證明此必為《老子》義理本義，最少較其他諸家更能統合道之三義，故較有可能為《老子》本真；至少至今為止，此為較接近《老子》義理之詮釋系統，高柏園先生說：「老子之道應以虛理為是，而此虛理又是經由生命境界通過修養與生活而呈現，則此老子道之義應較屬牟宗三先生所主張之主觀境界形態之立場」〔註34〕，本章對《老子》義理論述，便暫以此說為依歸。

六、結語

若依牟先生之論，《老子》義理旨在透過無為等功夫，將生命中負面成分加以消解，以達「聖人」理想境界；他關心主體生命之提昇，終達生命絕對圓滿，而非客觀世界存在之理或宇宙生化之道，客觀世界是如何生成演化，那些理論對生命圓滿並無濟於事，甚至是玩物喪志徒費心力，再者《老子》

〔註32〕牟宗三，《中國哲學十九講》，頁127。
〔註33〕牟宗三，《才性與玄理》（臺北：臺灣學生書局，1993年），頁162。
〔註34〕高柏園，〈論唐君毅先生的老子學〉，《鵝湖月刊》期348（2004年6月），頁15。

所言是否真為外在客觀世界之原理，亦大有問題。故知《老子》義理主軸當在探討生命實踐學，而非知解認識研究外在宇宙總原理之說；此為本章對《老子》義理總持之定位。

第三節　聖凡兩界之生命型態

依前所言，本論文以牟宗三先生之詮釋系統為宗，謂《老子》「道」並非外在客觀存在原理，而是就主觀體證境界言，他理想生命狀態是「聖人」、「太上」、「有道」、「善為道者」、「孔德之人」、「上德」、「善為士者」、「君子」、「大丈夫」、「上士」等；反之，若背離前者生命狀態便是「非道」、「不道」、「無德」、「眾人」、「俗人」等。前者是聖，後者是凡；「聖」是《老子》理想人格〔註35〕，「凡」則是世俗不圓滿生命；《老子》對此兩界有頗多論述。

一、凡

「凡」指不圓滿生命，是我們常人生命狀態。蓋《老子》以圓滿狀態為本然生命，故說「大道廢有仁義」（18）、「始制有名，名亦既有……」〔註36〕（32），此說明當吾人由絕對世界掉到相對世界，產生對立分別之心，使原來圓滿心靈成為二元分裂，即使知道有美善，亦是二元世界中之美善，而非絕對圓滿道體中之美善，故《老子》說天下「皆知美之為美斯不美已、皆知善之為善斯不善已」（2），吾人生活於二元對立世界中，有比較取捨；尤其主體意識不斷自見、自是、自伐、自矜，形成堅強之自我意識及強固之心靈執著，「心使氣曰強；物壯則老，謂之不道，不道早已。」（55）既以自我為中心，力道又強韌，那對自己與世界危害便嚴重。加以外境誘惑，五色、五音、五味、馳騁畋獵、難得之貨等（12）引誘生命馳逐，更讓心中慾望不斷增長，又因自制力薄弱，故只能隨順欲求滿足，形成「開其兌，濟其事，終身不救」（52），終致無法自拔地步，整天只知「服文采，帶利劍，厭飲食，財貨有餘」（53），此《老子》所謂「盜夸」；距本然生命非常遙遠，「非道也哉」！此為

〔註35〕《老子》書中出現「聖」字，共27章，33次，整整三分之一章節有「聖」字出現，且絕大部分與「聖人」連用，故可將「聖人」當成老子理想人格。

〔註36〕王弼注：「始制，謂樸散始為官長之時也。始制官長，不可不立名分以定尊卑，故始制有名也，過此以往將爭錐刀之末。」（王弼等，《老子四種》，頁28。）
河上公注：「有名之物，盡有情欲，判道離德，故身毀辱也。」（王弼等，《老子四種》，頁40。）

老子所看到人類生命之真實寫照，此為生命呈顯之第一種方式，為不圓滿生命型態，《老子》哲學便要將吾人從此心靈中拯救出來；由凡走向聖，由有限邁向無限，由非道趨向道。

二、聖

「聖」是《老子》理想生命型態，它與「凡」不同只在心態，若吾人依「道」而行便是聖，便回到生命本然狀態，便為生命追求之理想目標，故《老子》要吾人「貴食母」〔註37〕（20）、「被褐而懷玉」〔註38〕（70）、「惟道是從」（21）、「上士聞道，勤而行之」（44），要吾人守住「道」、懷抱「道」、依從「道」、實踐「道」，好讓吾人生命由凡入聖；此為《老子》標榜之生命理想。那「道」之內涵為何，以下說明之。

三、關於聖之內涵──「道」

若聖凡之別只在心中有無「道」，那「道」究竟為何物？「道」之意涵前於《老子》義理定位一節，已作初步論述，該節說明《老子》道包含多種意涵，最主要有三：「存有論義之道」、「宇宙論義之道」、「主觀體證義之道」。並謂若要疏通此三義使統整為一完整詮釋系統，惟牟宗三先生之詮釋系統乃辦。以下便依牟先生「主觀體證義之道」說明其內涵。牟宗三先生說：

> 「道」的內涵是什麼？《老子》第一章論及「無、有、玄」，此便是道的內涵，此中以「無」為首要，「無」在道家中是一個最重要的概念，道家就是拿這個「無」做「本」、做「本體」，這個「無」就主觀方面講是一個境界型態的「無」，那就是說，它是一個作用層上的字眼，是主觀心境上的一個作用。把這主觀心境上的一個作用視作本，進一步視作本體，這便好像它是一個客觀的實有，它好像有「實有」的意義，要成為實有層上的一個本，成為有實有層意義的本體。〔註39〕

〔註37〕王弼注：「食母，生之本也。人者皆棄生民之本，貴末飾之華，故曰，我獨欲異於人。」（王弼等，《老子四種》，頁 17）河上公注：「食用也，母道也。我獨貴用道也。」（王弼等，《老子四種》，頁 25）

〔註38〕王弼注：「被褐者，同其塵，懷玉者，寶其真也。」（王弼等，《老子四種》，頁 61）河上公：「被褐者，薄外；懷玉者，厚內。匿寶藏懷，不以示人也。」（王弼等，《老子四種》，頁 87）

〔註39〕牟宗三，《中國哲學十九講》，頁 127。

牟先生此處對「無」之意涵說得甚清晰，「無」原是動詞，它要無掉一切「有為」，當主體作用於對象時，常人會產生執著把持作意等有為心態，「無」或「無為」便要化除此有為心態，當主體一切固著化除盡淨，心上呈一虛靈不昧境界，此時可稱存有論之「無」、「有」、「玄」等；若人能體會此「無」之境界，依「無」生活，當下便是聖。

故知所謂「道」並非客觀標準或外在實體，乃是讓堅強自我意識隱沒，我執破除，不以己為中心，不再有分別心，能與對象產生平等觀，人我一體、視人若己，當主體獲得銷融，分別比較之心已除，便能由二元相對世界走入一元之絕對世界，此便是「聖」與「道」之內涵。

如此心境是超越言說，尤其對無此經驗者，更無法透過言語、概念傳達，故《老子》始終用意象式語言說明：「微妙玄通，深不可識」（16）、「惟恍惟惚、惚兮恍兮、恍兮惚兮、窈兮冥兮」（21）、「寂兮寥兮」（25）、「大道泛兮」（34）、「淡乎其無味，視之不足見，聽之不足聞」（35）；雖是幽渺恍惚，但並非不存在任何東西，其中「有象、有物、有精、有信」（21），它是「獨立而不改，周行而不殆」（25）、「用之不足既」（35）；它似虛而實有，似有而實虛，只因它屬超越現象之範疇，如人飲水冷暖自知，無法用二元對立下之觀念語詞去描繪說明。

唯《老子》為讓我們凡人可某種程度把握，亦嘗試用有限語言描述此無限心靈，如「致虛極，守靜篤。萬物並作，吾以觀復。」（16）說明要達此境之操作程序；「生而弗有，為而弗恃，功成而不居。」（2）說明主體銷融狀態，「道常無為而無不為。」說明心境無為但外相卻是無不為；「聖人不積，既以為人己愈有，既以與人己愈多。」（81）「天之道，損有餘而補不足。」（77），說明對眾生之慈憫心，此等皆為道在某一向度之呈顯樣貌。

第四節　是否本具皆具圓具「道」

依前文「何謂本性論」一目所述，本性論要問之命題有三：一為我是否「本具」成聖質素；二為是否人人「皆具」成聖質素；三為是否人人「圓具」成聖質素。前者說明我有，次說明主詞為全稱，末說明所具質素與聖者無異。

要確定《老子》對上列相關命題之主張，有以下諸法：一是老子親口所言，《老子》書中直接明白記載者，此為最堅實論據。其次，老子雖未曾言，但就《老子》義理言，可推出《老子》必如是主張，此雖不如前一證明之必

然確信，但其準確度仍相當高。再其次是透過《老子》相關近似言論，以說明《老子》可能如此主張，此種推論可信度稍低。最後，若無法透過正面論證找到答案，則改從反面看《老子》有無反對「本具」、「皆具」、「圓具」之論，若《老子》無反對表示，則最少可說《老子》不反對此論，但如此證明力又更弱。以上便是本論文將嘗試使用之論證方式。

前已言《老子》時代本性論尚未被清晰意識，故《老子》書中未有直接對本性立論之言，只能退而求其次，透過後三種考察法，以確定《老子》對本性主張。

一、吾人是否本具「道」──「本具」

對「本具」命題，本章採上列第二種論證方式考察，以弄清《老子》對此問題之主張。而要論證我人身上是否「本具」成聖質素（道），可從兩方面討論，一為成聖是否需向外求取；其次若不需向外求取，那是否需於我身上額外增加成分；若結論是成聖不需向外求取學習，且又無須在我身上增加任何成分，便可證明我身上本具成聖質素，則可說《老子》主張吾人本具成聖質素。

（一）成聖在方向上是內得而非外求

牟宗三先生認為《老子》四七、四八兩章〔註 40〕，為非常重要章節，它為世間學問劃出兩大類別，「《道德經》顯然把天下間之學問分成兩種：一種是「為學」；一種是『為道』。……老子在二千多年前春秋戰國之時代就有這麼清楚之觀念，嚴格區分兩種學問，這了不起。所以，《道德經》是經，開一個大學派。」〔註41〕

牟先生接著說明此兩類學問之差別：「方向不同，各自之領域、範圍就不同，範圍不一樣，方法也不一樣。『為學』是用『益』之方法；『為道』是用『損』之方法。『為學』、『為道』開始就是兩種不同的生活方向。」〔註42〕牟

〔註40〕 第 47 章：「不出戶，知天下；不窺牖，見天道。其出彌遠，其知彌少。是以聖人不行而知，不見而明，不為而成。」第 48 章：「為學日益，為道日損；損之又損，以至於無為；無為而無不為；取天下常以無事，及其有事，不足以取天下。」（王弼等，《老子四種》，頁 40～41。）

〔註41〕 牟宗三，〈老子《道德經》講演錄（十）〉，《鵝湖月刊》，期 343（2004 年 1 月），頁 1。

〔註42〕 牟宗三，〈老子《道德經》講演錄（十）〉，頁 3。

先生又說「為學」重在量上增加,「為道」重在質上提昇;此便是兩種不同方向與路數。

那如何為道?「為道」要「日損」,亦即無為。《老子》義理屬「為道」「日損」之路,要向內減少雜質欲求,而非向外求取增益,故《老子》要吾人「損之又損,以至于無為」(48),又說「絕學無憂」(20),此皆說明要阻絕向外之途,而回歸向內之路。〔註43〕

《老子》書中有甚多反對向外馳逐之論,他認為人心一向外追逐,便會造成慾望奔馳與不斷擴增,如此向外馳逐與擴大,將造成社會沈淪,牟先生說:「為什麼要損呢?『日益』是增加你之欲望,欲望太多,人不能有道。」〔註44〕且會危害個人與社會,《老子》說「五色令人目盲;五音令人耳聾;五味令人口爽;馳騁畋獵,令人心發狂;難得之貨,令人行妨。」(2)此皆為向外馳逐之後果,《老子》要走回返之路,從內下手,「不尚賢,使民不爭;不貴難得之貨,使民不為盜;不見可欲,使民心不亂。」(3)又說「是以聖人為腹不為目,故去彼取此。」(12)此為《老子》劃分內外兩途,說明向外為學之路,會讓生命走向狂飆迷失;惟有向內為道之路,方是正確生命提昇之道。

那若不向外求取知識學問,會否變成孤陋寡聞、無知愚蠢等狀況,《老子》曰:「行不言之教,萬物作焉而不辭,生而不有,為而不恃。」(2)王弼注:「智慧自備,為則偽也。」王弼說明人本具智慧,因日損是損去慾望習氣貪執等,反能讓本具智慧顯現,故不致有無知之虞。又《老子》四十七章說:「不出戶,知天下;不窺牖,見天道。其出彌遠,其知彌少。是以聖人不行而知,不見而明,不為而成。」十四章:「執古之道,以御今之有。能知古始,是謂道紀。」當然此兩處之知見,皆指道德知見,屬張載所謂「德性之知」而非「見聞之知」〔註45〕,屬「道德價值」知識,亦即「道」之內容;故知《老

〔註43〕其實,老子的「無」與「無為」並非「否定」而當是「超越」,是作用義的無,而非存有義的無,故「無為」是無掉有為之心,而非消極不作為;《老子》所謂「無為而無不為」(48)者是,因此,不走向外之路,並非否定外在知識技能,而是求取道德之真知後,以無為之心從事各種人間事業;聖與不聖是心靈品質高低問題,與外在知識技能多寡無關,故為聖不需向外求取,只需向內從心上著實下功夫,便能抵於聖之理想境地。

〔註44〕牟宗三,〈老子《道德經》講演錄(十)〉,頁6。

〔註45〕張載:「見聞之知,乃物交而知,非德性所知。德性所知,不萌于見聞。」〔黃宗羲,〈橫渠學案‧大心篇第七〉,《宋元學案》(臺北:河洛出版社,1975年),頁37。〕

子》為道之路，所損是生命雜質，當雜染去除盡淨，本然道德之知即顯現，便能無所不知。故牟宗三先生曰：

> 無知而又無不知，此無知之知即智的直覺之知，即泯化一切而一無
> 所有之道心之寂照，即寂即照，寂照為一。在道心底寂照下，一切
> 皆在其自己，如其為一自在物而一起朗照而朗現之。〔註46〕

故知《老子》「為道」之法並非向外求取，甚至若向外馳逐，反造成慾望之多與大，而產生社會人心沈淪；《老子》「為道」之法是向內探取，目的在獲得生命本然真知，一旦體證本然真知，便無所不知無所不能。既然為道是向內而非向外，可確定吾人生命已然本具「道」之成分。

（二）成聖在方法上是消解而非增益

接著探討所謂向內之路，是在心靈上增加新成分，或只消除干擾道顯現之負面質素。若是前者則人性中未必有「道」，若是後者則人性中本具「道」。

《老子》義理特色是銷解、是無為、是自然〔註47〕、是放開、是自由；他反對有為、作意、把持、干預等，就此性格言，《老子》不會在心上增加本然沒有之成分，因那不自然，違背《老子》主旨本義；他一切功夫都在去除有為；尤其對凡人很強之自我意識、慾望、觀念、習氣等心理負面元素，《老子》主張要使用：虛、弱、無、絕、棄、去、靜、后、外、除、止等功夫，目的是將一切有為、執著、欲求等加以鬆脫、放開、釋放、解銷、根除，以讓心靈回復本來面目。

此種「無」牟宗三先生稱為作用義的無，而非存有義的無，它是無掉「有為」負累〔註48〕，是除病不除法，經由無之功夫，以展現一種心靈主觀境界，如此境界便是「道」；故「道」不僅非向外求取，且非經由心靈上增加東西而

〔註46〕牟宗三：《智的直覺與中國哲學》（臺北：台灣商務印書館，1987年），頁204。

〔註47〕牟宗三：「道家所說『自然』是 spritual，是通過修行而達到的一個最高的境界。王弼注道法自然曰：『法自然者，在方而法方，在圓而法圓，於自然無所違也。自然者，無稱之言，窮極之辭也。』（見牟宗三，〈老子《道德經》講演錄（五）〉，《鵝湖月刊》期338（2003年8月），頁14。

〔註48〕牟宗三先生：「道家不是不讓你看，它是教你不要把你的心靈陷在這個看的方向上。它要無的是那些限定在一方向上的限定性。那些限定性從最低層說是感性，再往上是心理的情緒（喜、怒、哀、樂），生物本能（趨利避害），意底牢結，這些都是道家所要無的範圍。散開都是那個『有』。這些『有』的限定性都要化掉；無掉就是化掉了。（見牟宗三，〈老子《道德經》講演錄（八）〉，《鵝湖月刊》期341（2003年11月），頁12。

獲得，乃是將心中雜質，如有為、執著、觀念等去除盡淨，「道」便自然顯現，故牟先生稱為「主觀的境界型態」，此種「無」不是沒有，是透過「無」之功夫，所顯現心之空靈境界。以下引《老子》原文為說：

> 是以聖人後其身而身先；外其身而身存。（7）

> 致虛極，守靜篤。萬物並作，吾以觀復。（16）

> 是以聖人之治，虛其心，實其腹，弱其志，強其骨。常使民無知無欲。（3）

> 滌除玄覽，能無疵乎？愛民治國，能無知乎？天門開闔，能無雌乎？明白四達，能無為乎？（10）

> 絕聖棄智，民利百倍；絕仁棄義，民復孝慈；絕巧棄利，盜賊無有。（19）

以上五則都在說明此種「無」之消解功夫，首章用「後」與「外」說明吾人宜銷解放下對身體之執著，當吾人放下對身體執著，才能真正擁有身體，才是道境底下之身體；「後」與「外」並非否定義之不要，而是超越義之去除執著，人一旦放下對身體千金重擔之執著，便能體現大道之真實存在，所以道是透過否定以顯現；亦即「道」本然具足我身，只因吾人有各種執著才讓大道無法展現，一旦人透過消解功夫，「大道」便再度彰顯。

上引第二章說明「虛」、「靜」兩大功夫，河上公注：「得道之人，捐情去欲，五內清淨，至於虛極也。」〔註49〕「虛」與「實」相對，意指使之空無，仍是指銷解各種心中雜質言，如河上公所謂「情」與「欲」等，讓這些雜質不要作主當道，當雜質徹底放下消除，「道」便能彰顯出來。「靜」則是指讓心靈沈澱，好讓自己看清事實真相，讓非本質存在自然不起作用，故仍是銷解之路，目的是透過負面之銷解，以去除「道」呈顯之不利條件，屆時「道」便會完全朗顯；故知此二功夫之運用，皆說明「道」本具我心，我心本具成聖質素。

上引第三章說明「虛其心，實其腹，弱其志，強其骨」之旨意，河上公謂「虛其心」為「除嗜欲，去亂煩」；「弱其志」為「和柔謙讓，不處權也。」〔註50〕「虛」與「弱」同樣在說明銷解降低減弱生命負面質素之義，雜染去

〔註49〕王弼等，《老子四種》，頁19。
〔註50〕王弼等，《老子四種》，頁4～5。

除「道」就自然顯現，而《老子》說「實其腹、強其骨」，此為不實之實、不強之強，因若是有為作意之強實，便又是一種雜染，便會讓「道」再度隱沒不現，此種「強、實」是虛說之功夫，而且《老子》書並未談及「強、實」之法，《老子》只談解銷雜染以使「道」呈顯，未談透過正面功夫施用以讓「道」呈顯，故知此處「強、實」當是虛說之強實；亦即透過虛心與弱志，以使「腹」與「骨」自然強實，腹與骨強實，便是道之顯現；故「道」為人心內本質。

上引第四章說明「滌除玄覽」，所謂「滌除玄覽」是滌除雜染而達到玄覽之意。〔註51〕意指去除各種負面雜質，以呈顯道之玄覽心境，接著《老子》繼續說明「無為」、「無雌」、「無知」等，也都指去除各種有為，讓心境無所干擾，那在「愛國治民、天門開闔、明白四達」等向度，便能使「道」顯現；所以「道」是透過去除有為之病，自然呈顯本來心境，故「道」為吾人生命內在本質當無疑義。

上引第五段談「絕聖棄智」、「絕仁棄義」、「絕巧棄利」功夫，河上公注：「絕聖制作，反初守元，……棄智慧，反無為。」〔註52〕這些功夫強調「絕」與「棄」，仍非存有義之否定，而是指作用義之保存〔註53〕；「絕」、「棄」是去除負面之執著有為與作意，透過此種無之功夫，才能讓真正之道或真正之仁義、聖智、巧利等展現出來，亦即生命本然狀態之展現，故「道」不僅不是向外求取而來，亦非強加成分於心上所達致之狀態，乃是病除而「道」現。

更進一步說，豈止是仁義、聖智、巧利等如此，人間一切作為，無論是行住坐臥、砍柴挑水，只要去除雜染，當下便是「道」顯現；亦不只此等中性行為如此，甚至人間各類「貪嗔痴」事為，若能去除心中有為執染，亦無

〔註51〕牟宗三：「『滌除玄覽』是滌除而達到玄覽的意思。王弼註：『玄，物之極也，言能滌除邪飾，至於極覽。能不以物介其明疵之其神乎？則終與玄同也。』」（見〈老子《道德經》講演錄（九）〉，《鵝湖月刊》期342（2003年12月），頁2。）河上公注：「當洗其心，使潔靜也。心居玄冥之處，覽知萬事，故謂之玄覽也。」（見王弼等，《老子四種》，頁11。）
〔註52〕王弼等，《老子四種》，頁22。
〔註53〕牟宗三：「『如何』的問題屬於什麼問題呢？『是什麼』的問題屬於什麼問題呢？這個『如何』的問題屬於工夫上的問題。『是什麼』的問題屬於存有的問題，涉及存有。道家沒有存有的問題，只有體現上的問題，體現就是工夫上的問題。所以，它說這個『絕』是工夫上的『絕』，不是存有上的『絕』。」（〈老子《道德經》講演錄（十）〉，頁9。）

一事一物非道；只要將執著雜染之心去除盡淨，此世界便是淨土理想國，當下所顯現者便無一物非道。故知「道」是生命本然內建之程式，不呈顯只因受干擾所致，若將此干擾因素排除，「道」便如實展現，此所以謂《老子》主張人性本具成聖質素。

二、是否人人皆具「道」──「皆具」

要知道《老子》是否主張人人皆具成聖質素，一是由《老子》直接論述而得知，但前已言《老子》時代「本性論」尚未發達，《老子》不可能有此等論述；故只能依《老子》相關論述去推論，以證明《老子》是否主張人人「皆具」成聖質素。因此，吾人必須回到《老子》文本中找答案，看《老子》有無間接論述每人本質皆善，若《老子》有如此論述，即使《老子》未言人人皆具成聖質素，我們仍可說《老子》主張人人「皆具」成聖質素。此外則是經由消極面來談，看看《老子》有無反對「人人皆具」之論，如此亦某種程度可說《老子》不反對此論。

（一）透過間接資料之論證

下引《老子》相關章節說明之：

1. 故立天子，置三公，雖有拱璧以先駟馬，不如坐進此道。（62）

此句話之主詞當是指任何人，因任何人理論上都有可能「立天子，置三公」，此等人既然「不如坐進此道」，故透過此章可知《老子》認定人人皆具成聖質素；不然，《老子》就不會說「不如坐進此道」；因若非人人可成聖，則即使坐進此道亦枉然，故知《老子》當是肯定人人皆可成聖，亦即人人都具成聖質素。

2. 吾言甚易知，甚易行；天下莫能知，莫能行。（70）

王弼注：「可不出戶窺牖而知，故曰，甚易知也。無為而成，故曰甚易行也。」〔註54〕此語與孔子所謂「我欲仁，斯人至矣」〔註55〕，頗為神似，說明為道之易；易知易行表示要知道行道皆非難事，倘非人人有此本質而須向外求取，則成聖便無必然性，便不能稱為易；易是就直捷簡易說，不就功夫難易說；因此，《老子》此言當隱含人人本具成聖之質素。

〔註54〕王弼等，《老子四種》，頁60。
〔註55〕朱熹，《四書章句集注》（臺北：大安出版社，1994年），頁134。

3. 大道甚夷，而民好徑。（53）

王弼注：「言大道蕩然正平，而民猶尚舍之而不由」，河上公注：「夷，平易也。」〔註56〕此章與前章同義，皆在說明為道簡易，既是簡易則當是人人本具，否則何來簡易。

4. 人法地，地法天，天法道，道法自然。（25）

不管此處之地、天、道、自然作何解，但人宜法地天道自然則為不易之說，此處之「人」當是總稱，亦即一切人而未作任何限定，且似乎承認最後皆能法自然，若據此而論，則人人本具成聖質素，當為《老子》所肯定。

因《老子》未對人性內涵之存在提出直接說明，加以《老子》八十一章五千言之數量有限，要確定我本具成聖質素，尚屬較易；若要證明人人皆具成聖質素，因屬較深理論要求，故難度亦較高，僅能就《老子》相關論述，以推敲其對此論題之看法；經由上文推論，雖無法完全確定《老子》必如是主張，最少可說《老子》有此傾向。

（二）經由消極面不反對而說

1. 《老子》未直言有人不具成聖質素

今本《老子》並不存在有論及非人人可成聖者，比較有嫌疑者有二章：

一是「上士聞道，勤而行之；中士聞道，若存若亡；下士聞道，大笑之。不笑不足以為道。」（41）王弼注：「上士聞道，勤而行之；有志也。」河上公注：「上士聞道，自勤苦竭力而行之。」〔註57〕王弼與河上公皆認為上士與中下士之別，只在有志向有毅力，其他部分則無不同，亦即並非因唯上士方具成聖質素。故本章意在說明人與人有根器不同，有些根器可聞道而實踐之，有些根器則鄙而笑之；此指實踐上之難易，非根本之能不能入道；即使實踐有困難，仍不能否定人性上具成聖本質，此二者分屬兩層面並不相衝突。再者，根器有上中下之別，此只是某一特定時空下之事實，也許經由若干時日或空間因素改變，今之下士仍可變成他日之上士而易於入道；故不能據此論述而謂《老子》認為有些人根本不能入道，或謂某些人不具成聖本質。

另一章是「從事于道者，同于道；德者，同于德；失者，同于失。同于道者，道亦樂得之；同于德者，德亦樂得之；同于失者，失亦樂得之。（23）」

〔註56〕王弼等，《老子四種》，頁46、65。
〔註57〕王弼等，《老子四種》，頁36、52。

王邦雄先生謂：「此主體修證，自有其功夫深淺之不同，也有境界層次之分異」〔註58〕，此仍不能謂某些人根本不能入道，他之原理與上章相同，只說明根器有不同，或功夫使用有深淺，致有些人「同于失者」而無法入道，並非本質之不能入。

除上引二章之文稍有嫌疑外，其他《老子》文本，並無否定人人可成聖之主張，故可消極地證明《老子》似乎不反對人人皆具成聖質素。

2. 《老子》論成聖功夫與成效時未作限定

上文（一）之 2 中論及透過銷解之路，可讓本然之「道」呈顯，上文共引五章以說明《老子》使用無、虛、靜、絕等功夫，以化除心中雜染，當雜染化除盡淨，道便自然彰顯出來。在此等論及銷解功夫之五章中，《老子》本文並未有任何限定詞，例如，只有某些人使用此一系列功夫，方有如是反應，另某些人便無此反應；故經由《老子》在說明此等功夫時，未設下條件限制，故知當是所有人一體適用，既然所有人使用銷解功夫皆會讓道呈顯，故是人人皆本具成聖質素。

由前文推論可知：《老子》當是相當程度確定「人人皆具成聖質素」，最少可消極地說《老子》不反對此論。

三、是否人人圓具「道」──「圓具」

最後則是說明《老子》有關「人人所具之本質與聖人無二無別」之論述，亦即「圓具」問題，按此項重點在談論：是否我們每人都能達絕對圓滿之聖，無論是過去聖者、未來聖者，我們皆可與之並肩而坐，一鼻孔呼吸，他們所知不比吾人多，吾等所能不比他們少；此論點又較前者更深邃，屬更高級理論系統要求者，《老子》書中並無直接文字說明，因此仍需透過其餘方法考察。

較為有效之考察法是透過《老子》義理推論，若《老子》所述聖人境界有等級，且《老子》所舉之人經由功夫施用，皆可達聖人境界之最高等級，則可說人人「圓具」成聖質素。唯《老子》對聖人境界只約略概括描述，未作精密嚴格之等級劃分，且《老子》並未舉出足夠歸納之範例，以說明此等人皆已或將抵於最圓滿之聖。故要透過義理推論以確定《老子》對「圓具」之主張，似亦不可能。

於是仍只能經由《老子》間接之論，以言《老子》可能如是主張；以及

〔註58〕王邦雄，《老子的哲學》（臺北：東大圖書有限公司，1991 年），頁 127。

從消極面看《老子》是否有反對之論，若無則可說《老子》似不反對此論。

（一）經由間接之論說明

《老子》中論及經由功夫施用而達聖人境界之處甚多，此等論述不敢言必是《老子》所認定之最高境界，但至少為《老子》認為較理想之生命狀態，《老子》在作此等論述時，當泛指所有人，亦即所有人皆可達此等聖者境界，據此便可說《老子》相當程度認為人人「圓具」成聖質素。如：

1. 致虛極，守靜篤；萬物並作，吾以觀復。……全乃天，天乃道，道乃久，沒身不殆。（16）

此章說明透過「致虛極，守靜篤」功夫，可達「觀復」、「天」、「道」、「久」、「沒身不殆」等境界，且主詞未做限定，則當指所有人經由功夫努力皆可入聖人之境，故當是人人圓具成聖本質。

2. 載營魄抱一，能無離乎？專氣致柔，能如嬰兒乎？滌除玄覽，能無疵乎？愛國治民，能無為乎？天門開闔，能無雌乎？明白四達，能無知乎？（10）

3. 修之于身，其德乃真；修之于家，其德乃餘；修之于鄉，其德乃長；修之于邦，其德乃豐；修之于天下，其德乃普。（54）

以上兩章為對修道者或有心向道者之期許，期許他們達到聖者生命境界；首章說明六種檢定標準〔註59〕，檢定自己是否皆已達致；若都已達致便屬理想聖人，對所有修道與向道者，皆作如此期許，便說明所有人皆可達此境，亦即所有人皆圓具成聖質素。次章說明道德必往外擴展，由身、家、鄉、邦而天下，此為聖者生命之理想展現，亦是所有生命本具之質素，《老子》似謂生命最後皆可達此理想狀態，此便意味所有生命圓具成聖質素。

（二）經由消極面之說明

此一推論過程類似「皆具」之推論法。首先，《老子》本文並無正面否定「圓具」之論述，亦即沒有直接說明「有人不具圓滿成聖質素」之章句，因此可消極地說《老子》似不反對人人圓具成聖質素。雖然，當《老子》指點

〔註59〕這涉及六方面的問題包括：身體魂魄合離、身體氣息運行、身體心靈修持、功成身退、身體感官應對、身體智慧開啟等面向。〔見鄭志明，〈彰顯生命體道的工夫境界〉，《老子》的醫療觀，《鵝湖月刊》期 357（2005 年 3 月），頁 35。〕

各種功夫實踐所達之境界，會有階位層次之不同，但那只是眾生根器差異、方法得力與否、用功久暫不同、時節因緣等因素所造成，絕非本質差異；故可由此消極地證明《老子》未反對人人「圓具」成聖質素。

第五節　結論

　　「本性論」在生命實踐學上是一重要論題，它關係到一個道德學說能否圓滿建立；凡屬深邃義理系統，必皆肯定人人生具皆具圓具成聖本質，人要達致生命圓滿才不需向外求取、要成就生命圓滿乃為天經地義者；就中國主流哲學之儒釋道三家言，儒釋兩家皆曾明言人具生命圓滿質素，唯獨道家對此未作明確論述，即使近世學者對《老子》義理已有精當研究成果，但對《老子》本性論仍付諸闕如，未有專門論述，故本章對道家始祖《老子》進行探究，以弄清《老子》對本性問題之看法。

　　本章首先對《老子》義理進行定位，確定牟宗三先生「主觀體證境界」之詮釋系統，是理解《老子》較正確之路數，亦即將《老子》立論繫屬生命實踐學範疇；《老子》書中探討「道德價值」者，固屬生命實踐學，《老子》論及「存有論」、「宇宙論」者，仍是依「主觀體證境界」而論，故仍是生命實踐學系統。立基於此一立場以看《老子》，則《老子》義理是一完整統一而無所齟齬之義理架構；唯有如此詮釋《老子》──一方面是義理之統一完整，一方面是義理屬生命實踐學，本章乃有立論基礎。

　　本章既依牟先生「主觀體證境界說」以理解《老子》，那《老子》所要達致之生命理想為何？現實人間之生活景況為何？二者差異性何在？本章以為《老子》理想人物為聖人，現實世間則為凡人，凡聖之別在道與不道，若遠離道便是凡，一旦擁有道當下便是聖；故「道」是聖凡樞紐；那道是什麼？道並非外在客觀存在物，而是主觀心靈境界，是生命無掉主體執著、放下各種欲求、觀念、習氣等，所達致徹底無為之心境。

　　「本性論」便在探討吾人是否本具此聖之心境（道），它主要探討三個命題：我人是否「本具」成聖質素、是否人人「皆具」成聖質素、是否人人「圓具」成聖質素。「老子本性論」便在探討《老子》對以上三命題之看法，透過現存《老子》文本去找論據，以論述《老子》對此等問題之看法。

　　唯《老子》時代「本性論」尚未萌芽，《老子》未自覺地論析，但此並非表示《老子》未曾處理此一問題，故知《老子》中雖未有「性」字或與之相

類詞語之出現，但《老子》義理中仍隱含對「本性」之諸多認定。因《老子》未明言，而此一問題又異常重要，故本章便在八十一章五千言之《老子》中去釐析考索，以求得出《老子》對本性論之切確看法。

在「本性論」三命題中，我人是否「本具」成聖質素，此為最初階之本性論主張，要透過《老子》義理推論證明其成立，較為容易可行，其論證可靠性最高，本章所得之答案是《老子》相當肯定「本具」之主張。

其次，是否人人「皆具」成聖質素，此乃較難由《老子》立論直接證明者，本章以為：《老子》有頗為類似之立論，最少《老子》並沒反對人人「皆具」成聖質素之文辭，故可說《老子》似肯定人人「皆具」成聖質素，最少可說《老子》不反對此論。

最後，關於是否人人「圓具」成聖質素，此乃最難證明者，無法透過《老子》直接論述或義理推論以為證明。只有透過《老子》間接論述以推論，而知《老子》相當程度認定人人圓具成聖質素；若從消極面言，則《老子》並無反對此說之論，如是而已。

經由以上探索得知：若「本性論」為通俗義，指我人具有成聖本質──「善」或「道」並非外鑠於我者，則儒釋道三家哲人，殆皆共同承認。唯若進一步要求嚴格意義之本性論──包括「皆具」與「圓具」，則就《老子》言，實無法透過邏輯推論而得證明，僅能透過《老子》相關近似間接之說，得知《老子》當是相當程度認定此主張，或從消極面言，《老子》未有反對之論，此乃本章探究之結果。

徵引文獻

一、古籍

1. 王弼等，《老子四種》，臺北：大安出版社，2006 年。
2. 黃宗羲，《宋元學案》，臺北：河洛出版社，1975 年。

二、近人論著

1. 嚴靈峰，《老莊研究》，臺北：中華書局，1966 年。
2. 方東美，《中國哲學之精神及其發展》，臺北：成均出版社，1983 年。
3. 牟宗三，《中國哲學十九講》，臺北：臺灣學生書局，1983 年。
4. 唐君毅，《中國哲學原論·導論篇》，臺北：學生書局，1984 年。

5. 牟宗三，《智的直覺與中國哲學》，臺北：台灣商務印書館，1987 年。

6. 牟宗三，《心體與性體》（一），臺北：正中書局，1992 年。

7. 牟宗三，《才性與玄理》，臺北：臺灣學生書局，民國 1993。

8. 陳鼓應，《老莊新論》，臺北：五南出版社，1993 年。

9. 徐復觀，《中國本性論史（先秦篇)》，台灣：商務印書館，1994 年。

三、論文

1. Chung-HwanChen，〈WhatdoesLao-Tzumeanbytheterm"Tao"？〉，《清華學報》卷 4，期 2，1964 年 2 月。

2. 袁保新，〈老子形上思想之詮釋與重建（三)〉，《鵝湖月刊》期 112，1984 年 10 月。

3. 袁保新，〈老子形上思想之詮釋與重建（四)〉，《鵝湖月刊》期 113，1984 年 11 月。

5. 王邦雄，〈徐復觀詮釋老子理路的研討〉，《鵝湖月刊》期 208，1992 年 10 月。

6. 郭沂，〈從道論到心性之學──老子哲學之建立〉，《哲學與文化》期 275，1997 年 4 月。

7. 陳德和，〈略論老子的年代與思想──對劉笑敢《老子》的幾點質疑〉，《鵝湖學誌》期 22，1999 年 6 月。

8. 牟宗三，〈老子《道德經》講演錄（五)〉，《鵝湖月刊》期 338，2003 年 8 月。

9. 牟宗三，〈老子《道德經》講演錄（八)〉，《鵝湖月刊》期 341，2003 年 11 月。

10. 牟宗三，〈老子《道德經》講演錄（十)〉，《鵝湖月刊》期 343，2004 年 1 月。

11. 高柏園，〈論唐君毅先生的老子學〉，《鵝湖月刊》期 348，2004 年 6 月。

12. 許宗興，〈孟子性善論解析〉，《華梵人文學報》期 4，2005 年 1 月。

13. 鄭志明，〈彰顯生命體道的工夫境界，《老子》的醫療觀〉，《鵝湖月刊》期 357，2005 年 3 月。

14. 許宗興，〈「中國實踐哲學」的範疇論〉，《華梵人文學報》期 8，2007 年 1 月。

附註：本章曾以〈老子本性論探究〉之名，
發表於《臺北大學中文學報》期 4，2008 年 3 月。

第八章　莊子(上)——莊子本性論研究法芻議

摘要

　　本章旨在探討「研究莊子本性論」之方法；歷來學者對莊子本性論之探究方法，主要有兩路：一是以外雜篇之「性」為莊子論性之內容，此以唐君毅先生為代表；一是以內篇之「德」為莊子論性之內容，此以徐復觀先生為代表；經本章考查結果，發現此兩路都有論證上瑕疵。

　　於是本章提出「前理論期研究法」與「範疇學研究法」，前者是指在本性論尚未發達前的哲人，他們對本性論之看法雖未以「性」等概念表達，但會將對本性之認定體會等，自然流露於其言談著作中，透過紬繹此等資料，便能條理出該哲人對本性之看法。後者是利用生命實踐哲學四向度七範疇之有機關連性，透過本性論以外諸範疇之內涵論定，便可間接推論出該哲人對本性之看法。

　　本章以為透過以上兩法之運用，似能對研究莊子本性論有所助益，也較能探究出莊子本性論之真實意涵。

　　關鍵詞：莊子本性論、方法論、前理論期研究法、範疇學研究法

前言

　　「本性論」是生命實踐學重要課題，中國哲學主流三大家中之儒佛兩家，對本性為善有較直接明白之昭示，而道家《老子》《莊子》對本性論，則無直

接明白說明；甚至《老子》書無性字出現，《莊子》書雖出現「性」字，但都在外雜篇中——一般學者以為較確定屬莊子手筆之內七篇，仍無性字存在；故道家老莊對本性之看法實有必要加以探研。余既對《老子》本性論作過探討〔註1〕，今再對《莊子》本性論作探析；而要探討《莊子》本性論前，需先對探究《莊子》本性之方法論提出說明。

若要提出探究《莊子》本性之方法論，宜先將前人對《莊子》本性之研究法提出反省，再據前人方法斟酌損益而提出更為確當之研究法。故本章先對歷來學者探究《莊子》本性之方法作反省，並說明此等方法論之限制，最後則提出本章新方法論。

本章提出兩個研究法：一是「前理論期研究法」，另一為「中國哲學範疇學研究法」。〔註2〕因前者本人已於〈孔子本性論研究法芻議〉〔註3〕中作說明，故本章將僅作要點提示；後者是本章之新研究法，故會作較詳盡論述。經本章新方法論之提出，期望能對《莊子》本性論做出嶄新貢獻，此本章述作旨意。

第一節　前人研究法檢視

唐君毅先生說：「道家之《老子》書中雖有關連於人性之思想，而未嘗環繞於性之一名而論之。……《莊子》內篇之論道，實皆人生之道。……而罕直就其與『人性』之關係以為論。」〔註4〕此說明道家的《老子》與代表《莊子》主要思想的內七篇，皆無「性」之論述；故知要探討《莊子》本性論可有兩法：一是說明內外雜篇義理的一致性，然後以外雜篇之「性」作為《莊子》本性論內容〔註5〕；另一是在內七篇中找一等同「性」概念之字詞，然後

〔註1〕該文為〈《老子》本性論研究〉，發表於《臺北大學中文學報》期4（2008年3月），頁103～134。

〔註2〕見許宗典，〈「中國實踐哲學」的範疇論〉，《華梵人文學報》期8（2007年1月），頁53～88。

〔註3〕拙作〈孔子本性論研究法芻議〉，發表於高雄師範大學國文系《國文學報》期8，頁215～240。關於「前理論期研究法」，此文有較詳盡之論述。

〔註4〕唐君毅，《中國哲學原論·原性篇》（臺北：學生書局，1989年），頁51。

〔註5〕如李漢相，〈關於莊子心性論〉，《鵝湖》期363（2005年9月），頁20～24；高瑋謙，〈莊子外雜篇之人性論〉，《鵝湖》期193（1991年7月），頁56～62；萬勇華，〈莊子人性論探析〉，《重慶社會科學》期141（2006年9月），頁37～41；羅堯，〈莊子心性論發微〉，《中國哲學史》期4（2001年4月），頁52～57；張中全，〈莊子的性美論〉，《江漢大學學報》期1（2001年），頁61～65等是主要著作。

分析歸納其意涵。〔註6〕當然亦可將此兩路合併說明，謂內篇某概念，實等同外雜篇之性，然後說《莊子》全書「性」意涵之一致性；歷來探討本性論者略盡於此二路數中。

一、以外雜篇性論為莊子本性論者

歷來探討《莊子》本性論者，主要是據外雜篇中論性文字歸納得之；但外雜篇之義理或性論，是否等同於內篇則未作詳細考論；故本章重新探討此二者義理之同異問題，分兩單元說明，一為解析外雜篇之「性」與內篇義理是否一致；二是舉歷來主要學者意見，以瞭解內篇與外雜篇義理是否一致。

（一）解析〈駢姆〉、〈馬蹄〉之性，說明外雜篇與內篇義理不合

《莊子》外雜篇言性凡 86 見；唐先生歸納其旨為「性不可易」（天運）而總目標在「復性命之情」。然因外雜篇非一人一時一派思想，故此等論性之言：「散見各篇，而不成統類，亦偶自相出入。然細察之，亦大體可通，合以見此道家型之人性論。」〔註7〕唐先生蓋謂外雜篇論性文字，「散見各篇」，此點對外雜篇之性可否代表《莊子》本性論並無大礙；但謂此等論性之文「不成統類」，則說明外雜篇論性內涵，不具義理系統性與一致性；最後「偶自相出入」更為嚴重，說明此論性文字彼此衝突矛盾；故此等論性文字須強力解釋乃能「大體互通」；甚至唐先生以為透過此等論性文字所呈顯者未必是《莊子》本性論，只是道家型的人性論。雖然如此，唐先生仍據外雜篇論性文字以之為《莊子》本性論內容。

唐先生探究外雜篇論性文字後，得出結論為《莊子》將「性」概念與「神」概念結合，此為其論性最大特色：「《莊子》單言神，則指人不思慮、不預謀、能隨感而應，變化無方，以與物直接相遇之人心之功能，初不只屬於聖人與神人，而亦人所共有者。……神明亦實不外直指人能與變化無方之物相遇，而不以思慮預謀之概念名言，加以間隔之一高級之心知，兼為性之表現。」〔註8〕

簡言之，唐先生是用內七篇《莊子》理想生命狀態，或說《莊子》透過心齋、坐忘、齊物等功夫所達致之聖人境界，以詮釋外雜篇之「性」，雖勉強

〔註6〕主要為徐復觀，《中國人性論史》（臺北：商務印書館，1994 年）中對莊子本性之論點。
〔註7〕唐君毅，《中國哲學原論・原性篇》，頁 52。
〔註8〕唐君毅，《中國哲學原論・原性篇》，頁 64～65。

可通，但唐先生仍發現有明顯與《莊子》內七篇義理齟齬者：

> 《莊子》所謂復其性命之情者，其生活狀態畢竟如何？是否上文所謂「若愚若昏」……只宅心於「不形」、「無端」、「遊心萬物之始終」之無萬物處。……或者人必反於〈馬蹄〉篇所謂上古「至德之世，其行填填，其視顛顛，……同乎無知，……同乎無欲」之「素樸」，「民居不知所為，行不知所之」之「含哺而熙，鼓腹而遊」之原始生活，乃為復性命之情乎？若果如前者，則復性命之情者，實應歸於一耳無聞、目無見、而一無所為，只念念在渾沌之真，而與之終身不離者然後可。此則與《莊子》言無為而又無不為之言，明相矛盾。若果為後者，則唯在上古至德之世之民，乃可言不失性。……故吾人對《莊子》所言，必須謀一善解。〔註9〕

此為唐先生依內篇之說以解外雜篇論「性」文字，所得出明顯矛盾者兩例，一為《莊子》所期望達致之境界，不該是「若愚若昏」與物無感不動之頑空狀態；二為《莊子》理想世界不該是原始時代之生活樣貌。唐先生以為《莊子》內篇必不如此主張，故唐先生認為此處「不得不謀一善解」，唯「謀一善解」畢竟只是唐先生一己之詮釋，而未必為外雜篇之原始本意。以下請以唐先生所舉〈馬蹄〉之說，再旁以〈駢拇〉之意，說明唐先生所提問題之真實存在，亦以此說明外雜篇論性與內篇義理明顯不一致；從而說明據外雜篇論性文字，無法充當《莊子》本性論內容。

1.〈駢拇〉論性討論

「性」在《莊子》外雜篇包括篇名凡 86 見，其中外篇 70 見最多，外篇除〈至樂〉、〈知北遊〉外皆有「性」字，而以〈駢拇〉18 見最多。故今以〈駢拇〉與唐先生所舉〈馬蹄〉為依據，說明《莊子》外雜篇「性」字與《莊子》內篇思想不類。

（1）彼正正者，不失其性命之情。故合者不為駢，而枝者不為跂；長者不為有餘，短者不為不足。

此章說明〈駢拇〉作者理想世界為：無論「駢」、「枝」、「長」、「短」，只要天生本然者便為有價值，皆不宜改變之。此處「天生本然」可理解為「道」、「生命本質」、「天性」等，所謂「義理之性」；亦可理解為各存在物天生不同

〔註9〕唐君毅，《中國哲學原論·原性篇》，頁61。

材質等，所謂「氣性」。若為前者則眾人所同，若屬後者則人各差異。郭象注：「物各任性，乃正正也」〔註10〕；成玄英疏：「以枝望合，乃謂合為駢，而合實非駢；以合望枝，乃謂枝為跂，而枝實非跂。」〔註11〕說明物各有性而性各不同，無論「駢」、「枝」都是性，都不宜比較排斥，更不宜作改變。

既然物各有其性，如「駢」、「枝」之不同，故知此性必非人所同的「義理之性」。足見〈駢姆〉作者所謂「性」，必非內七篇「道」、「德」之義。

（2）故性長非所斷，性短非所續，無所去憂也。

此處「性」既有長短之別，則當屬「氣性」無疑；其次，性可「斷」可「續」可改變，則為氣性益明；此種「性」當指出生便存在之先天材質，〈駢姆〉作者認為只要天生者便最有價值，若後天修整改造便破壞此價值，故宜拒絕後天各種改變。《郭注》：「各自有正，不可以此正彼而損益之」〔註12〕，郭象蓋謂每物皆有天生材質，此為「正」，不可另立標準而損益改變此「正」。《成疏》以為鳧與鶴「雖復脩短不同，而形體各足稱事，咸得逍遙。而惑者方欲截鶴之長、續鳧之短以為齊，深乖造化，違失本性，所以憂悲」〔註13〕。意謂天生各有性，鳧與鶴之脛長短各不同，此便是鳧與鶴之性，對此先天材質之性若能安之便會逍遙，若妄圖透過後天人為方式以改變先天自然材質，〈駢姆〉作者謂為不當之舉。

此章「性」既有長短之別、性可被改變、性如鳧與鶴脛之長短等；則知此性必指「氣性」，因「天性」無長短之別，所有存在物皆同；天性是生命本質永不變異，只有隱顯而無變易；鳧與鶴脛之長短，蓋屬氣性而非天性，天性乃指內在本質而非外在材質形貌。

（3）且夫待鉤繩規矩而正者，是削其性也；待繩約膠漆而固者，是侵其德者也。

此章說明此「性」之價值無上，不能以任何理由妄圖改變，《成疏》：「夫物賴鉤繩規矩而後曲直方圓也，此非天性也；人待教跡而後仁義者，非真性也。」〔註14〕簡言之，一切後天人為者皆背離「性」，皆該禁絕；即使透過後

〔註10〕郭慶藩輯，《莊子集釋》（臺北：河洛出版社，1974年），頁317。為求簡明，後文郭象注，以「《郭注》」代之。
〔註11〕郭慶藩輯，《莊子集釋》，頁317。為求簡明，後文成玄英疏，以「《成疏》」代之。
〔註12〕郭慶藩輯，《莊子集釋》，頁318。
〔註13〕郭慶藩輯，《莊子集釋》，頁318。
〔註14〕郭慶藩輯，《莊子集釋》，頁321。

天加工可讓此存在物更美善，仍是「削性侵德」亦宜阻絕之；此乃「氣性至上論」主張。此或為挽救當時過度鼓吹人為、重視虛仁假義之弊，但卻矯枉過正而激烈主張一切先天存在都屬美善，一切後天人為改變皆為不宜。

若〈駢姆〉作者用語無誤，則可被「削侵」者，必是氣性而非天性；蓋天性是生命本質，永不受損磨滅，絕不會被「削侵」，更遑論被削侵成功。

（4）自虞氏招仁義以撓天下也，天下莫不奔命於仁義；是非以仁義易其性與？

前章只概括說明任何改變「性」皆屬不當，本章則說明以仁義改變人心之錯誤。〈駢姆〉作者認為仁義非人本性，它屬後天人為，若人追求仁義便是放棄本性而奔命於人為，並謂鼓吹仁義之始作俑者為虞舜，他讓天下蒼生背離本性，以仁義擾亂天下之民。故《郭注》：「雖虞氏無易之情，而天下之性固以易矣。」〔註15〕《成疏》：「由是觀之，豈非用仁義聖跡撓亂天下，使天下蒼生，棄本逐末而改其天性耶？」〔註16〕

〈駢姆〉作者蓋謂「性」與「仁義」屬同層次，故「性」可被易（替換）而消失，並另轉成新內容之「仁義」；依此說法「性」必是「氣性」，若天性必不會被「易」，它頂多被暫時淹沒覆蓋但不致消失，〈駢姆〉作者所謂之「仁義」亦無法取代此天性；由此觀之，〈駢姆〉作者似只反對以後天人為方式改變先天質性，尤深惡痛絕世俗所謂之「仁義」爾。

（5）枝於仁者，擢德塞性以收名聲，使天下簧鼓以奉不及之法，非乎？

此章說明為何不能以仁義易其性，蓋存在物各有其性，有人天生為仁義之性，則順此仁義之性而行便逍遙，如曾史；有人天生缺乏仁義之性，故不順仁義而行乃逍遙，如桀跖。此兩種「性」之存在狀況皆須尊重，不宜將之調整改變而以曾史之性易桀跖之性。〈駢姆〉作者對曾史之撻伐便在其簧鼓天下而以仁義為正，致天下人皆爭歸道德仁義而失其性；即使能得仁義，而此時之仁義亦為後天之偽而非天生材質。《郭注》：「夫曾史性長於仁耳，而性不長者橫復慕之，慕之而仁，仁已偽矣。天下未嘗慕桀跖而必慕曾史，則曾史之簧鼓天下，使失其真性，甚於桀跖也。」〔註17〕王先謙：「枝於仁者，謂標舉仁義，如枝生一指。曾、史性優於仁義，而性不長者爭慕之，天下喧攘，

〔註15〕郭慶藩輯，《莊子集釋》，頁324。
〔註16〕郭慶藩輯，《莊子集釋》，頁324。
〔註17〕郭慶藩輯，《莊子集釋》，頁315。

如簧如鼓，以奉不能及之法式也。」〔註18〕此說明仁義價值並非較高，不能要求天下人走向仁義；生命中最高價值是保有天生材質，有人天生材質在仁義，有人天生材質背離仁義，凡此皆須護衛而不使失其性，因失性是負面價值中最嚴重者。

此章既說明人各有性，有人具仁義之性，有人無仁義之性，此乃氣性說法，且持價值中立，其距《莊子》本性論不可以道里計。蓋天性人人皆同，且真天性並非〈駢姆〉作者所謂「仁義」或「不仁義」，當是超越仁義與不仁義。關於本章較正確說法當是氣性上屬仁義者，宜調適上遂而歸於聖道；氣性不屬仁義者，其距聖道更遠，宜透過教誨使入於仁義，再由仁義而入聖道；〈駢姆〉作者將天性與「仁義」、「不仁義」並列，則其所謂性顯非天性可知。

> （6）且夫屬其性乎仁義者，雖通如曾、史，非吾所謂臧也；屬其性於五味，雖通如俞兒，非吾所謂臧也；屬其性乎五聲，雖通如師曠，非吾所謂聰也；屬其性乎五色，雖通如離朱，非吾所謂明也。吾所謂臧者，非所謂仁義之謂也，臧於其德而已矣；吾所謂臧者，非所謂仁義之謂也，任其性命之情而已矣。

此章順前意說明殘生損性，不只限於標舉仁義而已，任何以後天人為方式改變先天材質能力者皆屬之。蓋〈駢姆〉作者認為最高價值所在乃「任性命之情」，而所謂「任性命之情」順前文之說，乃指順人先天氣性而不加增損改變。即使將先天之性而以後天方式增強之，仍為不許；若性在仁義，那透過後天人為方式強化之，而成就曾史德行等，皆是悖離性之最高價值；同理，對味覺、視覺、聽覺等具先天才性能力者，若以後天人為方式增強之，使成為該領域頂尖人物，如俞兒、師曠、離朱等，仍屬改變先天之「性」而為不許，《成疏》：「係我天性，學彼仁義，雖通達聖跡，如曾參史魚，乖於本性，故非論生之所善也。」〔註19〕故知〈駢姆〉作者是嚴格「氣性至上論者」，人只能順天生氣性生活，不能妄加改變，包括人格特質、才華能力等；唯順性命之情，乃是價值之最高者。

此章說明人之「性」各有差別，包括仁義、味覺、視覺、聽覺之性各不相同，這些範疇之類別不同且強度亦差，此皆就氣性言；若天性則每人皆同，且絕對圓滿而無強弱之別。天性可就隱顯說而不能就多少論，更無增強說；

〔註18〕王先謙，《莊子集解》（臺北：三民書局，1999年），頁50。
〔註19〕郭慶藩輯，《莊子集釋》，頁327。

因天性屬聖凡同具之絕對圓滿者。

（7）若其殘生損性，則盜跖亦伯夷已，又惡取君子小人於其間哉！

此章說明只要「殘生害性」，無論增減損益，改變為好或壞，皆悖離最高價值者。《郭注》：「天下皆以不殘為善，今均於殘生，則雖所殉不同，不足復計也。夫生奚為殘，性奚為易哉？……堯桀將均於自得，君子小人奚辨哉！」〔註20〕天生是堯或桀、伯夷或盜跖、君子或小人皆無妨，順此先天本性便是；若透過後天改變，使桀變堯、盜跖變伯夷、小人變君子，皆是「殘生損性」之不當行為。

〈駢姆〉似為對當時假道學之強烈反動，且對當時過度人為化作激烈批判；認為一切後天人為之改造其病皆大，唯回歸單純本初生命狀態人間社會乃得安寧。此思想與《莊子》內篇義理有嚴重落差，《莊子》逍遙、齊物、坐忘、心齋不如是也。

就生命實踐教理言，善惡有別，君子小人有價值高低；桀與堯、盜跖與伯夷之生命階位為天壤之別；「道」超越善惡，但絕非善惡不分；不能說桀與堯、盜跖與伯夷、君子與小人都「殘生損性」，便謂其無所差別；一為負面價值，一為正面價值，一為絕對價值，三者間就生命實踐學言區別朗然；雖相對仁義非絕對價值，但不能說行仁義與為惡之徒相等；〈駢姆〉作者似不明此中分際，他對「性」定位有問題，且採價值相對論之說，不認為道德有高低之別，於是但依自己價值系統規定「順天生材質者」便是最高價值，悖離「天生材質者」便是最嚴重之惡；不管悖離天生材質後為君子或為小人，都屬相同之惡；若此理解不誤，則〈駢姆〉作者距《莊子》義理將不可以道里計。

2. 〈馬蹄〉論性討論

以下再以〈馬蹄〉說明《莊子》外雜篇之「性」，殆與內七篇義理不協，其所謂「性」仍當指「存在物天生之材質」，絕非《莊子》內篇所謂「道」、「德」等義。〈馬蹄〉：

（1）馬，蹄可以踐霜雪，毛可以御風寒。齕草飲水，翹足而陸，此馬之真性也。

此說明所謂馬之「性」，是指天生原始未經後天改造前狀態，特指基本才能，如以蹄踐霜雪，用毛御風寒，吃草飲水，舉足跳躍等，此為馬先天未

────────────

〔註20〕郭慶藩輯，《莊子集釋》，頁326。

經修飾整飭前本能。《成疏》：「夫蹄踐霜雪，毛禦風寒，飢即齕草，渴即飲水，逸豫適性，即舉足而跳躑，求稟乎造物，故真性豈願羈縻皁棧而為服養之乎！況萬有參差，咸資素分，安排任性，各得逍遙，不矜不企，即生涯可保。」〔註21〕成玄英亦就天生本有才性說明之，並說明此先天才性各不相同，只要各任其性，便是逍遙；駑驥性各不同，不矜不企，便是各成其性。《郭注》所謂：「駑驥各適於身而足。」〔註22〕此謂無論駑驥，各有才性，能力皆別，但將自己才性展現便是自足，便是盡性。

由〈馬蹄〉作者所舉：蹄踐霜雪，毛禦風寒，飢即齕草，渴即飲水，舉足跳躑；與郭象、成玄英注疏，謂性各不同；則知此處所謂性仍指氣性言，謂各存在物天生不同材質而非謂天性。

（2）及至伯樂，曰：「我善治馬。」燒之，剔之，刻之，雒之。連之以羈縻，編之以皁棧，馬之死者十二三矣；飢之，渴之，馳之，驟之，整之，齊之，前有橛飾之患，而後有鞭筴之威，而馬之死者已過半矣！陶者曰：「我善治埴。圓者中規，方者中矩。」匠人曰：「我善治木。」曲者中鉤，直者應繩。夫埴木之性，豈欲中規矩鉤繩哉？然且世世稱之曰：「伯樂善治馬，而陶匠善治埴木。」此亦治天下者之過也。

經由此章將更確定〈馬蹄〉所謂「性」確指先天材質，它是存在物天生原始材質而未經後天人為改造者；此章說明只要經後天人為改變，無論改變結果為好或壞皆背離性而為負面價值。如伯樂、陶、匠等，雖精巧而有濟人民生活改善，但〈馬蹄〉作者皆批判而以為治天下者之過，謂為造成天下淪落之禍首。《郭注》：「世以任自然而不加巧者為不善於治也，揉曲為直，厲駑習驥，能為規矩以矯拂其性，使死而後已，乃謂之善治也，不亦過乎！」〔註23〕此謂世俗所謂治是指矯性增能，如伯樂陶匠者，雖能成就世俗功用，但嚴重違背「性」之最高價值所在，故是不智之舉，是治天下者之過。由此可知〈馬蹄〉與〈駢拇〉作者，同屬激烈「氣性至上論」者，皆反對一切後天人為改變，認為天生原始自然者乃為最有價值者。

此處謂存在物之性各不同、性可被改變增長、且會被改變成功；此等立

〔註21〕郭慶藩輯，《莊子集釋》，頁 330～331。
〔註22〕郭慶藩輯，《莊子集釋》，頁 330。
〔註23〕郭慶藩輯，《莊子集釋》，頁 334。

論皆氣性論主張而非天性論看法。

（3）故至德之世，其行填填，其視顛顛。當是時也，山無蹊隧，澤無舟
梁；萬物群生，連屬其鄉；禽獸成群，草木遂長。是故禽獸可係羈
而游，鳥鵲之巢可攀援而闚。夫至德之世，同與禽獸居，族與萬物
並。惡乎知君子小人哉！同乎無知，其德不離；同乎無欲，是謂素
樸。素樸而民性得矣。及至聖人，蹩躠為仁，踶跂為義，而天下始
疑矣。澶漫為樂，摘辟為禮，而天下始分矣。……夫赫胥氏之時，
民居不知所為，行不知所之，含哺而熙，鼓腹而游。民能以此矣！
及至聖人，屈折禮樂以匡天下之形，縣跂仁義以慰天下之心，而民
乃始踶跂好知，爭歸於利，不可止也。此亦聖人之過也。

此章說明「性」未受增損改變之時代與聖人以仁義教導人民之世界如何
不同。按〈馬蹄〉所述略同原始時代，人各憑本能生活，沒知識文化干擾，
與大自然之草木鳥獸和諧共處，屬素樸原味之洪荒時代。《成疏》：「含哺而熙
戲，與嬰兒而不殊；鼓腹而遨遊，將童子而無別。此至淳之世，民能如此也。」
〔註24〕及聖人出而行人文化成，提倡道德仁義，經營文化建設，作各種後天
人為改造，致原始天真素樸質性日漸消失，此種作為雖帶來人間秩序，但也
產生不少副作用；〈馬蹄〉作者以為人間各種痛苦根源實皆肇因「性」被改變，
而罪魁禍首便是推行仁義之聖人，故主回復原初素樸時代，以期離開現實苦
楚。

據此〈馬蹄〉所謂「性」，指存在物天生未受後天人為改變前狀態，當屬
氣性無疑；〈馬蹄〉如此立論，唐君毅先生亦以為背離內七篇義理：

若果為後者，則唯在上古至德之世之民，乃可言不失其性。今與昔
既異世，今人將永無復其性命之情之望矣。則《莊子》所說為真人
至人者如魯之兀者王駘之類何以亦見於春秋戰國之世？故吾人對
《莊子》所言，必另某一善解。〔註25〕

唐先生以為〈馬蹄〉如此詮釋「性」，與內篇義理明顯不協；但他相信〈馬蹄〉
與內七篇為同一作者，至少義理具統一性。但又覺〈馬蹄〉之說不妥，他舉
〈德充符〉王駘為例，說明未必在原始時代乃能全其性；即使春秋戰國之人，
如兀者王駘之類皆能不失其性。

〔註24〕郭慶藩輯，《莊子集釋》，頁341。
〔註25〕唐君毅，《中國哲學原論・原性篇》，頁61。

　　按真正至德之世必不等同原始洪荒時代，當說「至德之世」與外境無關，否則便是有待而受限制，那聖人便不能無處無時不逍遙；故「任性命之情」當就主體內在本質之展現言，若能將主體天性完全展現，便是「任性命之情」，便無處無時不美善，無處無時非人間樂土；至於外境是古或今、中或外、文明或古老，皆所不問。〈馬蹄〉說法或對當時文明禍害之反動，對過度重視人為之批判，但此義理卻明顯悖離《莊子》內篇本真。

　　以上說明〈駢拇〉、〈馬蹄〉所謂「性」，殆皆指存在物天生原始材質；如鳧脛短；鶴脛長；馬飢齕草、渴飲水、舉足跳踯；埴木各自天生材質；人天生材質亦有不同強度之仁義，有君子小人之性，另對視覺、味覺、聽覺也有天生材質不同；此為二篇作者所謂之「性」。對此種「性」二篇作者皆認為可改變、會被改變、有些甚至改變成功；若改變成功將使原初材質消失，取代為新才能狀態。對這種改變，二篇作者態度皆相同，認為原初材質狀態是最有價值者，故反對任何後天人為改變，包括增強、減弱、取代、變更，只要讓原初材質變樣便不好，即使由小人變君子，由盜跖變伯夷；由無能力變有能力，由少能力變大能力；即使改變能帶來人間美善，仍為二篇作者所極力反對。至於理想世界，〈馬蹄〉作者提出至德之世，謂此種天生材質未被改變前之世界，是人間最美好時代，此時人依天生本能生活，與鳥獸草木為伴，簡單素樸無憂無惱；相對理想世界則為現實人間，那是「性」漸被改變增益，包括世俗所謂的正面價值如孔子、曾史、伯樂、陶匠、君子、伯夷、虞舜、聖人、俞兒、師曠、離朱等，以及負面的價值如盜跖、桀、小人等，皆是殘生害性，將性作整飭改變，此會造成人民有知求利之心，社會離開純樸而歸於亂之後果，故二篇作者極力反對。

　　以下綜合〈駢拇〉、〈馬蹄〉論性，說明其為氣性而非天性之理由：
1. 此性有各人之差異性，而天性當是人人皆同。
2. 此性可以被改變削侵，而天性永不會被改變。
3. 此性可以被改變成功，而天性不會消失磨滅。
4. 此性以鳧鶴之脛為例，而天性非指形體長短。
5. 此性與仁義屬同層次，而天性當是超越仁義。
6. 味視聽覺屬相對材質，而天性是指絕對本質。
7. 桀堯盜跖伯夷無差別，而天性當區別其不同。
8. 馬性踐霜御寒屬材質，而天性言人道德本質。

9. 治馬與治埴木悖其性，而天性治馬埴木皆可。

10. 至德之世在原始洪荒，而天性每一時空皆可。

由上列舉〈駢拇〉、〈馬蹄〉所謂「性」必指「氣性」而非天性，且其內涵限人天生未受後天人為改變前狀態，此大悖內七篇義理；其所謂性，無法代表《莊子》內篇之說；若欲以外雜篇論性等同內七篇而為《莊子》本性論，實有差池。若要探究《莊子》本性論，不宜以外雜篇性論為依據。

（二）據歷來學者說，外雜篇與內篇作者有別

下引歷來學者對外雜篇與內篇作者不同之說，以證成透過外雜篇對「性」之歸納分析所得不能套在內篇中。唯此部份歷來學者所論甚多，且都已發表成文，本章將不作詳論，僅作扼要引述以見一斑：

對外雜篇作者，歷來有三種切入點：一就是否為莊子所作以論真假；二就同屬道家而論親疏；三就同屬莊學而論源流。透過此三切入點將可看出內七篇與外雜篇之三種關係，但無論哪一關係，都共同承認二者非等同關係。崔大華：

> 《莊子》真偽的傳統理解，一般是認為《莊子》內篇為莊子手筆，是真；外雜篇多為後人所撰，是偽。晚近學者不再從這種狹隘的、作者是否為莊子的真偽意義上，而是從一種比較寬泛的、是何種學派的思想的「歸屬」意義上來區分《莊子》內篇與外雜篇。在這個意義上，有兩個相近而又有所區別的觀點：《莊子》是先秦道家思想匯集與《莊子》是先秦莊子學派著作匯集。〔註26〕

崔先生此處所述便是理解內篇與外雜篇關係的三種切入點與由之而得的三種看法：第一種說明內篇為莊子所作，外雜篇非莊子所作，故二者有明顯差異；第二種說明二者同屬道家，但道家有很多派別，不同派別便有不同主張，外雜篇雖有與內篇同屬一派別者，但數量不多，故知大部分都屬與莊子不同派別之義理系統；第三種說明內篇與外雜篇都屬莊學，但內篇是源頭，外雜篇是流衍，雖有起承關係，但仍非同一內涵。以下分別說明之：

1. 內篇與外雜篇的真偽關係說

此立基「莊子本人所作為真，非莊子本人所作為偽」之立場；此為傳統學者對《莊子》作者態度；唯歷來對此問題並無絕對答案，每位學者各有不

〔註26〕崔大華，《莊學研究》（臺北：文史哲出版社，1999年），頁71。

同判語。而對外雜篇懷疑而切確提出論證最早者為宋蘇軾〔註27〕，其後懷疑成風，幾乎所有外雜篇都有人懷疑，以下列數大家說：

（1）王船山：外篇非莊子之書，蓋為莊子之學者，欲引伸之，而見之弗逮，求肖而不能也，以內篇觀之，則灼然辨矣。……故其可與內篇相發明者，十之一二，而淺薄虛囂之說，雜出而厭觀；蓋非出一人之手，乃學莊者雜集以成書。其間若〈駢拇〉、〈馬蹄〉、〈胠篋〉、〈天道〉、〈繕性〉、〈至樂〉諸篇，尤為惆劣。〔註28〕

（2）胡適：其中內篇，大致都可信；但也有後人加入的話。外篇和雜篇便更靠不住了。〔註29〕

（3）徐復觀：至於外篇雜篇則有的仍係出於莊子之手，有的則係其學徒對莊子思想之解說、發揮，及平生故事的紀錄；而其學徒之繼承，將當久遠，故其中編入有秦統一以後的材料。〔註30〕

（4）黃錦鋐：《莊子》一書，除內篇外，其餘各篇，即使有與莊子思想共同的地方，也是出於弟子們的紀錄，或是莊子學派後人的傳述，決不是莊子本人的著作。〔註31〕

（5）武內義雄：蓋內篇乃編莊周近古之資料；莊周學說，略盡於此。外篇當是含有莊周後學，及關係於莊子其他學派之著作，其說有祖述內篇，又有與內篇矛盾者，而其文有與內篇重複者。至於雜篇，據筅子內言外言雜言之區別，及晏子春秋雜篇之例而推測之當是雜取短章軼事成篇者。〔註32〕

（6）陳品卿：以余之見，內篇為莊子自著而其中亦有後人摻雜之文字，吾人應視之為「莊子思想」。外雜篇，或為莊子弟子所作；

〔註27〕 蘇軾，〈莊子祠堂記〉：「余嘗疑〈盜跖〉、〈漁父〉則真詆孔子者，至於〈讓王〉、〈說劍〉，皆淺陋而不入於道。」〔見：蘇軾，《蘇東坡全集》上冊（臺北：世界書局，1964年），頁355～356〕。
〔註28〕 王船山，《莊子解》卷8（臺北：河洛圖書出版社，1974年），頁76。
〔註29〕 胡適，《中國古代哲學史》卷2（臺北：臺灣商務印書館，1961年），頁109。
〔註30〕 徐復觀，《中國人性論史（先秦篇）》，頁361。
〔註31〕 黃錦鋐，《新譯莊子讀本》（臺北：三民書局，2007年），頁46。
〔註32〕 是段文末曰：「本段意見據武內義雄莊子考而敘述」，見張成秋，《莊子篇目考》（臺北：臺灣中華書局，1971年），頁26。

或為後世學莊子者推演莊義；或為後人所增補；或為後人所誤
竄。〔註33〕

內篇是莊子本人思想，外篇為其徒或後學作品，歷來學者已從思想內容、名
物制度、文體風格做出考證。〔註34〕亦即二者義理思想不盡一致，甚至王船
山以為外雜篇可發揮內篇思想者僅十之一二，其他多淺薄虛囂之說，而〈駢
拇〉、〈馬蹄〉、〈胠篋〉、〈天道〉、〈繕性〉、〈至樂〉諸篇，更是帽劣。因此若
探討莊子本性論而以外雜篇思想為據，似有推論上謬誤。

2. 內篇與外雜篇流派關係說

此乃將《莊子》當為道家學派論著之總集，然後據義理思想分為若干流
派，內七篇是一派別，外雜篇則可分為非常多派別；因此若外雜篇與內篇屬
同派別者，當然可據以說明內篇義理，若二者屬不同派別者，便無法取以說
明其義理。提出此說最早者為羅根澤，其後張恒壽在其基礎上，根據思想內
容、名物制度、文體風格等，作更細緻分類。〔註35〕

（1）羅根澤主要根據思想內容，將外雜篇分為十二類：道家左派、
右派、道家隱逸派、激烈派、莊子派、老莊混合派、神仙派、
縱橫家等所作。羅氏又根據篇中出現的名物制度，認為多數篇
章作於戰國末年或秦末漢初，最晚下限到西漢武帝時期。〔註36〕

（2）張恒壽則實際把傳統用來辨別外雜篇真偽的思想內容、名物制
度、文體風格三個標準，推廣用來考察《莊子》內外雜篇的各
章，從而確定它們各自的思想歸屬和時代先後。其結論綜合起
來是：第一，各篇章分別所屬時代為戰國中期（莊子時代）、
戰國末期、秦漢之際、漢初。第二，各篇章分別所屬思想派別
有：道家左派、道家右派、宋尹派、莊子派、神仙派、隱逸派、
戰國策士、儒家。〔註37〕

〔註33〕陳品卿，《莊學新探》（臺北：文史哲出版社，1991年），頁28。
〔註34〕此等資料可參見顧頡剛，《古史辨》；張心澂，《偽書通考》；張成秋，《莊子篇目
考》；陳品卿《莊學新探》；葉國慶，《莊子研究》；崔大華，《莊學研究》等書。
〔註35〕其後又有劉笑敢的三派說，參見劉笑敢，《莊子哲學及其演變》（北京：中國社
會科學出版社，1987年）：「莊子後學三派的人性論是基本一致的，黃老派和無
君派繼承了述莊派的基本觀點，在某些方面還有更為明顯的闡發。」，頁276。
〔註36〕羅根澤，〈莊子外雜篇探源〉，《諸子考索》（臺北：泰順書局），頁282～312。
〔註37〕張恒壽，《莊子新探》（中國：湖北人民出版社，1983年），頁122～315。

內篇與外雜篇若依流派說，則各篇分屬道家不同流派，且著作時代是由戰國中到漢初之長時間，則用外雜篇去推論內篇便有諸多困難，首先必區隔哪些是莊子派，哪些非莊子派，不能以全部外雜篇作為論證依據，否則所得結論便屬無效；再者，是否真能精確考證出哪一篇哪一章屬哪派，實亦有問題。目前亦無研究莊子本性論者採此方法；絕大部分研究莊子本性論者，皆以全部外雜篇為單位，故見其方法論之不嚴密。

3. 內篇與外雜篇源流關係說

此說明內篇與外雜篇具緊密關係，內篇是整部《莊子》源頭，外雜篇是依據這源頭往下開展，因此二者具相當一致性，持此看法者有：

（1）梁啟超：《莊子》一書內篇是莊周所作，外篇乃後人註解莊周之書。〔註38〕

（2）黃錦鋐：《莊子》外雜篇的文字，後人一致的意見，都認為不是出於一人的手筆。但卻是重要的莊學論文集，也是從《莊子》到《淮南子》之間的道家思想的橋樑。〔註39〕

（3）崔大華：莊子本人的思想是源，是中心，其撰作在先；《莊子》後學的思想是流，是發展，其述作在後。《莊子》內篇與外雜篇雖然不是絕對的，但大體上能和這種源與流、先與後的情況成對應關係。〔註40〕

只是將《莊子》思想作開展者不一而足、時代亦異，這些後學是否能完全掌握《莊子》本意，便是問題，故崔大華說：「《莊子》外雜篇中超出內篇核心思想之外的思想觀念，是《莊子》後學在其他家思想影響下變異了、發展了的莊子思想，是莊學之流。由《莊子》內篇到外雜篇構成莊子學派在先秦的歷史發展，表現為在理論內容上向莊子核心思想以外的範圍擴展和吸收儒法思想的折衷傾向。」〔註41〕站在這樣觀點，雖某種程度可說外雜篇是莊子思想的延伸，透過外篇研究結論，可相當程度說明內篇義理。但畢竟二者屬不同作者與時代；且很難確定哪些是莊子本意，哪些是後學發展，因此，

〔註38〕梁啟超，《古書真偽及其年代》（臺北：中華書局，1978年），頁28。
〔註39〕黃錦鋐，《新譯莊子讀本》，頁20～21。
〔註40〕崔大華，《莊學研究》，頁84。
〔註41〕崔大華，《莊學研究》，頁87。

若站在嚴格學術立場，仍無法依據外雜篇之流，以說明內篇之源。故不能以外雜篇性論當為莊子本性論內容。

二、以內篇之「德」為莊子本性者

歷來探討《莊子》本性論者，除前文所述以外雜篇之性論為《莊子》本性論外，尚有透過內七篇之「德」，以之為《莊子》本性論內容者。此研究法最先提出者為徐復觀先生，其後甚多學者從之；本章此處將考察此一方法學能否成立。

此方法論要成立需有兩前提，一是內七篇為莊子手筆；二是內七篇之「德」等同「性」概念；若此兩前提成立，則可說內七篇之「德」是《莊子》本性論之內涵；以下分別說明之。

（一）內七篇是否為莊子作品

此問題仍是長期爭論不休者，歷來有關著作亦多，此處僅據學者研究成果作簡要列舉。按歷來懷疑內七篇非莊子所作，有以為全部都可疑者〔註42〕，有以為僅少數之篇可疑者〔註43〕，又有以為僅少數章節可疑者〔註44〕。不過絕大部分學者相信內七篇為莊子作品，下引數位近世學者之見。

1. 胡適：其中內篇，大致都可信；但也有後人加入的話。〔註45〕
2. 徐復觀：內七篇蓋出於傳承之舊。……內篇文體之深厚奧折，瑰奇變化，則內七篇不能不承認其係出於莊子本人之手。〔註46〕
3. 王邦雄：一般而言，內七篇文采哲理並佳，大致可信，代表莊子之思想者，

〔註42〕近人所舉懷疑內七篇之事證，黃錦鋐先生曾歸納有五項：一、《史記》並未提到內七篇為莊子作；二、荀子批評莊子蔽於天而不知人，《史記》說莊子剽剝儒墨，都與內七篇無關；三、內七篇取名是以義名篇，在時代上當較晚出；四、《莊子》分內外在漢代，漢代依與圖讖有關者內，故內七篇當晚；五、內七篇從篇名到內容，都有漢代神學特色，故當成於漢代。對此五點黃錦鋐先生皆一一破之，見黃錦鋐，《新譯莊子讀本》，頁15～18。
〔註43〕主要為葉國慶懷疑〈人間世〉非莊子手筆，葉氏依據體裁不類、意義不連貫、思想不類、抄襲等理由判定為贗品〔見葉國慶，《莊子研究》（臺北：臺灣商務印書館，1973年），頁22～24〕。
〔註44〕此等處學者所論最多，因莊子篇章分合，起於漢代而盛於魏晉，今本並非原始樣貌，故章節必有移易；每於前後意義不連貫，或名物用詞不合時代，稱謂不合身份等，學者便對該章起疑。
〔註45〕胡適，《中國古代哲學史》卷2，頁109。
〔註46〕徐復觀，《中國人性論史（先秦篇）》，頁358、361。

當以內七篇為主。〔註47〕

4. 黃錦鋐：大多數學者都認為《莊子》內七篇是莊子的作品。……這些意見，自羅勉道以來，一線相承，沒有異議，即使疑古如錢玄同，辨偽像顧頡剛，也沒有說內篇不見（是）莊子的作品。雖然內七篇中，也有後人摻雜片段進去的文字這大概是可以肯定的。〔註48〕

5. 張成秋：古今學者多認內篇為漆園所自著而外雜篇則出自其徒之手筆。〔註49〕

6. 陳品卿：以余之見，內篇為莊子自著而其中亦有後人摻雜之文字，吾人應視之為「莊子思想」。〔註50〕

　　以上學者普遍認為內七篇是莊子作品，頂多有少部分後人摻雜成分，但大致可看出莊子主要思想。再者，若從作者使用詞語概念之方法學考察；外雜篇有86個性字出現，內篇無一性字；此亦可相當程度相信這七篇當屬同一類型，或皆在本性論萌芽之前，當時尚無「性」概念，故七篇之文無一性字及之；在《莊子》三十三篇中當屬最早期思想，最有可能是莊子手筆。

　　以上據近世學者意見略謂內七篇可相當程度代表莊子思想；以下進一步探討內七篇之「德」是否即是「性」之概念；若然，則只要探究內七篇之「德」便能得出《莊子》本性論思想。

（二）內篇之「德」是否為「性」概念

　　此說最先提出者為徐復觀先生：

　　　《莊子》書中對德字界定得最清楚的，莫如「物得以生謂之德」（天地篇）的一句話，所謂物得以生即是物得道以生。……道由分化、凝聚而為物；此時超越之道的一部份，即內在於物之中；此內在於物中的道《莊子》即稱之為德。此亦係繼承《老子》「道生之，德畜之」的觀念。由此不難瞭解，《莊子》內七篇雖然沒有性字，但正與《老子》相同，內七篇的德字，實際便是性字。因為德是道由分化而內在於人與物之中，所以德實際還是道。〔註51〕

〔註47〕王邦雄，〈莊子其人其書及其思想〉，《中國哲學論集》（臺北：臺灣學生書局，1990年），頁55。

〔註48〕黃錦鋐，《莊子及其文學》（臺北：東大圖書公司，1984年），頁16～17。

〔註49〕張成秋，《莊子篇目考》（臺北：臺灣中華書局，1971年），頁27。

〔註50〕陳品卿，《莊學新探》（臺北：文史哲出版社，1991年），頁28。

〔註51〕徐復觀，《中國人性論史（先秦篇）》，頁369。

此徐先生據外篇〈天地〉之「物得以生謂之德」一語，而從理論上說明德如何來？它與道關係為何？最後發現「德」與「性」概念意涵實為相近，而內篇既無性字，於是大膽假設內篇之「德」即外篇之「性」。徐先生認為超越之「道」，會分化凝聚然後內在於存在物中，此內在化於各物之道便稱為「德」，亦即所有存在物得於天之本質，它與道具同質性，這種具有與道相同質性之「德」，為吾人天生本具者，故是「性」。徐先生如是推論就理論而言當無誤，但《莊子》內篇之德，是否即徐先生所說意涵，則需詳細探討。

要探討徐先生之說能否成立，只要實際分析歸納內篇之「德」，看是否即為「性」概念便可；按內七篇之「德」共出現 36 次，此等德字可歸納為四種意涵：

1. 指行道有得於己：亦即自己行道成果，每人努力不同，故有人德達「厚」、「真」、「至」、「全」地步，而得到他人讚嘆尊崇，另有人德衰損而不為人所重，內七篇論此義之德為數最多，如「德合一君」、「之德也」、「德厚信矼」、「日漸之德」、「唯有德者能之」、「德之至」、「支離其德」、「德之衰也」、「臨人以德」、「德充符」、「計子之德」、「唯有德者能之」、「況全德之人乎」、「德友」、「德有所長」、「德為接」、「惡用德」、「其德甚真」、「渾沌之德」等。

2. 說明德之特性內涵與作用：此為抽象說明「德」之內涵作用；此義之德為數次多，如「杜德機也」、「況德之進乎日者乎」、「德之所蕩」、「德蕩乎名」、「以德為循」、「德之和」、「德不形者也」、「德者，成和之修也」。

3. 指中性之生命人格特質：此為對人內在天生人格特質之說明，它是吾人行為之依據，屬天生深層之人格取向，無關善惡好壞，皆稱為德，如「其德天殺」、「是欺德也」。

4. 指範疇義：此在說明宇宙萬物之範疇向度，人理解認識萬物之切入角度，相當於西哲所謂「範疇論」〔註52〕，屬此者僅一條：「此之謂八德」。

〔註52〕 牟宗三，〈莊子〈齊物論〉講演錄（九）〉：「莊子這裡的『八德』是八種標誌（characteristic），八種普遍的徵相。海德格爾就說，亞里士多德講十範疇，亞里士多德所用的那些概念都是普遍的徵相。質性、量性、關係性等等都是自然對象的一些徵相，瞭解自然世界的對象，瞭解自然現象要有這些普遍性的特性。『普遍的徵相』是普通的講法，就像莊子說『八德』，那是隨便舉說的。亞里士多德講 category，那就成了專有名詞。後來康德也講 category，十二範疇是一定的。」（見《鵝湖》期 326（2002 年 8 月），頁 5。）

以下簡要說明「性」之意涵並與「德」作比較：「本性論」在探討是否我人「生具」、「皆具」、「圓具」聖人本質。它重點不在說明「聖人內涵」是什麼？而重在說明是否「具有」聖人內涵，並進一步說明是否「生具」之問題，而非現實上我是否展現聖人特質或展現多少的問題；此屬兩範疇，前者是「性」的領域，後者是「德」的範圍。因此就本性論言，它不會讚嘆特定人具聖人特質，它只會問普遍人是否皆具聖人特質；若要問現實上某人顯現多少聖人特質，並進而讚美崇拜他，那是德的範疇。性的領域人人具有聖人內涵，那是天經地義之事，無須讚嘆；反而若不如此乃需特別討論。性與德之分別可簡單說為：一強調是否先天具有聖人本質，一重在後天我實際展現多少聖人本質；就前者言人人具有聖本質，無須讚嘆強調；就後者言現實中人雖具聖人本質，但僅少部分人將之展現，故對此少部分人，需加以誇耀獎勵一番。此為兩者區別。

若依上文「性」與「德」區隔，那《莊子》內篇中德之四義，第一義屬「德」之範疇無疑，它在談現實中有些具很多很全很厚之德，有些則德少德衰。第二義則屬「性」之內容，但它較屬「本體論」而非本性論範疇；因本體論在談聖人內涵，而本性論在談是否具聖人內涵。至於第三義則與「性」與「德」皆無關，它在探討某人天生人格形式，有些人天生內在運作機制就有問題，或說人格有偏差，因此他看事情與行事都會出現問題，這雖在談天生人格狀態但與性無關。最後第四義之範疇義，在談外在萬物之理解形式，與生命實踐關係又更遠，此處只借「德」字說明範疇概念，而實與德風馬牛不相及。

若上文理解分析不誤，則內七篇之「德」都與「性」無關，頂多只第二義在說明「性」之內容，勉強有些關係，但此仍非本性論所要探討內涵。因此用內七篇之「德」以探討《莊子》本性思想，仍有方法論上瑕疵。

歷來對《莊子》本性論探研，主要是透過外雜篇之「性」與內七篇之「德」進行；至於將此兩路相互關聯會通，以為由外篇之「性」歸納所得之「本性論」，等同內篇之「德」。但據上文所言，前兩路皆有推論瑕疵，那據前兩路結論所推者，便因之而有瑕疵。故此等路數皆非探討《莊子》本性論之恰當方法，以下說明本論文嘗試對《莊子》本性論提出之研究法。

第二節　本章研究法之提出

本章將嘗試提出兩種研究法，一為「前理論期研究法」，一為「範疇學研

究法」；前者本人於〈孔子本性論研究法芻議〉中已作介紹，此處僅作簡要說明而不再作詳細推論；後者本人曾於〈中國生命實踐哲學之範疇論〉中論其架構，但未對此法運用於本性論之探究作說明，本章將作較詳細論述。本章將結合以上兩研究法，以探析《莊子》本性論。其實此等研究法，不僅可探析《莊子》本性論，實亦可用以探析本性論未發達前中國哲人之本性思想，包括孔子、《老子》、《莊子》等，唯本章暫以《莊子》為例作說明。

一、「前理論期研究法」

「前理論期研究法」是基於學說建構之發生學原理而提出之研究法；若就「本性論」發生學言，一哲人由主體生命之體會認定到理論學說之建構完成，中間實有一漫長發展歷程；若僅就主體對本性論之認識掌握之發展歷程，有以下數階段：

（一）不自覺認定：心中但有體會與認定而尚未經意識反省。此等認定會於相關言說中自然流露。

（二）自覺認定：已意識或反省到此問題，但未將之概念化與文字化。此時亦會將未概念化之體會流露於言談著述中。

（三）概念化：漸次將所意識之內涵加以概念化文字化，故會有相關之概念表露於其言說著作中。但尚未建構起系統性論述。

（四）系統化：開始建構條理性論述，有系統地說明其理論內涵，並使其論述具一致性。但尚未經嚴密論證以證明其真。

（五）論證化：透過合乎邏輯推理之論證程序證明其真，甚至與其他理論對勘比較，並批判不同主張之學說。但尚未證明其為絕對真理。

（六）絕對化：經證明為絕對真理，其論證為千真萬確而無人能推翻其說。

此為理論學說建構在「發生學」上可能之發展流程，當然此等階段實際上未必如此明晰確定，但中間需經此等歷程則當無可疑。此六階段若粗分為兩時期，便是「理論醞釀期」與「理論成型期」，或說「前理論期」與「理論期」。理論成型期或理論期是就理論之概念化、系統化、論證化、絕對化言，它已使用概念語言作系統化論述，甚至以論證式證明其為絕對真理；此為通常學者探討聖哲義理思想所依據者。理論醞釀期或前理論期，是尚無概念語言描述，更沒有系統化說明與論證，但它是哲人建構理論之源頭；此時也許完全未觸及本性論，或有觸及而未意識到，或已意識到而未概念化，雖缺乏

明確表述但其為真實感受則無可置疑。透過此等訊息資料之蒐集探究，雖然過程較為繁複但卻能探得哲人真正本性論意向所在。因本方法重在依據理論學說醞釀期之資料，是屬成型理論之前期，故稱為「前理論期研究法」。

依據前理論期研究法之說，只要依據聖賢生命實踐之體會認定，便能得出該聖賢對本性之真實看法，唯此等體會認定是雜多且不統一，蓋聖賢此時並未自覺地對本性內涵作論述，只單純傳達自己生命實踐之體會認定，因此必不會使用本性論範疇之特殊概念與文字，也必不會類聚於一處而集中論述，當是散見各處之零星言說，故無法輕易找到相關有用之資料，必經抽絲剝繭地詳加過濾，方能覓得有用而足夠之資料以為論述依據。

具體方法是從聖哲言談著述之資料中一篇一章地研析判讀，以發現聖哲是否透露有關本性論訊息，再進一步弄清聖哲是正面肯定或負面反對，其中原因何在？最後將所有篇章做統整性詮釋，以論定哲人對本性論最正確看法為何。

前已言要探討《莊子》本性論，不能憑據外雜篇有關「性」之論說，因那與內七篇義理有距離；只能就內七篇去探討其本性論，而內七篇中又無「性」字出現，雖然徐復觀先生以為內篇之「德」就是「性」之概念，但經本章查考二者關連不大，故無法據之以論《莊子》本性論；故只能採行「前理論期研究法」，經由內七篇所透露的蛛絲馬跡，去歸納綜合出《莊子》內七篇對本性之看法；有些是直接言說，有些是間接稱述；雖都不用「性」概念，但都在說明有關人性之認定、理解、與看法，透過此等資料便能相當程度掌握《莊子》論性內涵。

二、「範疇學研究法」

前一法是針對「本性論」本身作探究，因《莊子》屬本性論發展初期，尚無完整理論之系統建構，對本性論無直接明顯論述，故只能求之本性論發展前期之零星資料，歸納分析而得之。今此法則透過「本性論」以外範疇作探究，以定位本性論可能內容；雖較前者間接，但其結論有效性實不亞前法。以下先引拙作〈中國生命實踐哲學的範疇論〉一文結論，以方便相關論述：

> 本文透過生命實踐哲學必論及的四向度，將「中國生命實踐哲學」
> 分為七範疇，這四向度是：一為方向貞定，在探討現實生命的不圓
> 滿與理想價值的美好；前者為現況論，後者屬價值論。二為聖者內

涵釐清,在探討我人是否具聖人本質,與聖人本質是什麼?前者屬本性論,後者屬本體論;三為實踐落實,在探討實踐方法與實踐後成效,前者為功夫論,後者為境界論;四為人我圓滿,在探討主體生命圓滿與外在其他生命圓滿,前者屬內聖學,後者屬外王學;因內聖已釐析而化為前六論,無須再作綜合論說;故雖是四向度,每向度探討兩相對性質之範疇,最後只得七範疇。……為求清晰而易於瞭解四向度七範疇的內涵與關連,請圖示如下:〔註53〕(原下圖錯亂,請改為此圖)

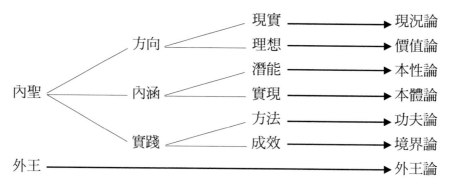

以上便是於〈中國生命實踐哲學的範疇論〉中所建構出來,用以詮釋中國哲學的四向度與七範疇。亦即將中國哲學內涵區分為此四向度七範疇;而這七範疇間之相互關係,便是本章所要利用以探析《莊子》本性論之方法。前文只說明中國哲學內在結構為「四向度七範疇」,本章則利用此「四向度七範疇」之關連性,以探究《莊子》本性論;故可當為「中國生命實踐哲學範疇論」運用之一。

以下本於前文而說明七範疇相互關係,及如何利用七範疇以探討本性論。

(一)七範疇相互關係

生命實踐哲學關心兩大領域:「別人生命的圓滿」與「自己生命的圓滿」,前者稱「外王論」,後者稱「內聖論」;就理論言,若要讓別人生命圓滿,必先讓自己生命圓滿,故內聖在先而外王在後;但實際則是交互前進,一舉完成。若無「內聖」則「外王」無法完成;無「外王」則「內聖」不圓滿,二者缺一不可。

〔註53〕見許宗興,〈「中國實踐哲學」的範疇論〉,《華梵人文學報》期8(2007年1月),頁83~84。

　　其次，若欲使自己生命圓滿，須探討三向度課題：方向、內涵、實踐。「方向」是我要往哪裡去，「內涵」是認識生命圓滿本質，「實踐」是走向生命圓滿。無「方向」分判便無行動力道，便不需談內涵認識與實踐之路；無「內涵」認識，則實踐無法跨出，行動缺乏指引；無「實踐」落實，一切都是說食不飽。故此三向度是任何生命實踐者所必關心課題；先確定方向，再認識內涵，然後實踐完成。

　　若將此三向度各開出兩範疇，便得六範疇，方向向度分為：現況論與價值論，現況論說明我現在之存在狀態能否接受；若可接受，便不存在往後其他課題；若無法接受便需仔細分辨生命中真正值得追求的理想為何。前者是維持現狀，後者是往上超越，只能二選一，若選前者便不存在後者，選後者便要超越前者。

　　內涵向度分為：本性論與本體論。前向度決定讓生命往上超越，以期走向聖之圓滿狀態，進一步需探討我是否具成聖本質，若有則其內涵為何？前者說明此等本質是否存在，後者說明其內涵為何。若吾人無聖之本質便不需瞭解內容；反之，若不瞭解內容，則對是否具聖之本質便不夠清晰確定；故兩者互為增上。

　　實踐向度分為：功夫論與境界論。前已確定自己有且瞭解己所具聖人本質；今則進一步透過實際行動落實之；而行動過程有兩要點，一為方法一為成效；無功夫之運用，不會顯現境界；無境界顯現，必是錯用功夫；二者是主從關係。

　　以上由內聖到外王，由方向、內涵到實踐，由現況論、價值論、本性論、本體論、功夫論、到境界論，此等開展基本上是直線進行。先將外王與內聖分兩路，就內聖一路言；就方向分現況論與價值論兩路，之後則一路接踵而下，先探討聖人本質之具有與否，接著瞭解聖之內涵，接著透過功夫實踐而得出境界。由前一課題引生後一課題，後一單元據於前一單元而開展；沒有前者就不會產生後者，沒有後者則前者便不圓滿；它是一個整體架構的完整關連。瞭解此關連性，有助於瞭解本性論與其他範疇之關係，也能善於透過其他範疇以定位本性論內涵。

（二）本性論與其他範疇關係

　　前綱目就各範疇直線式關係作說明，以下從本性論與其他範疇關係，以

見出各範疇間之網狀脈絡，彼此枝蔓相連而難於切割。就其他範疇之有無助益探討本性論內涵，可分為兩類：

第一類是較無法藉助於探討本性論內涵者，此為同屬內涵向度之本體論，蓋本性論說明聖人本質具於我身，本體論說明聖人本質是什麼；它與本性是同一問題的不同層面，故無法藉助它來瞭解本性之有無。又外王論在探討主體如何影響成就其他生命，而本性論在探討主體本身問題，故亦難由外王論材料得出本性論內涵；故透過此二論較難得出本性論具體內容。

第二類較有助於探討本性論內涵者，首先為現況論與本性論關係，可由哲人對現況不滿不樂，推論此等現況非人本性；其次為價值論，蓋凡有價值者必是本性所在，若哲人確定人宜追求如何的生命理想，此必為我們本性所在，故價值論與本性論關係密切；最後實踐向度的「功夫論」與「境界論」則關係最為密切，蓋此二者皆基於人有成聖本質並瞭解成聖內容後，往下發展之結果。因此透過「功夫論」之瞭解，便能確定本性論內涵，例如某哲人重視使用消極去除障礙之功夫，而非積極學習增長之功夫，便表示該哲人肯定人天生具成聖本質；反之，若某哲人強調向外求取，那他便不認為人有成聖本質。故此為探析本性論之重要依據。至於本性論與境界論關係，當行者功夫得力後，便會讓生命本質顯現，產生空樂明等境界。故凡能造成空樂明境界者，便是生命本質；若為善而樂，那透過境界論理論，便可證明善為人本質。故經由境界論釐析，亦可瞭解生命本質為何。

前已言探討《莊子》本性論不能依據外雜篇論性之文，必依靠內七篇資料乃不背《莊子》義理本真，而內七篇無一性字出現，故今只能採「前理論期研究法」，透過《莊子》本性論尚未建構前有關生命本質之認定、看法、體會等零星言說資料，然後歸納分析得之。此外，尚可利用此處「範疇學研究法」，藉由《莊子》對「本性論」以外範疇內涵之說明，以為本性論旁證，以間接得出本性論主張，這些範疇主要為：「現況論」、「價值論」、「功夫論」、「境界論」等；經由《莊子》對這些範疇陳述，更能定位出《莊子》本性論內涵；此亦探討《莊子》本性論重要方法，雖屬間接對本性推論，但其準確性仍高，故本章亦取以論《莊子》本性。

第三節　結論

本章旨在探討研究《莊子》本性方法，檢視歷來研究《莊子》本性論者，

主要有兩法：一是依據外雜篇之性論，本章以唐君毅先生為代表；一是依據內七篇之「德」，本章以徐復觀先生為代表；亦有結合此兩法以為外雜篇之性即是內篇之德；但若前面兩前提錯誤，則此一論證便跟著錯誤，故本章未對第三種情形作說明。

由本章推論得知外雜篇之性，實與內七篇義理有落差，證之於「性」字出現最多之〈駢拇〉與唐君毅先生所舉之〈馬蹄〉，發現此兩篇所謂之「性」實指「存在物天生自然的氣質之性」，它的對反是「後天人為改造」，〈駢拇〉〈馬蹄〉作者認為保住「先天材質」便是最高價值所在，反對以人為後天方式改造此先天材質，此與《莊子》內篇義理相去甚遠。既然外雜篇中談「性」份量非常重的兩篇如此看法，那要完全以外雜篇之性論為《莊子》性論，便有論證上瑕疵。因此本章以為要探討《莊子》本性論，不能透過外雜篇進行，除非能對外雜篇作過濾篩檢，瞭解每一篇章性之意涵，然後與內篇比較，確定無誤後乃能據之以論，如此工程必將相當浩大，故此路似不可行。

其次為求之內七篇，但內七篇無性字出現，故要靠對「性」作探討以瞭解《莊子》本性論便不可能；退而求其次若內七篇有相等於「性」之概念，取之分析歸納而得其內涵，似為一簡便法；此徐復觀先生所謂「內七篇的德字，實際便是性字」；但經本章查考，內篇之德主要還是探討「行道有得於己」，重在現實成果而非本質是否具有，即使有一義論到本質，但重點也非本質是否具有，而是談本質之內涵。因此要透過內篇之「德」以論《莊子》本性論似又不可能。

檢視過歷來學者對《莊子》本性論研究法後，發現皆有其方法瑕疵，於是本章提出另兩方法：一是「前理論期研究法」，因《莊子》內七篇最能代表《莊子》本原義理，而內篇又無性字，故不得不提出此新研究法，此法認為凡屬本性論發展初期或前期之哲人，因主客觀因素而未建構起本性論，但即使理論未建立，並不代表他們無本性論思想；他們對本性論之認定看法體會等，會自然流露於日常言說與著作中，因此只要對此等哲人資料作深入全面性探索，便能歸納出該哲人本性論思想。因此只要透過《莊子》內七篇著作資料，作紬繹綜合便能得出《莊子》本性論，此為探討《莊子》本性論，較直接之方法。

另一是「範疇學研究法」，此是利用生命實踐哲學是一有機整體，各範疇間彼此血脈相連關係密切，因此若要探討其中一個範疇，便可透過其他範疇

內容以為定位，而間接推論出其內涵，雖是間接推論，但其準確性仍甚高。《莊子》本性論研究除前一法透過《莊子》有關本性之認定、體會、想法等資料之歸納分析外，便是依靠本性論以外其他範疇之定位；這些範疇包括：「現況論」、「價值論」、「功夫論」、「境界論」；透過這些範疇論內容，便能間接推論《莊子》本性論內涵。

　　以上為本論文所提之兩種研究《莊子》本性論方法，希望透過此兩研究法，能將《莊子》本性論作完整精確探析。至於實地以此兩法探析《莊子》本性論，將另文為之。

徵引文獻

一、古籍

1. 明・釋德清，《莊子內篇注》，臺北：廣文書局，1991 年。
2. 清・王夫之，《莊子解》，臺北：里仁書局，1995 年。
3. 清・王先謙，《莊子集解》，臺北：三民書局，1999 年。
4. 清・宣穎，《莊子南華經解》，臺北：廣文書局，1978 年。
5. 清・郭慶藩，《莊子集釋》，臺北：河洛出版社，1974 年。
6. 清・陳壽昌，《南華真經正義》，臺北：新天地書局，1972 年。

二、近人論著

1. 嚴靈峰，《老莊研究》，臺北：中華書局，1966 年。
2. 張心澂，《偽書通考》，臺北：臺灣商務印書館，1970 年。
3. 張成秋，《莊子篇目考》，臺北：臺灣中華書局，1971 年。
4. 葉國慶，《莊子研究》，臺北：臺灣商務印書館，1973 年。
5. 郎擎霄，《莊子學案》，臺北：河洛圖書出版社，1974 年。
6. 牟宗三，《中國哲學十九講》，臺北：臺灣學生書局，1983 年。
7. 張恆壽，《莊子新探》，武漢：湖北人民出版社，1983 年。
8. 黃錦鋐，《莊子及其文學》，臺北：東大圖書公司，1984 年。
9. 唐君毅，《中國哲學原論・原道篇》，臺北：學生書局，1986 年。
10. 牟宗三，《智的直覺與中國哲學》，臺北：台灣商務印書館，1987 年。
11. 唐君毅，《中國哲學原論・原性篇》，臺北：學生書局，1989 年。
12. 唐君毅，《中國哲學原論・原教篇》，臺北：學生書局，1990 年。

13. 黃錦鋐，〈莊子其人其書及其思想〉，《中國哲學論集》，臺北：臺灣學生書局，1990 年。

14. 陳品卿，《莊學新探》，臺北：文史哲出版社，1991 年。

15. 牟宗三，《心體與性體（一）》，臺北：正中書局，1992 年。

16. 高柏園，《莊子內七篇思想研究》，臺北：文津出版社，1992。

17. 牟宗三，《才性與玄理》，臺北：臺灣學生書局，1993 年。

18. 唐君毅，《中國哲學原論·導論篇》，臺北：學生書局，1993 年。

19. 陳鼓應，《老莊新論》，臺北：五南出版社，1993 年。

20. 徐復觀，《中國人性論史（先秦篇)》，臺北：商務印書館，1994 年。

21. 勞思光，《中國哲學史（一）》，臺北：三民書局，1997 年。

22. 王邦雄等，《中國哲學史》，臺北：空中大學，1998 年。

23. 吳汝鈞，《老莊哲學的現代析論》，臺北：文津出版社，1998 年。

24. 牟宗三講述、陶國璋整構，《莊子齊物論義理演析》，臺北：書林出版社，1999 年。

25. 崔大華，《莊學研究》，臺北：文史哲出版社，1999 年。

26. 吳怡，《新譯莊子內篇解義》，臺北：三民書局，2001 年。

27. 歐陽景賢、歐陽超，《莊子釋譯》，臺北：里仁書局，2001 年。

28. 陳鼓應，《莊子今註今譯》，臺北：臺灣商務印書館，2002 年。

29. 黃錦鋐，《新譯莊子讀本》，臺北：三民書局，2007 年。

二、論文

1. 許宗興，〈孟子性善論解析〉，《華梵人文學報》期 4，2005 年 1 月，頁 31～72。

2. 許宗興，〈「中國實踐哲學」的範疇論〉，《華梵人文學報》期 8，2006 年 1 月，頁 53～88。

附註：本章將以〈莊子本性論研究法芻議〉之名，發表於《中央大學人文學報》期 36，2008 年 10 月。

第九章　莊子（下）──莊子本性論探微

摘要

　　「莊子本性論」是一學術上重要而有意義之論題，唯歷來探討者少且方法稍有瑕疵，本章將對歷來探討莊子本性論之研究法作反省，並提出二種新研究法──「前理論期研究法」與「範疇學研究法」，以對莊子本性論作探究。

　　「前理論期研究法」是直接歸納莊子零散之本性論思想，包括分析莊子所論「常」、「天」、「真」、「復」、「盡」等概念，以說明其主張吾人「永具」、「生具」、「現具」、「本具」、「皆具」成聖本質。「範疇學研究法」則基於哲學思想之各範疇間為有機組合，故經由弄清其他範疇之義理可間接推知本性論思想，這些範疇包括：現況論、價值論、功夫論、境界論等，透過此四論考察可相當程度確定莊子本性論。

　　莊子處本性論萌芽初期，內七篇中尚無「性」之字詞概念，更遑論本性論系統，但透過本論文之探究，發現莊子實有甚強之本性論主張，他確信吾人生而本具皆具成聖質素；此種主張實與儒家佛家之立論無殊。

　　關鍵詞：莊子、本性論、前理論期研究法、範疇學研究法

第一節　前言

一、本性論重要性

　　「本性論」是生命實踐學中非常重要之課題，若不能肯定吾人生具成聖

質素，成聖便需向外求取，則成聖無必然性；甚至因「善」在外，將導致善惡是非無定論之後果，自己也將陷入無所適從困境；再者，若無法確認人人本具成聖質素，會讓人望而卻步，對成聖裹足不前；最後，若無法確定我所具之成聖質素，與已經成聖者無二無別，會造成人們只滿足眼前階位，不企求絕對圓滿；那生命絕對圓滿之理想終將落空。簡言之，若無本性論肯定，一切道德學說將漏洞百出，無法完整建構起來。〔註1〕

二、本性論之內涵

本性論主要在探討我人是否「永具」、「皆具」、「圓具」聖人本質；無論是正面肯定或負面反對，都是對本性之主張，便是本章所要探討之內容。

「永具」：謂吾人永遠具成聖質素，包括剛出生、一生中任一時刻、顛沛造次、為惡沈淪、甚至生前死後等時期，都具有成聖質素。亦即以「聖人質素」為人之本質，它是固有本有且永不磨滅者。

「皆具」：此就所具之人的數量言，探討到底是偏或全，亦即人是指全稱或特稱，是某些人或全部人具有善。

「圓具」：此謂吾人所具之善，與已圓滿之聖者所彰顯之善為無二無別；若本性可以「質量」言，那「圓具善」便謂聖凡之性「同質等量」。〔註2〕

三、前人方法反省

按《莊子》書分內外雜篇，歷來多數學者以內篇歸莊子所作，外雜篇屬後學增衍之作，今內篇中並無「性」字出現，故歷來探討莊子本性論有兩法：一是說明內外雜篇義理的一致性，然後以外雜篇之「性」〔註3〕作為莊子本性論內容〔註4〕；另一是以內七篇之「德」等同「性」之概念，然後分析歸納「德」

〔註1〕相關論述請見許宗興，〈荀子心析論〉，《臺北大學中文學報》期2，頁51〜78。
〔註2〕以上有關「本性論」內涵之論述，見許宗興，〈孟子性善論解析〉，《華梵人文學報》期4，頁31〜72。該文對孟子本性論解析出四個意涵：「本具」（就時間言）、「皆具」（就人數言）、「圓具」（就品質言）、「實具」（就存在言）；其中第四意之「實具」，重在談孟子現成良知，就莊子言此意不顯，故本文只論前三意；為免重複，相關論述請參考該文。
〔註3〕按「性」在莊子外雜篇包括篇名凡86見，其中外篇70見最多，外篇除〈至樂〉〈知北遊〉外皆有「性」字出現，而以〈駢拇〉18見最多。
〔註4〕如李漢相，〈關於莊子心性論〉，《鵝湖月刊》期363（2005年9月），頁20〜24；高瑋謙，〈莊子外雜篇之人性論〉，《鵝湖月刊》期193（1991年7月），頁56〜62；萬勇華，〈莊子人性論探析〉《重慶社會科學》期141（2006年9月），

之意涵〔註5〕，以為莊子本性論內容。

　　此等研究法缺失為：莊子內外雜篇，非一人一時一派之作，歷來學者多謂內篇方是莊子原作，今以外雜篇之「性」為莊子本性思想，有推論上瑕疵；要探討莊子本性論仍當以內七篇為本。其次，莊子內篇之「德」與性之意含並不一致，按內篇之德有四義：「行道有得於己」、「指德之特性內涵與作用」、「指中性之人格特質」、「範疇義」；據此則內七篇之「德」多與「性」無關，頂多只第二義在說明「性」之內容，勉強有些關係，但此仍非本性論所要探討內涵。因此用內七篇之「德」以探討莊子本性思想，仍有方法論上瑕疵。〔註6〕

四、本章之研究法

　　若以莊子外雜篇之性推論內篇之本性論有方法瑕疵，而內篇又無性字出現，徐復觀先生以內篇之「德」為莊子之「性」又無依據，那要探討莊子本性論當用何法？本章提出「前理論期研究法」與「範疇學研究法」，以下簡要說明之：

　　「前理論期研究法」說明在本性論史發展初期與前期，哲人對本性論尚未完全自覺意識，亦未能用「性」之概念說明本性，更遑論建構本性論體系；唯此時哲人雖未以「性」說明其本性思想，但並非謂此哲人未有本性思想；哲人仍會對本性相關問題有看法、認定、與體會，而這些與本性論有關資料會流露於哲人相關文獻中。因此，若能紬繹哲人相關文獻便能把握其本性論思想。因莊子屬本性論發展初期或前期，對本性論問題不會以「性」概念說明，亦不會將之匯集而以專篇專章論之，當是於言談或著述中隨處自然流露其本性思想，因此需對莊子有關文獻鉅細靡遺蒐羅，然後作分析歸納以得出其本性論。

　　「範疇學研究法」是利用生命實踐哲學為一有機整體，各範疇間彼此血

頁 37～41；羅堯，〈莊子心性論發微〉《中國哲學史》期 2001-4（2001 年 12 月），頁 52～57.；張中全，〈莊子的性美論〉《江漢大學學報》卷 18，期 1（2001 年 2 月），頁 61～65。等是主要著作。

〔註5〕主要為徐復觀，《中國人性論史》（臺灣：商務印書館，1994 年）中對莊子本性研究之論點為：「莊子內七篇雖然沒有性字，但正與老子相同，內七篇的德字，實際便是性字。」（頁 369）

〔註6〕關於此論證請見許宗興，〈莊子本性論研究法芻議〉，《中央大學人文學報》期 36（2008 年 10 月）（排版中），此處僅略述其結論。

脈相連關係密切〔註7〕，因此若要探討其中一個範疇，便可透過其他範疇內容以為定位，而間接推論出其內涵，雖是間接推論，但其準確性仍甚高。莊子本性論研究除前一法透過莊子有關本性之認定、體會、想法等資料之歸納分析外，尚可依靠本性論以外其他範疇之定位；這些範疇包括：「現況論」、「價值論」、「功夫論」、「境界論」；透過這些範疇論內容，便能間接推論莊子本性論內涵。

五、本章依據材料

本章所據資料：就《莊子》言以內七篇為限，古德註釋以郭象注，成玄英疏為主，另參酌憨山《莊子內篇注》、陳壽昌《南華真經正義》、宣穎《莊子南華經解》、王夫之《莊子解》、王先謙《莊子集解》等著作；近儒則以唐君毅、牟宗三、徐復觀、勞思光、王邦雄、吳怡、陳鼓應、黃錦鋐、高柏園等學者為主。

第二節 「前理論期研究法」——直接歸納本性論思想

莊子與孟子同時，理該對本性論有所論述，或因莊子地處南方，並未受到本性論學說發展之影響，故內七篇中未有性字出現；但雖無性字概念產生，並不表示莊子無本性思想，只是莊子本性思想不以「本性」字詞呈顯，仍會透過其他字詞觀念以彰顯其對本性看法，以下便嘗試將莊子彰顯本性之有關資料作分類，以見出其對本性論看法。

一、「常」——永具

本性具於人身之特性有多種，首先說明「常」；「常」指永不消失磨滅，無始以來便如此，往後到無窮未來亦不消失。此種存在，若就時間言稱永恆，

〔註7〕此法乃據「生命實踐哲學的範疇論」，將生命實踐哲學分為四向度七範疇，四向度是：一為方向貞定，在探討現實生命的不圓滿與理想價值的美好；前者為現況論，後者屬價值論。二為聖者內涵釐清，在探討我人是否具聖人本質，與聖人本質是什麼？前者屬本性論，後者屬本體論；三為實踐落實，在探討實踐方法與實踐後成效，前者為功夫論，後者為境界論；四為人我圓滿，在探討主體生命圓滿與外在其他生命圓滿，前者屬內聖學，後者屬外王學；因內聖已釐析而化為前六論，無須再作綜合論說；故雖是四向度，每向度探討兩相對性質之範疇，最後只得七範疇。〔見許宗興，〈「中國實踐哲學」的範疇論〉，《華梵人文學報》期8（2007年1月），頁83～84。〕

若就質性言稱本質；它是必然而非偶然地存在吾身。此義莊子內篇有相當論述，以下依篇序列舉說明：

（一）南郭子綦隱機而坐，仰天而噓，荅焉似喪其耦。……今者吾喪我，汝知之乎？（齊物論）

此南郭子綦與弟子顏成子游問答語，在顏成子游眼中覺其「荅焉似喪其耦」，而南郭子綦則自謂「吾喪我」；前者是旁觀者觀察，後者是主體自我描述。「似喪其耦」，《郭注》：「身與神為匹，物與我〔為〕耦也。」〔註8〕此為身心物我對立性解消狀態。「吾喪我」則真實說明個中真況。

吳怡：「『吾』和『我』，前者指主體真正的我；後者指客體形體心知的我。」〔註9〕陳鼓應亦謂：「『喪我』的『我』，指偏執的我。『吾』，指真我。」〔註10〕黃錦鋐：「『吾』、『我』相對待而言。『吾喪我』則有不喪者在，『吾』還在發議論，按之『形如槁木』，『喪我』之『我』當為形骸，『吾』即為精神，亦即下文的真君。」〔註11〕

以上三位近代學者對「我」之理解，有以為指「形骸」、「形體」，有以為指「偏執的我」、「心知的我」，但無論是身體或有限心知偏執的我，都就其為偶然存在，會消失湮滅者言；而「吾」三家皆指「真我」，這種真我相對於偶然存在之「我」，「我」會喪而「吾」不會喪；這種不會隨時間喪失之真我，莊子以為實存吾人中，是天生必然永遠存在者，此便是性。此處雖未明說其內涵，但由各家說為真君真我，則當指聖之本質無疑；故知莊子當肯定人身具永不磨滅之本質。

（二）一受其成形，不亡以待盡。（齊物論）

此句前文說明「真君」確實存在，無論你有無找到「它」，都無損它真實存在；此真君便是「一受其成形，不亡以待盡」一語之主詞。釋德清言：「言真君本來無形，自一受軀殼以成形則不暫亡，只待此形隨化而盡。」〔註12〕說明人身上有真君，在人活著有形體期間，此真君都不會亡失，直至此形體

〔註8〕郭慶藩輯，《莊子集釋》（臺北：河洛出版社，63年），頁43。為求簡明，郭象注解以下簡稱「《郭注》」。

〔註9〕吳怡，《新譯莊子內篇解義》（臺北：三民書局90年），頁65。

〔註10〕陳鼓應，《莊子今註今譯》（臺北：臺灣商務印書館，91年），頁40。

〔註11〕黃錦鋐，《新譯莊子讀本》（臺北：三民書局，96年），頁26～27。

〔註12〕釋德清，《莊子內篇注》卷2（臺北：廣文書局，80年），頁21。

消失乃會離開，文中未說明人死後此真君哪裡去，但在有生之年，此真君永不消失磨滅，則是莊子所肯定者；此說明人身有一不湮滅之本質存在——真君，故知莊子肯定人有稱為真君之本性無疑。

（三）指窮於為薪，火傳也，不知其盡也。（養生主）

此〈養生主〉末章，〈養生主〉在說明養護生命之真實主宰，末章當亦指此真實主宰言。王夫之：「夫薪可以屈指盡，而火不可窮。不可窮者，生之主也。寓於薪，而以薪為火，不亦愚乎。蓋人之生也，形成而神因附焉；形敝而不足以居神，則神舍之而去。」〔註13〕王叔岷：「按薪喻形，火喻心或神。『指窮於為薪』喻養形有盡。『火傳也，不知其盡也』喻心或神則永存……謂形骸有更改，而心靈無損滅；形體有轉變，而精神無耗盡。」〔註14〕吳怡：「這幾句話寫『神』，是養生的主體……與首段養生的主要思想前後呼應。……薪木如軀體，會燃盡；而精神如火焰，卻傳之永遠。」〔註15〕陳壽昌：「喻形委而神存。」〔註16〕

以上諸家同以「薪」謂形體，「火」謂精神；形體有盡而精神無窮；但到底「神」或「精神」內涵為何？它可解為宗教家之「靈魂」或「業識」，此在佛家言為輪迴根本，若莊子指此義則不能謂為性，因其仍為會變化之有限存在，並非永不磨滅者；它亦可解為真宰、真君，此為完全淨化之生命本質；陳壽昌先生便如是理解：「吾生有涯，而所以生吾者實無盡。善養生者，真宰常存，去留無滯，蓋惟看破生死，故能雖死猶生，火傳一喻，自是睹道人語。」〔註17〕

故知若將本章「火」解為「神」或「精神」，且指真君真宰言，則莊子此處便肯定人身上有一永不磨滅之本性存在。

（四）常季曰：「彼為己，以其知得其心，以其心得其常心。物何為最之哉？」（德充符）

此為〈德充符〉首章，述魯兀者王駘，從之游者與仲尼相若，常季問仲尼原因，此段乃常季敘王駘修己之法，並問為何如此修己會帶來那麼多追隨者？此中「以其知得其心，以其心得其常心」，郭慶藩《集釋》：「家世父曰：

〔註13〕王夫之，《莊子解》（臺北：里仁書局，84年），頁33。
〔註14〕王叔岷，《莊子校詮》（臺北：中研院史語所，1999年），頁114。
〔註15〕吳怡，《新譯莊子內篇解義》，頁133。
〔註16〕陳壽昌，《南華真經正義》內篇（臺北：新天地書局，61年），頁25陰面。
〔註17〕陳壽昌，《南華真經正義》內篇，頁25陰面。

『知者外發，心者內存；以其知得其心，循外以葆中也。心者，不息之真機，常心者，無妄之本體；以其心得其常心，即體以證道也。』」〔註18〕此說明當中三層次：知、心、常心，而常心即道。陳鼓應亦曰：「用他的智慧去領悟『心』，再根據這個『心』返回到『常心』。『心』指具有分別作用的心，『常心』指不起分別作用的心，領悟道的真諦。」〔註19〕吳怡更詳盡縷析之：「『以其知得其心』是說用他的理知『得其心』，所謂『得其心』就是證知他的心的存有和作用。普通我們的心逐於物欲而散失了迷惑了。在這裡，他藉理智的功夫，把放失的心收歸回來，產生清明的作用，即所謂清明在躬。『以其心得其常心』，再透過他清明的心而『得其常心』。所謂「常心」是指不受外物影響常恆不變的心。……可見這個『常心』，指的是常性，如果套用禪宗的思想，『以其知得其心』，有一點像『明心』的功夫，『以其心得其常心』，有一點像『見性』的境界。」〔註20〕

以上諸家皆對知、心、常心詳細辨別，對如何由心知智慧之用功，到達心的清明狀態，再藉此心而體證本性，有詳盡說明。莊子原典用「常心」，「常」指永恆不變而不磨滅者，此便是生命本質之「性」，故知莊子肯定有一本性存在。

（五）況官天地、府萬物、直寓六骸、象耳目、一知之所知，而心未嘗死者乎！彼且擇日而登假，人則從是也。（德充符）

此段承前章而來，仍是孔子讚嘆兀者王駘德性，此處謂王駘「心未嘗死者」，釋德清曰：「死，猶喪失也；謂眾人喪失本真之心，唯聖人未喪本有，故能視萬物為一己也。」〔註21〕王叔岷：「《淮南子·高注》：『心未嘗死者，謂心生與道同也』，按不死之心，即常心也。」〔註22〕以上兩家並謂不死之心為常心、本真之心；都說明此種心不會磨滅消失，永具於吾身，只是常人每喪失而聖人未喪爾。吳怡以「心永遠不朽」〔註23〕解之，黃錦鋐以「心不會有生死變化」〔註24〕解之。後二家則謂王駘已證心之不朽與無生死變化，雖

〔註18〕郭慶藩輯，《莊子集釋》，頁193。

〔註19〕陳鼓應，《莊子今註今譯》，頁157。

〔註20〕吳怡，《新譯莊子內篇解義》，頁193。

〔註21〕釋德清，《莊子內篇注》卷3〈德充符〉，頁5。

〔註22〕王叔岷，《莊子校詮》，頁178。

〔註23〕吳怡，《新譯莊子內篇解義》，頁185。

〔註24〕黃錦鋐，《新譯莊子讀本》，頁75。

未言人人具此不死之心，但最少肯定聖人具此不死本性。

（六）莊子曰：「道與之貌，天與之形，惡得不謂之人？」（德充符）

此〈德充符〉末章敘惠子與莊子辯「人有情無情」問題，莊子以人為無情，惠子反問無情如何可稱為人，莊子便為人下定義：「道與之貌，天與之形」，此句之「貌」與「形」究宜作何解？若指外在形貌，則如何與天道關連；成玄英疏與釋德清注，皆偏重在天與道上言，而以形貌代表人的存在，釋德清：「道者，性之固有，人之所當行也，人稟此性而為人，乃道與之貌，即天與之形也。」〔註 25〕《成疏》：「虛通之道，為之相貌；自然之理，遺其形質。形貌俱有，何得不謂之人。……道與自然，互其文耳。欲顯明斯義故重言之也。」〔註 26〕依此則莊子所下定義為：「既然道與天都同給我們生命本質，我們怎不能稱人？」則知人具生命本質，是莊子透過為人下定義所明白指出者，人所以為人就是人具此道與天所給之本質。

（七）意而子見許由，許由曰：「堯何以資汝？」意而子曰「堯謂我：汝必躬服仁義而明言是非。」許由曰：「而奚來為軹？夫堯既已黥汝以仁義而劓汝以是非矣。汝將何以游夫遙蕩恣睢轉徙之塗乎？（大宗師）

此〈大宗師〉第八章，敘意而子得堯教導，要他躬服仁義而明言是非，許由則責意而子如此等同被堯黥劓。此謂生命本質是美好良善，受後天傷害才使變壞，故《成疏》：「夫仁義是非，損傷真性，其為殘害，譬之刑戮；汝既被堯黥劓拘束性情，如何復能遨遊自得，逍遙放蕩，從容自適於變化之道乎。」〔註 27〕成玄英謂人具真性，其後被仁義是非所損傷。釋德清亦謂：「言汝已被堯以仁義是非壞了汝本來面目，而拘拘於仁義是非之場，又何能遊於逍遙大道之鄉乎」〔註 28〕，人有本來面目，若被損傷則不能逍遙自在。凡此都說明莊子承認人有先天本質，依此先天本質人便能逍遙自在，若此先天本質被如黥劓之損傷，便不能逍遙，故知莊子謂人具先天本性。

以上七章莊子說明人具一不死、永不磨滅、不消失之真心真宰，它是生命本質本性，生而具有者；故可由此說明莊子認定人生而有本性存在。

〔註 25〕釋德清，《莊子內篇注》卷 3，頁 26。

〔註 26〕郭慶藩輯，《莊子集釋》，頁 221。

〔註 27〕郭慶藩輯，《莊子集釋》，頁 279。

〔註 28〕釋德清，《莊子內篇注》卷 4〈大宗師〉，頁 57。

二、「天」——生具

莊子之「天」可依意涵歸為如下樹狀分類：

（一）專有名詞之天：

（二）非專有名詞天：

　　1. 有形天：

　　2. 無形天：

　　　（1）有位格天：

　　　（2）非位格天：

　　　　　甲、命運天：

　　　　　乙、義理天：

　　　　　丙、自然天：

（一）專有名詞天：如天根、天池、示之以天壤、天子；此種天已經與其他字詞結合，而指涉某一特定對象；此非本章探討重點。

（二）有形天：如垂天之雲、天之蒼蒼、青天、天地、天下、大浸稽天、仰天而噓等，此指外在自然界為我們所能見者言；此亦非本章討論重點。

（三）位格天：如為天使、天無不覆、天刑之、天鬻、天食、天之小人、侔於天、覭天、遁天倍情、與天為徒等。此殆指能主宰宇宙萬物生成變化，且能賞善罰惡之主體，類似天地宇宙之神祇；此亦非本章討論重點。

（四）命運天：如受命於天、天與之形、天之生是使獨也等。此指能夠決定人間禍福之存在，但它未必與善惡有關；此類與前類不易完全區隔，前者重在具強烈善惡意識之主宰神，後者重在支配人生禍福之力量；但此仍非本章重點。

（五）義理天：如照之於天、乃入於寥天一等。此指宇宙間唯一真理而言，它是道、真理、絕對、本體等所指涉者。此較偏「本體論」範疇所論者。

（六）自然天：如天籟、休乎天鈞、天府、天倪、天理、天殺、天年、獨成其天、天機、不以人助天、天時等。此天義重在自然如此、天生如此、本來如此，非後天人為改造者；此較偏「本性論」範疇，是本章所要探討之「天」義。

　　「自然天」說明此種存在狀態是本來、天生、自然如此者，此便是本性論所要探討之「生具」，若成聖本質是人生而具，非經後天、外來、人為等方式所擁有者，便可說為純正本性論者。以下依內七篇原典順序說明之。

（一）是以聖人不由，而照之於天。（齊物論）

此〈齊物論〉語，說明世人在彼此是非對立中生活，易造成是非分別強烈而自是非他；聖人不走此路而改走「照之於天」方式；此莊子申述齊物之法，那此處之「天」究何意涵？《成疏》：「天，自然也。聖人達悟，不由是得非，直置虛凝，照以自然之智。」《郭注》：「直明其天然而無所奪故也。」〔註29〕成玄英謂此處天指自然，而自然可指本體論的自然，亦可指本性論的自然；本體論自然指道而言，本性論自然指道自然具於我身。觀莊子此處之天或同具此二義，一方面說明用道觀照一切存在，一方面說明此種道是天生自然存在我身者。既然天生自然存在我身，故說莊子肯定人天生具成聖本質。

（二）是以聖人和之以是非而休乎天鈞，是之謂兩行。（齊物論）

此亦〈齊物論〉語，莊子說明世人有如眾狙之「名實未虧而喜怒為用」，沈浮於相對世界之得失苦樂中而不能自拔，解決此問題莊子提出「和之以是非而休乎天鈞」，此亦齊物之意，義為讓是非兩行，在一切二元對立中，以無所得之心一體同觀，然後止息於「天鈞」境界中。《成疏》：「天均者，自然均平之理也，夫達道聖人，虛懷不執，故能和是於無是，同非於無非，所以息智乎均平之鄉，休心乎自然之境也。」〔註30〕陳鼓應謂：「不執著於是非的爭論而一順自然均衡之理。」〔註31〕吳怡：「莊子接著補上一句『而休乎天鈞』，非常重要。……『休』就是歸休的意思，也就是回歸到自然大化的均平之道。」〔註32〕

「天鈞」之「天」較前一章更明確表達本性論意涵，因「鈞」已說明本體內涵，天則形容此內涵乃天生自然者，故成玄英、陳鼓應皆說為自然之意；吳怡更從「休」上說明有回歸之意，則天鈞為生命本質更屬明確，因回歸表示原本為天鈞狀態。據此則莊子主「生具」實甚明確。

（三）內直者，與天為徒。……與天為徒者，知天子之與己，皆天之所子。（人間世）

此〈人間世〉顏回將遊說衛君，向孔子提遊說之法。「內直者，與天為徒」，《郭注》：「言我內心質素誠直，共自然之理而為徒類。」〔註33〕說明內心之直

〔註29〕郭慶藩輯，《莊子集釋》，頁 67。
〔註30〕郭慶藩輯，《莊子集釋》，頁 74。
〔註31〕陳鼓應，《莊子今註今譯》，頁 74。
〔註32〕吳怡，《新譯莊子內篇解義》，頁 91。
〔註33〕郭慶藩輯，《莊子集釋》，頁 143。

與自然之理為同類，亦即我內心即是自然之理，或說天生即有此自然之理。釋德清更明白言之：「內直與天為徒者，言人之生也直，此性本天成。」〔註34〕此言人性本具自然之理的成聖質素。

（四）天下有大戒二：其一，命也；其一，義也。（人間世）

此〈人間世〉葉公子高將使於齊，內心甚慄而問孔子，孔子對葉公子高的開導詞。王先謙《集解》：「戒，法也。」〔註35〕受之於天，自然固結。此言這種父子君臣間之愛命敬義二德，是天生自然者。《成疏》：「夫孝子事親，盡於愛敬。此之性命，出自天然，中心率由，故不可解。」〔註36〕此亦說明愛敬之情本於天性，出於自然，是人本具於心者。故知莊子認定人本具愛敬二德。

（五）四者，天鬻也。天鬻者，天食也。既受食於天，又惡用人！（德充符）

此〈德充符〉第五章說明聖人之德，聖人具四德——不謀、不斲、無喪、不貨，此四德莊子稱為天鬻、天食，《郭注》：「既稟之自然，其理已足。」〔註37〕說明此四德稟之自然，亦即天生本具。《成疏》：「鬻，食也。食，稟也。天，自然也。以前四事，蒼生有之，稟自天然，各率其性，聖人順之，故無所用己也。」〔註38〕成玄英清楚說明，此四德是自然本具者，且謂此四者蒼生有之，人皆本具此四德。釋德清更詳盡說明此為人本性：「謂四者純德，乃天德也；鬻，猶售也，四德乃天售即所謂天爵也，……言天既售我以天德則天之所以食我也，……言天生我性德，自有天然之受用，又何以人偽求之。」〔註39〕憨山說明此四德猶如人之天爵，屬天生本具之善良本質，是天對我人之食養恩賜，既上天生我此性德，若我能依此而行便能滿足而別無所求，何需追求世俗巧偽；凡此都說明四德是人自然本性，人所得之於天者。故知莊子認定人有天生本具之善性。

〔註34〕釋德清，《莊子內篇注》卷3，頁11。
〔註35〕王先謙，《莊子集解》（臺北：三民書局，88年），頁24。
〔註36〕郭慶藩輯，《莊子集釋》，頁155。
〔註37〕郭慶藩輯，《莊子集釋》，頁219。
〔註38〕郭慶藩輯，《莊子集釋》，頁219。
〔註39〕釋德清，《莊子內篇注》卷3，頁24。

（六）是之謂不以心捐道，不以人助天，是之謂真人。（大宗師）

此〈大宗師〉說明聖人對生死態度，「不以心捐道，不以人助天」，此處所謂「人」與「天」究作何解？《郭注》：「人生而靜天之性也；感物而動，性之欲也。物之感人無窮，人之逐欲無節，則天理滅矣。真人知用心則背道，助天則傷生，故不為也。」〔註40〕說明人自然天性是「靜」，若用心或助天皆會使此性此道傷損。《成疏》：「不用取捨之心，捐棄虛通之道；亦不用人情分別，添助自然之分。能如是者，名曰真人也。」〔註41〕說明人天生有虛通之道與自然之分；若用取捨之心與人情分別，便會讓此本具之性消損。陳鼓應：「不用心智去損害道，不用人的作為去輔助天然。」〔註42〕，亦即不用後天人為心知，去傷害先天自然本質；這就是真人；世俗凡人亦具此先天本質，只是不懂保任而使本性消損爾。故知莊子完全肯定本性存在。

（七）魚相造乎水，人相造乎道。……魚相忘乎江湖，人相忘乎道術。（大宗師）

此〈大宗師〉孔子與子貢談方外之道時，孔子言水之於魚猶道之於人；水與魚、道與人關係密切，釋德清：「人之以道為命，如魚之以水為命。」〔註43〕，此說明水與道對魚與人猶命根然，故得之即樂；《集解》：「造乎水者魚之樂，造乎道者人之樂。」〔註44〕《成疏》：「魚在大水之中，窟穴泥沙，以自資養供給也；亦猶人處大道之中，清虛養性，無事逍遙，故得性分靜定而安樂也。」〔註45〕二者會有如命關係，必是本性分內有之者乃可能。足知莊子當肯定人性本具「道」成分。

（八）畸人者，畸於人而侔於天。（大宗師）

此〈大宗師〉子貢問孔子何謂畸人？孔子答「畸於人而侔於天」，此種畸人所作所為不合於人，但卻應合於天。《成疏》：「修仁義不偶於物，而率其本性者，與自然之理同也。」〔註46〕此處說明畸人本性與自然之理同，雖

〔註40〕郭慶藩輯，《莊子集釋》，頁230。
〔註41〕郭慶藩輯，《莊子集釋》，頁230。
〔註42〕陳鼓應，《莊子今註今譯》，頁187。
〔註43〕釋德清，《莊子內篇注》卷4，頁50。
〔註44〕王先謙，《莊子集解》，頁42。
〔註45〕郭慶藩輯，《莊子集釋》，頁272。
〔註46〕郭慶藩輯，《莊子集釋》，頁273。

未言其他人是否亦具此性，但至少說明畸人具此本性，且此本性與自然之理同。

　　上引八章充分說明上天予我們自然本性，此本性內容莊子說為：「鈞」、「直」、「大戒」、「道」、「天」等，此為上天對人之恩賜，故稱「天鬻」、「天食」，因是生命本質，故依之而行便如魚得水，自在逍遙。足見莊子肯定人具道之本質。

三、「真」——現具

　　「真」是真實，說明它存在狀況之真實性，真實之對反為虛假——非真實存在者。與前兩綱目相較，「常」說明永遠存在，就時間之永恆說，所謂「永具」；「天」說明天生自然具有，就時間之起始言，所謂「生具」；「真」說明真實存在，就時間之當下言，所謂「現具」。

　　「現具」雖只就當下言，但每一當下組合便是「永具」；每一生命當下都具便是「皆具」；故現具實含時間之永具、生具，與空間之皆具。故若莊子主人現具成聖本質，便是對本性論之完全肯定；以下亦依七篇先後引而說之。

　　（一）百骸、九竅、六藏，賅而存焉，吾誰與為親？汝皆說之乎？其有私焉？如是皆有為臣妾乎？其臣妾不足以相治乎？其遞相為君臣乎？其有真君存焉。（齊物論）

　　此〈齊物論〉次章，莊子在人身上檢視是否有一統領身心活動之真主，最後發現「真君」；陳壽昌：「真君者，元神之喻，即真宰也。凡後天有形之物，皆屬幻軀。惟此真君，虛空同體，一靈自耀，眾妙俱融，人能尊而親之，庶於冥冥之中，獨見曉焉。」〔註47〕王叔岷亦曰：「主宰人之百骸、九竅、六藏者，謂之真君，即真我，亦即空靈之心，與道冥合者也。」〔註48〕

　　凡此說明人身有一主宰，此主宰非如假我之時存時亡，而是任何時空都現身作主，此為生命最真實存在；它與虛空同體，但又能靈明作主而與道冥合。莊子既肯定人當下具此「真君」，而當下之集合便是「永具」，人人當下具有便是「皆具」；故知莊子肯定人人生具皆具此真君，亦即肯定吾人具成聖本質。

〔註47〕陳壽昌，《南華真經正義》內篇，頁 10 陽～陰面。
〔註48〕王叔岷，《莊子校詮》，頁 55。

（二）如求得其情與不得，無益損乎其真。（齊物論）

此章接上章而來，說明成聖本質之真實存在，《成疏》：「斯言凡情迷執，有得喪以擾心；道智觀之，無損益於其真性者也。」〔註49〕成玄英謂凡人雖有得失迷執干擾心靈，但以聖者心靈觀察，其於本性無所損傷改變；此說明凡人即使在迷執中，仍有真君存在，它是任何時段任何人皆存在者；此之謂生命本質。釋德清進一步說明此真君不增不減之本質：「言此真君本來不屬形骸，天然具足，人若求之而得其實體，在真君亦無有增益；即求之而不得而真君亦無所損，即所謂不增不減，迷之不減，悟之不增，乃本然之性真者，此語甚正。」〔註50〕此謂人身有此真君，無論任何情況都真實存在，且為絕對圓滿存在，永不增不減。陳壽昌亦曰：「真君存乎形骸之外，非求而得之，無以知其情實，然得不得在人，其真君自若也。」〔註51〕仍說明真君存在之絕對性，超越相對世界之有無，凡人立基相對世界，用二元對立系統要追求瞭解絕對世界之存在物，將有其限制性與困難性；因此很難碰觸「真君」，但即使凡人無法以有限心知去瞭解絕對本體，並非指絕對本體不存在，蓋凡人不能瞭解認識感受其存在，自是凡人之事，此與道之存在無關，道不因此而減少其成分或因而消失；道永遠存在，只在我們能否認識掌握爾，故莊子曰：「求得其情與不得，無益損乎其真」，它永遠真實存在著。

（三）已乎，已乎！旦暮得此，其所由以生乎。（齊物論）

此〈齊物論〉說明人情緒變化之源頭處，亦即前文所謂「真君」，若人能得此真君，便是生命存在之最重要依據，故釋德清：「今要人人識取自己主人公，故云旦暮得此，所由以生，將一此字，暗點出個真宰，乃有生之主。」〔註52〕王先謙《集解》：「既無可推求，不如其已乎。然俯仰旦暮間，自悟真理。此者，生之根也。」〔註53〕近世學者亦類作如上理解，吳怡：「停止向外追逐吧！停止向外追逐吧！早晚如能證得這個，這個也就是萬物所以生的主體了。」〔註54〕黃錦鋐：「算了吧，算了吧，假使我們一旦得到了它，就

〔註49〕郭慶藩輯，《莊子集釋》，頁 59。
〔註50〕釋德清，《莊子內篇注》卷 2，頁 19～20。
〔註51〕陳壽昌，《南華真經正義》內篇，頁 10 陰面。
〔註52〕釋德清，《莊子內篇注》卷 2，頁 16。
〔註53〕王先謙，《莊子集解》，頁 8。
〔註54〕吳怡，《新譯莊子內篇解義》，頁 53。

可以領悟宇宙間生生化化的道理。」〔註55〕凡此皆言人身真有聖之本質，只是吾等未能領會，若有幸一旦領會，便能入道而找到生命存在之真實價值。據此則知人本具成聖本質，聖凡只在領會與否，未領會不能否定道存在我身之真實性。

（四）若有真宰，而特不得其眹。可行己信，而不見其形，有情而無形。（齊物論）

此亦〈齊物論〉說明「真宰」之真實存在，雖看不到但卻可真實感受到。陳鼓應：「真宰：即真心（身的主宰）；亦即真我。各家解『真宰』為『造物』、『自然』或『道』，誤。上文『非我無彼』，由種種情態形成的『我』，乃是假我；後文『終身役役』即是假我的活動，『吾喪我』的『喪我』即是去除假我，而求真心、真我的存在。」〔註56〕陳鼓應說明真宰即真君，它相對於「吾喪我」之假我。此種真我之存在狀態，釋德清說：「真宰在人身中，本來無形故求之而不得徵兆也。……言日用云為無非真宰為之用。……言信有真實之體可信。……謂有真實之體而無形狀耳。」〔註57〕

則知莊子肯定有一真宰，只是此真宰常人看不到它存在徵候；但若願透過實踐體貼，便能對之確信無疑；因它非有形物，非人感官認知對象，故無法透過凡人官能看到，然其存在仍為真實。故知莊子實際肯定人本具成聖本質。

（五）〈養生主〉（養生主）

此莊子第三篇篇名，意涵有兩義：一是「養生」之主，另一是養「生之主」。前者說明養生之主要方法或要領，後者說明如何養「生之主」；歷來學者各有主張，釋德清：「此教人養性全生，以性乃生之主也，意謂世人為一身口體之謀，逐逐於功名利祿，以為養生之策，殘生傷性，終身役役而不知止，即所謂迷失真宰。」〔註58〕此謂「養生主」指養「性」言，亦即養護真宰，為人人本具之質性。王夫之：「形，寓也，賓也；心知寓神以馳，役也；皆吾生之有而非吾生之主也。……養形之累顯而淺，養知之累隱而深。……養生之主者，賓其賓，役其役，薪盡而火不喪其明。」〔註59〕此將生命分三層級：

〔註55〕黃錦鋐，《新譯莊子讀本》，頁32。
〔註56〕陳鼓應，《莊子今註今譯》，頁52。
〔註57〕釋德清，《莊子內篇注》卷2，頁17。
〔註58〕釋德清，《莊子內篇注》卷2，頁2～3。
〔註59〕王夫之，《莊子解》，頁30。

身、心、性，而謂養生主非指形與心知，乃指「薪盡而火不喪其明」之精神。
吳怡：「這是說我們的肉體和心知都不是生之主；生之主乃精神。」〔註60〕據
此等學者說，莊子以「養生主」名篇，當是肯定人具成聖本質。

由上引各章得知，莊子確信人有真君、真宰存在，它屬一元絕對之本體
界，凡人因生存於二元對立之相對界，故無法透過感官去碰觸，但即使無法
感受它存在，仍無礙它真實存在；若人旦暮得此，便找到生命真正價值所在；
而所謂養生主，便是養此生命本質。故知莊子當是肯定有生命本質之存在。

四、「復」──本具

前文無論「常」、「天」、「真」都在說明「性」之存在，只是存在狀態有
別，或強調永恆之永具、或重視源頭之本具、或說明當下之現具；但其具則
為確定者。此處則說明當下雖不具，但宜使之回復原始本初之具。既用「復」
表示原初是具，只因各種緣由致今不具，則知莊子乃肯定人原初具此生命本
質者。不過此處需作說明者為：所謂今日不具，並非真正不具，否則便違背
生命本質之定義，蓋若有時具有時不具便非生命本質，也不合乎性之「永具」、
「現具」特質。故知此處所謂今日不具是指「隱而不顯」，暫時被生命中負面
成分掩蓋，有如陰雨天之太陽，只被遮掩而非不存在。而所謂「復」只是讓
被遮掩隱蔽之生命本質再度顯發其作用，讓它作主發用而已。

（一）其溺之所為之，不可使復之也。（齊物論）

此〈齊物論〉說明人受現實冷酷嚴峻之境況摧殘，致生命本質日益消損
「不可使復之」，《成疏》：「滯溺於境，其來已久，所為之事，背道乖真；欲
使復命還源，無由可致。」〔註61〕釋德清：「言此等機心之人，沈溺於所為以
為是，不可使復其真性也。」〔註62〕陳鼓應：「沈溺於所為，無法恢復真性。」
〔註63〕以上三家皆同謂「復」指復其真性言，既要讓它回復，表示原先本具、
生具或永具，現因客觀環境致使本性隱沒，又以隱沒太甚致無法回復本初狀
態；但所謂無法回復本初狀態，也只是就現實言而非就本質言；本質是絕對
圓滿具足而無法受損，無須說復，因它從來沒消損過，復只就現實面善性未

〔註60〕吳怡，《新譯莊子內篇解義》，頁123。
〔註61〕郭慶藩輯，《莊子集釋》，頁53。
〔註62〕釋德清，《莊子內篇注》卷2，頁14。
〔註63〕陳鼓應，《莊子今註今譯》，頁49。

顯發而言。莊子此處用復亦是就現實面真性之不顯發言，但既用復表示他肯定人本具成聖本質。

（二）其厭也如緘，以言其都洫也；近死之心，莫使復陽也。（齊物論）

此接前章續言此受現實摧殘之心無法「復陽」，《成疏》：「耽滯之心，鄰乎死地，欲使反於生道，無由得之。」〔註64〕陳鼓應：「不能再恢復生意。」〔註65〕以上但就生命停滯死寂說明無法再度恢復生機。釋德清：「言一生用心如此，至死不能使復其本明也。」〔註66〕陳壽昌：「鬥心者老而彌工，其藏身亦日固；真宰汩沒，有如溝洫將涸之水，無復生氣也。」〔註67〕黃錦鋐：「他們沈溺於這種情形之中沒有辦法自拔恢復本性。」〔註68〕後三家則說明所謂無法「復陽」，是就真宰、本明、本性言；若然則莊子肯定人本具生命本質，且此生命本質原初為顯發狀態，今受創嚴酷現實，致本性無法顯發作主；凡此皆為主張人具成聖本質之證。

（三）庸詎知夫造物者之不息我黥而補我劓，使我乘成以隨先生邪？（大宗師）

此〈大宗師〉說明意而子被堯以仁義是非黥劓，但最後意而子表明願從許由學，並自謂此或即造物者將「息我黥而補我劓」，陳鼓應曰：「怎麼知道造物者不會護養我受了黥刑的傷痕，修補我受了劓刑的殘缺，使我形體恢復完整，隨從先生呢？」〔註69〕此處莊子用「息」與「補」都有解消修補之意，表示現今不善不好故要「息」，表示現今有缺陷故要「補」；陳鼓應先生所謂「使我形體恢復完整」，凡此都預設生命原初之完美狀態，天生具純善本質，因受後天傷害，故要修補回復之；此皆說明莊子認定人具生命純善本質。

上引三章透過「復」以說明莊子確定人具本性，蓋若無本性存在則無標準，也無所謂「復」，甚至不需「復」；「復」指恢復原初美善，若無原初本具美善，用「復」便無意義，既用「復」便知莊子確認人具本初美善之性。

〔註64〕郭慶藩輯，《莊子集釋》，頁54。
〔註65〕陳鼓應，《莊子今註今譯》，頁50。
〔註66〕釋德清，《莊子內篇注》卷2，頁14。
〔註67〕陳壽昌，《南華真經正義》內篇，頁9陰面。
〔註68〕黃錦鋐，《新譯莊子讀本》，頁32。
〔註69〕陳鼓應，《莊子今註今譯》，頁216。

五、「盡」──皆具

上來所論重在說明單一之我具生命本質──「永具」、「生具」、「現具」；以下則往外擴充到其他人，除我外之其他人亦皆具成聖本質；當然「人人」是由每一個體組成者，若每個人皆有成聖本質，便是人人皆具成聖本質。以下莊子亦用文字說明人人「皆具」成聖本質；此將本性論推向更完備整全之路。

（一）聖人愚芚，參萬歲而一成純；萬物盡然，而以是相蘊。（齊物論）

此〈齊物論〉長梧子對瞿鵲子說明聖者境界。「萬物盡然，而以是相蘊」，陳鼓應：「互相蘊含於精純渾樸之中。」〔註70〕說明宇宙萬物同蘊含滋潤於渾樸大道中，雖只說萬物含於大道而實同於萬物同具真性；故吳怡謂此為萬物具真性本質：「『參萬歲而一成純』這句話是指聖人並非真的愚昧，而是他的性體，通古今，和萬化相合。『一成純』，是指成為純然的一體。『萬物盡然』，即萬物皆有其真性，雖然在一般人眼中，是『隸』，是『役役』但就性體來說，卻是平等一味。」〔註71〕吳怡以為萬物皆具真性，當然包括所有人，若然則莊子不唯肯定我人本具成聖本質，且進一步主人人皆具成聖本質。

（二）萬世之後而一遇大聖，知其解者，是旦暮遇之也。（齊物論）

此〈齊物論〉文，前章說明現有空間之所有人皆具成聖本質；此章就時間言萬世後仍有聖人出焉而知其解，則肯定萬世後之人亦具成聖本質。釋德清：「言必待萬世之後，遇一大覺之聖人，知我此說，即我與之為旦暮之遇也。」〔註72〕陳鼓應：「也許經過萬世之後能遇到一個大聖人，了悟這個道理，也如同朝夕相遇一樣平常。」〔註73〕以上兩家言「旦暮遇之」指其平常無奇，即使萬世後也會有聖人出現，而其所體證者與我無差，亦即他們同具成聖本質，所具所體與我無二無別。

（三）內直者，與天為徒。……與天為徒者，知天子之與己，皆天之所子。（人間世）

此〈人間世〉顏回將遊說衛君，向孔子提出遊說法。前言「內直者，與

〔註70〕陳鼓應，《莊子今註今譯》，頁94。
〔註71〕吳怡，《新譯莊子內篇解義》，頁111。
〔註72〕釋德清，《莊子內篇注》卷2，頁73。
〔註73〕陳鼓應，《莊子今註今譯》，頁95。

天為徒」，言人天生本具正直之性。接著莊子說明此自然之理，不僅具我身且具所有人身。《成疏》：「是知帝王與我，皆稟天然，故能忘貴賤於君臣，遺善惡於榮辱。」〔註74〕顏回謂此「其德天殺」之衛君，亦稟自然之理，故將易於感動之；釋德清：「則彼我同此性也，故曰與天為徒，謂彼亦人耳，既同此性，苟言之相符寧無動於中乎。」〔註75〕故知莊子此段不僅說明我「本具」成聖質素，且同時肯定人人「皆具」成聖質素。

以上三章說明成聖本質不僅具於我身，且具於今日所有人身；不僅具於今日人身，且將具於未來所有人身；此即本性論「皆具」主張，有此主張乃能保證古今中外人人皆可成聖，如此本性論乃更為完備。

六、結語

以上乃用「前理論期研究法」探析莊子本性論，因莊子屬本性論發展初前期，當時尚無「性」概念，更遑論用「性」概念建構起本性論系統，故內七篇中無性字出現；然而雖莊子內篇無性字出現，並不意味莊子無本性論思想，只因各種主客觀因緣，致莊子未能建構起本性論，但他仍有對本性論之豐富感受、肯定、體會等存於其著作中，透過此等原始素材仍可窺知莊子對本性之看法，本章乃據此素材加以紬繹歸納分析，得出如上莊子對本性之認定。

經上文探析，得出莊子用「常」、「天」、「真」、「復」、「盡」等概念，說明生命本質之「永具」、「生具」、「現具」、「本具」、「皆具」；其中「永具」、「生具」、「現具」、「本具」在說明在時間序位中，「性」是永遠存在著，無論是現在（現具）、過去（生具、本具）、或未來（永具），莊子皆認為性一直具於人身；而「皆具」則說明不只我為如此，其他所有人皆然；故知莊子對本性論已有完整詳盡完整主張，實與儒佛兩家人性論無大殊。

第三節 「範疇學研究法」——間接推知本性論思想

「前理論期研究法」是直接對莊子本性論資料進行歸納分析；而「範疇學研究法」則是透過其他範疇論述，以間接確定本性論思想；一為直接、一為間接，此其大別。

〔註74〕郭慶藩輯，《莊子集釋》，頁143。
〔註75〕釋德清，《莊子內篇注》卷3，頁11。

　　依中國生命實踐哲學的範疇分類可歸為七範疇，此七範疇與本性論關係較為切的有「現況論」、「價值論」、「功夫論」、「境界論」等，本論文便將透過此四論，以定位莊子本性論內涵。

　　唯此四論內容豐富繁多，若要鉅細靡遺論述將甚佔篇幅；故本章此處僅引代表性原典，不作全面性論述；透過此等結論便可見莊子本性論內涵。

一、由現況論推知

　　「現況論」重在對現實生命作說明，若人能安於現況，則不會產生超越現況之作為；反之，若對現況不滿，便會指陳現況問題並進行批判，則知現況必非本性所在。故透過現況論可消極瞭解何者非本性，透過它的對反便為本性。

　　（一）名也者，相軋也；知也者，爭之器也。二者凶器，非所以盡
　　　　　　行也。（人間世）

　　（二）「有人於此，嚮疾強梁，物徹疏明，學道不勌，如是者，可
　　　　　　比明王乎？」老聃曰：「是於聖人也，胥易技係，勞形怵心
　　　　　　者也。」（應帝王）

　　（三）今子外乎子之神，勞乎子之精，倚樹而吟，據槁梧而瞑。天
　　　　　　選之形，子以堅白鳴。（德充符）

　　（四）其寐也魂交，其覺也形開。與接為構，日以心鬥。……終身
　　　　　　役役而不見其成功，苶然疲役而不知其所歸，可不哀邪！……
　　　　　　其我獨芒，而人亦有不芒者乎？（齊物論）

首章言「名」與「知」為生命負面價值，故求名求知皆悖本性；二章言利用聰明積極有效地追求現實價值，依得道者眼光看來皆屬卑賤勞碌無意義之事；三章謂將己之身心精華耗盡以追求學問名聲，為可悲之事。末章說明窮盡心力體力日夜不息追求勝利，所付代價無與倫比，此為身心未安頓者作為，實在可悲。故知追求名利等世俗價值非人本性，為求一己成功之世俗事業，亦非生命本質。

　　（五）儵與忽謀報渾沌之德，曰：「人皆有七竅以視聽食息，此獨無
　　　　　　有，嘗試鑿之。」日鑿一竅，七日而渾沌死。（應帝王）

此〈應帝王〉末章言有為之害，《成疏》：「夫運四肢以滯境，鑿七竅以染塵，

乖渾沌之至淳，順有無之取舍；是以不終天年，中塗夭折。」〔註76〕此說明
儵與忽滯於有為，以主觀想法強加至淳渾沌，致本始樸厚天性消失無形；釋
德清：「種種不得逍遙，皆智巧之過，蓋皆為鑿破渾沌，喪失天真者，即古今
宇宙兩間之人，自堯舜以來，未有一人不是鑿破渾沌之人也。」〔註77〕此說
明人間世人，皆重智巧而失本真，墮現實界而無法自拔，皆背離生命本質；
真生命本質當回歸渾沌本體界，生活於無有是非對立及人我紛爭中，以享受
絕對喜樂自在。

　　（六）是非之彰也，道之所以虧也。道之所以虧，愛之所以成。（齊
　　　　　物論）

此進一步解釋現況問題根源，為何道虧愛成，《成疏》：「夫有非有是，流俗之
鄙情；無是無非，達人之通鑒。故知彼我彰而至道隱，是非息而妙理全矣。……
虛玄之道，既已虧損，愛染之情，於是乎成著矣。」〔註78〕陳鼓應：「是非的
造作，道就有了虧損，道的虧損，是由於私好所形成的。」〔註79〕此皆說明
淪落於現況者乃因二元之故，當二元對立出現，便產生我執與分別識，接著
生起佔有與排斥心，然後有得失苦樂之後果，如此因循不已。此皆莊子所批
判，皆非生命本質。

　　以上透過現況論以說明本性論，但此僅消極說明本性論非如何，而未直
接陳述本性論內涵。

二、由價值論推知

　　「價值論」在探討各種價值，並指出何者乃為生命終極價值；既是終極
價值必源於生命本質；故透過哲人對終極價值之認定，便可知其本性論內涵。

　　（一）有人之形，無人之情。有人之形，故群於人；無人之情，故是
非不得於身。眇乎小哉，所以屬於人也；謷乎大哉，獨成其天。（德充符）

　　此章區別兩類價值：一是有限形體，一為無限精神；前者渺小非本質所
在；後者是生命之重要偉大處，亦為人能配天之原理所在。吳怡：「雖然形體
的封閉，使我小為萬物之一，可是『德之所長』，卻使我超越而入於天，而和

〔註76〕郭慶藩輯，《莊子集釋》，頁310。
〔註77〕釋德清，《莊子內篇注》卷4，頁22～23。
〔註78〕郭慶藩輯，《莊子集釋》，頁75～76。
〔註79〕陳鼓應，《莊子今註今譯》，頁78。

天地精神往來。」〔註80〕由此可知警乎大哉之天性，方是生命本質。

（二）彼特以天為父，而身猶愛之，而況其卓乎！人特以有君為愈乎己，而身猶死之，而況其真乎！（大宗師）

天與君是世人追求之較高價值，故人們願為君父奉獻生命，然莊子以為尚有高於君父之價值；釋德清：「此言真性在我，而不屬生死者，乃真常之性也。」〔註81〕陳壽昌：「夫卓者真者何？道也，即大宗師也，惟道造命，固當捨生忘死以求之矣。」〔註82〕王叔岷：「此文之真，猶上文之卓，並謂道也。」〔註83〕凡此皆謂生命最高價值在真與卓，即指道或真常之性，此便為吾等本性。

（三）其一與天為徒，其不一與人為徒，天與人不相勝也，是之謂真人。（大宗師）

（四）若夫乘天地之正，而御六氣之辯，以遊無窮者，彼且惡乎待哉！（逍遙遊）

此兩章言成聖本質具體落實之真人、至人、神人、聖人，其內涵即為「一」與「正」；釋德清：「其一，謂天人合一，謂天與人合一而歸於道，則萬物雜然而不一者，盡皆渾然會歸於道也。」〔註84〕按「一」指一元絕對不二之謂，是真人所體悟境界，亦為生命本質之內涵。至於「正」，《成疏》：「天地者，萬物之總名也，天地以萬物為體，而萬物必以自然為正，自然者，不為而自然者。……故乘天地之正者，即是順萬物之性也。」〔註85〕釋德清：「正，天地之本也，如各正性命之正。」〔註86〕徐復觀：「乘天地之正，郭象以為『即是順萬物之性』，……人所以不能順萬物之性，主要是來自物我之對立；……自我的封界取消了（無己），則我與物冥，自然取消了以我為主的衡量標準，而覺得我以外之物的活動，都是順其性之自然。」〔註87〕

〔註80〕吳怡，《新譯莊子內篇解義》，頁204。
〔註81〕釋德清，《莊子內篇注》卷4，頁19。
〔註82〕陳壽昌，《南華真經正義》內篇，頁49陽面。
〔註83〕王叔岷，《莊子校詮》，頁225。
〔註84〕釋德清，《莊子內篇注》卷4，頁17。
〔註85〕郭慶藩輯，《莊子集釋》，頁20。
〔註86〕釋德清，《莊子內篇注》卷1，頁20。
〔註87〕徐復觀，《中國人性論史（先秦篇）》（臺北：臺灣商務印書館，1994年），頁394。

「一」與「正」是聖人所成就之生命內涵，為吾等所企求之理想目標，亦即為生命本質所在。

（五）泰氏，其臥徐徐，其覺于于。一以己為馬，一以己為牛。其知情信，其德甚真，而未始入於非人。（應帝王）

《成疏》：「泰氏，即太昊伏羲也。」〔註88〕此為理想國度，人皆生活於無分別境，無現世主客二元之對立分裂，無得失苦樂之相對情緒，但生活於逍遙自在愉悅無得無失之境，此為莊子追求之價值理想，亦即為莊子認定之生命本質。

（六）仲尼曰：「死生存亡、窮達貧富、賢與不肖、毀譽、飢渴寒暑，是事之變、命之行也。……是之謂才全。（德充符）

（七）彼是莫得其偶，謂之道樞。樞始得其環中，以應無窮。是亦一無窮，非亦一無窮也。故曰：莫若以明。（齊物論）

此兩章說明聖者心境，亦即生命終極理想之內涵，莊子稱為才全、道樞、以明等，在此境中一切對立解消，不起情緒反應，永遠喜樂自在；《成疏》：「雖復事變命遷，而隨形任化，淡然自若，不亂於中和之道也。」〔註89〕釋德清：「言以上諸事雖常情之變，但了其本無，故不足以汩和。」〔註90〕由心之本明與外物相接，無是無非，是非一體同觀；此為生命追求之終極價值，亦即生命本質所在。

以上透過莊子說明理想人物、時代、內涵、境界，亦即莊子所追求之終極價值，以論其本性論內涵，他認為吾等當超越「人」之小者，而追求屬於「天」之大者，具體言之即「一」與「正」，成就者稱聖人、神人、至人、真人，成就時代為泰氏之世，其心境稱才全或以明。人既應追求此聖者理想，表示此乃本性所在，故知莊子本性論肯定人有成聖本質。

三、由功夫論推知

「功夫」是促成吾人由現況走入終極理想之作為，亦可言為回復生命本質與成就聖人境界之施為。因對本性看法不同，所作施為便異；故透過功夫

〔註88〕郭慶藩輯，《莊子集釋》，頁288。
〔註89〕郭慶藩輯，《莊子集釋》，頁213。
〔註90〕釋德清，《莊子內篇注》卷3，頁19。

論便可反觀其本性論主張。按功夫種類可大別分為如下樹狀關係：

（一）向外求取（人性非善）：義襲功夫（外鑠增益之方法）

（二）向內彰顯（人性為善）：

　　1. 本質功夫（直接從善性下手）〔註91〕

　　2. 助緣功夫（間接讓善呈顯）：

　　　　（1）積極型

　　　　（2）消極型

第一大類之「向外求取」，此不謂人性為純善，包括性惡、性有善有惡、性無善無惡等，皆須用此功夫，因其不謂善本具圓具我身，故必向外襲取，透過外鑠以擁有善，此為義襲功夫。故若莊子重義襲，便可確定其不主人本具成聖質素。

第二大類以下各功夫，雖功夫性質有別，但皆主本性為善。其中本質功夫是直接讓善呈顯之功夫，通常為悟後起修功夫。所謂助緣功夫是雖有助呈顯本質，但對本質之呈現無必然保證，此為悟前功夫。助緣功夫又可依性質分積極型與消極型；積極型使用努力為善方式，讓心與善相應；消極型則不作任何積極施為，只解消排除妨礙道呈顯者。

故知若主性善，則所述功夫必是第二大類；而有偏積極型與偏消極型者，乃生命風格特色所致，無礙皆主本性為善。莊子所言功夫主要為本質功夫與助緣功夫之消極型，以下說明之。

（一）若一志，無聽之以耳而聽之以心；無聽之以心而聽之以氣。耳止於聽〔註92〕，心止於符。氣也者，虛而待物者也。唯道集虛。虛者，心齋也。（人間世）

此〈人間世〉孔子回答顏淵何謂心齋之內容，此章莊子說明修道三層次，一是聽之以耳，其次是聽之以心，再其次是聽之以氣；而氣之內涵就是虛。《成疏》：「心有知覺，猶起攀緣；氣無情慮，虛柔任物。故去彼知覺，取此虛柔，遣之又遣，漸階玄妙也乎！」〔註93〕陳鼓應：「『氣』即是高度修養境界的空

〔註91〕見牟宗三，《從陸象山到劉蕺山》（臺北：臺灣學生書局，79 年），頁 164、230～231。

〔註92〕俞樾曰：「上文云，無聽之以耳而聽之以心，無聽之以心而聽之以氣。此文聽止於耳，當作耳止於聽，傳寫誤倒也，乃申說無聽之以耳之義。言耳之為用止於聽而已，故無聽之以耳也。」（見郭慶藩輯，《莊子集釋》，頁 147～148。）

〔註93〕郭慶藩輯，《莊子集釋》，頁 147。

靈明覺之心。」〔註94〕此說明「氣」之虛柔空明特性；因虛故能讓道顯現，「唯道集虛」，《郭注》：「虛其心則至道集於懷也。」《成疏》：「唯此真道，集在虛心。故如虛心者，心齋妙道也。」〔註95〕王夫之：「心齊之要無他，虛而已矣。」〔註96〕此皆說明「虛」是道顯現之前提，「虛」之法是透過「無」──解消放下，先是放下耳之執著，其次是放下心之執著，最後達以「氣」接物境界，「氣」便是虛之狀態，心一虛至道便自然顯現。故知莊子非重向外求取之義襲功夫，而是透過向內消極之「無」以虛其心，然後生命本質便自然朗現。

由莊子使用向內彰顯功夫，只要虛其心以創造至道呈顯之有利條件，便能讓至道自然顯現，其為善性論至為明顯。

（二）瞻彼闋者，虛室生白，吉祥止止。（人間世）

此〈人間世〉孔子教導顏淵「虛室生白」道理，陳鼓應：「觀照那個空明心境。……空明心境生出光明。」〔註97〕《成疏》：「觀察萬有，悉皆空寂，故能虛齊心室，乃照真源，而智慧明白，隨用而生。」〔註98〕釋德清：「此心虛之喻也，謂室中空虛，但有缺處，則容光必照，而虛室中即生白矣，以喻心虛則天光自發也。」〔註99〕陳壽昌：「光明生於虛室，妙理生於虛心。」〔註100〕凡此皆說明若心能虛，則自然智慧明白，天光自發，容光必照，至道自然顯現。故重點是讓彼闋空虛，不黏執外物，心虛則大道自現。此亦肯定人本具成聖本質。

（三）無為名尸，無為謀府，無為事任，無為知主。體盡無窮，而游無朕。盡其所受乎天，而無見得，亦虛而已（應帝王）

此〈應帝王〉莊子提示修道功夫，前四句說明「無」──放下解消，《郭注》：「無心則物各自主其知也」。《成疏》：「身尚忘遺，名將安寄」、「虛淡無心，忘懷任物」、「各率素分，恣物自為」、「忘心絕慮，大順群生」〔註101〕；此言若吾人放下自己而讓心虛空，對「名」、「謀」、「事」、「知」勿有為執著；

〔註94〕陳鼓應，《莊子今註今譯》，頁127。
〔註95〕郭慶藩輯，《莊子集釋》，頁148。
〔註96〕王夫之，《莊子解》，頁38。
〔註97〕陳鼓應，《莊子今註今譯》，頁129。
〔註98〕郭慶藩輯，《莊子集釋》，頁151。
〔註99〕釋德清，《莊子內篇注》卷3，頁17～18。
〔註100〕陳壽昌，《南華真經正義》，頁29陰面。
〔註101〕郭慶藩輯，《莊子集釋》，頁307～308。

若心達虛明，大道自然呈顯。後五句則說明就「生命本質」處用功夫，《成疏》：「體悟真源，故能以智境冥會，故曰皆無窮也。」〔註102〕釋德清：「體，言體會於大道，應化無有窮盡；朕，兆也，謂遊於無物之初。……但自盡其所受乎天者全體不失，而亦未見有得之心也。」〔註103〕陳鼓應：「承受著自然的本性。」〔註104〕以上並謂人有天生本質，宜仔細體會此無窮妙心，而總要領為「虛」，釋德清：「如此亦歸於虛而已，言一毫不可有加於其間也。」〔註105〕

此處莊子提出兩功夫，一是消極型之無為無執，當放下有為之心，大道自然呈顯；一是從善性用功之本質功夫。此兩功夫並皆肯定人本具成聖質素。

（四）顏回曰：「回益矣。」仲尼曰：「何謂也？」曰：「回忘禮樂矣！〔註106〕」曰：「可矣，猶未也。」他日復見，曰：「回益矣。」曰：「何謂也？」曰：「回忘仁義矣。」曰：「可矣，猶未也。」他日復見，曰：「回益矣！」曰：「何謂也？」曰：「回坐忘矣。」仲尼蹴然曰：「何謂坐忘？」顏回曰：「墮肢體，黜聰明，離形去知，同於大通，此謂坐忘。」（大宗師）

此〈大宗師〉顏回述己功夫進境，主要方法為「忘」，先忘禮樂，次忘仁義，後連主體都忘；顏回總結此坐忘境界為：放下有形身體執著與無形心理束縛；而所謂一切皆忘並非處頑空無知狀態，而是走入大通與大道冥合為一。吳怡：「『墮肢體』是忘掉形體的我，是離形；『黜聰明』是忘掉意識的我，是去知。最後『同於大通』，是坐忘的最緊要處，因為坐忘只是忘了形和知的我便易流於頑空死寂。『大通』指的是大道。」〔註107〕莊子強調此坐忘功夫，忘掉一切外在干擾束縛，以使本始天性自然顯現；足見其主張人人本具成聖質素。

〔註102〕郭慶藩輯，《莊子集釋》，頁308。

〔註103〕釋德清，《莊子內篇注》卷4，頁19。

〔註104〕陳鼓應，《莊子今註今譯》，頁238。

〔註105〕釋德清，《莊子內篇注》卷4，頁19。

〔註106〕王叔岷，《莊子校詮》：「按《淮南子道應篇》「仁義」二字與「禮樂」二字互易，當從之。……禮樂，外也；仁義，內也。忘外以及內，以至於坐忘。」（頁268。）

〔註107〕吳怡，《新譯莊子內篇解義》，頁264。

（五）荅焉似喪其耦，……今者吾喪我，汝知之乎？（齊物論）

此〈齊物論〉首章說明南郭子綦之功夫運用，「喪其耦」，俞樾曰：「司馬云耦身也，此說得之。……耦當讀為寓。寓，寄也，神寄於身，故謂身為寓。」〔註108〕至於「吾喪我」，《郭注》：「我自忘矣；我自忘矣，天下有何物足識哉！故都忘外內，然後超然俱得。」《成疏》：「喪，猶忘也。許其所問，故言不亦善乎。而子綦境智兩忘，物我雙絕。」〔註109〕莊子蓋說明身與心皆所當忘，當境智兩忘，物我雙絕，並非指一物不生之冥頑不靈狀態，而是進至天籟境界。故「喪」雖屬消極型功夫，因莊子肯定有成聖本質存在，當解消身心執著，生命本質便頓時顯現。故由莊子使用消極型功夫，知其肯認有生命本質存在。

（六）三日而後能外天下；……七日而後能外物；……九日而後能外生。（大宗師）

此〈大宗師〉女偊答南伯子葵提問，假卜梁倚之例說明修道過程，先需外「天下」、「物」、「生」等，乃能見獨得道，此亦消極型功夫，仍假定人有成聖本質，當徹底解消執著，便能悟得攖寧境界。由此可知莊子肯定吾人生具成聖本質。

（七）吾所謂無情者，言人之不以好惡內傷其身。（德充符）

此〈德充符〉末章，述惠子與莊子論聖人有情無情，惠子主有情，莊子主無情；至於「情」之意含，《成疏》：「是非彼我好惡憎嫌等也。」〔註110〕此指對一個對象之取捨分別並進而產生情緒之謂，此為常人有執之情愛，莊子謂此種情有時反會傷己；故莊子要除「是非彼我好惡憎嫌」，當人能無是無非，無彼我好惡，生命本質便顯現，《成疏》所謂：「無情者，非木石其懷也，止言不以好惡緣慮分外，遂成性而內理其身者也。何則？蘊虛照之智，無情之情也。」〔註111〕雖是無情但此無情方是真情，乃無所得對眾生大愛，超越人間有限情愛，此便為大道顯現狀態。當解消有為染執真情便現，故知莊子肯定人生具成聖本質。

〔註108〕郭慶藩輯，《莊子集釋》，頁44。
〔註109〕郭慶藩輯，《莊子集釋》，頁45。
〔註110〕郭慶藩輯，《莊子集釋》，頁222。
〔註111〕郭慶藩輯，《莊子集釋》，頁222。

（八）欲是其所非而非其所是，則莫若以明。……是以聖人不由，而照之於天。……唯達者知通為一，為是不用而寓諸庸。……聖人和之以是非而休乎天鈞。……為是不用而寓諸庸，此之謂「以明」。……休乎天鈞，因之以曼衍。（齊物論）

此〈齊物論〉所述功夫；相較前此之論，則此處所列舉較偏本質功夫。「莫若以明」，王先謙《集解》：「莫若以明者，言莫若即以本然之明照之。」〔註112〕陳鼓應：「以空明的心境去觀照事物本然的情形。」〔註113〕此皆言當有是非彼此對立時，聖人便回到本明，以本然之明作觀照，則忘懷是非超越對立，如實面對當下情境，此便為「莫若以明」。聖人處人間複雜環境，能隨時以本明觀照，故吳怡：「『照之於天』和前面的『莫若以明』是一對照，前面的明就是天之明，也就是萬物本真的自明。」〔註114〕此為人天生本具質性。故釋德清曰：「此一節言聖人照破則了無是非，自然合乎大道，應變無窮，而其妙處皆由一明耳，此欲人悟明，乃為真是也。」〔註115〕

此外〈齊物論〉尚舉：「照之於天」、「寓諸庸」、「休乎天鈞」等功夫，《成疏》：「體夫彼此俱空，是非兩幻，凝神獨見而無對於天者，可謂會其玄極。……唯彼我兩忘，是非雙遣，而得環中之道者，故能大順蒼生，乘之遊也。……唯當達道之夫，凝神玄鑒，故能去彼二偏，通而一。」〔註116〕此莊子提示我們於現象界，需當下凝神玄鑒而回歸於道，將彼我是非兩忘雙遣而無對，便能與道冥合。故知莊子倡此本質功夫，讓生命在每一當下皆能彰顯本質而不假外學，則見其每一生命皆具成聖本質。

以上透過莊子功夫論以確定本性論內涵，蓋莊子功夫論主要為消極型，要讓心「虛」、「無」、「忘」、「喪」、「外」等，其意在化除大道呈顯之障礙，營造大道呈顯之有利條件，當雜染徹底解消，大道便自然呈顯，且莊子所言泛指一切人，故知莊子確定吾人生具皆具成聖質素。此外，〈齊物論〉亦有彰顯本質功夫者，透過本質功夫以讓大道當下呈顯；凡此皆可說明吾人本具皆具成聖質素。

〔註112〕王先謙，《莊子集解》，頁9。
〔註113〕陳鼓應，《莊子今註今譯》，頁61。
〔註114〕吳怡，《新譯莊子內篇解義》，頁81。
〔註115〕釋德清，《莊子內篇注》卷2，頁34。
〔註116〕郭慶藩輯，《莊子集釋》，頁68、69、73。

四、由境界論推知

「境界」指透過功夫實踐所達之生命情境，境界有高低等級，而聖人所達乃最高級者，為所有生命共同企求之圓滿理想。若能指出實踐何種內涵能達此理想境界，便表示此哲人知此內涵為人本質，亦即吾人生具此成聖質素。

按境界是吾人作功夫所達狀態，理想狀態當指消極之去苦與積極之得樂，凡能帶來吾人真正去苦得樂者，便是生命本質所在；此便是該哲人之本性論。若莊子指出某內涵可使人去苦或得樂，便是指出心或人之本質。去苦就負面或消極面言，得樂就正面或積極面說；去苦同時便是得樂，得樂同時便能去苦；此為檢定何者為生命本質之依據，凡能真正達致去苦得樂者，必是本質所在；故若莊子能指出何者能去苦得樂，便表示莊子以此為人之本質，亦即主張吾人生具皆具此生命本質，此便是莊子本性論。

（一）去苦

若吾等所為合乎生命本質，因內外契合致有愉悅、喜樂、深得我心、寬慰、滿足、暢通、無隔、自在等感覺；反之，若所為背離生命本質，因內外衝突便會有不舒暢、沈悶、壓抑、不痛快、隔閡、受傷、痛苦、志不得伸、煩惱等感覺。此為所有生命共同之內建程式，因此若能發現真正去苦得樂之法，便表示找到生命本質所在。

以下先言去苦，若莊子發現真正去苦之法，雖莊子未說此為生命本質，且未用性之概念或語詞表示，仍無害莊子找到生命本質，便可確認其本性論。

1. 適來，夫子時也；適去，夫子順也。安時而處順，哀樂不能入也，古者謂是帝之縣解。（養生主）

此〈養生主〉末章，老聃死秦失弔之，莊子藉秦失說明得道者「安時處順」心態。《成疏》：「為生死所係者縣，則無死無生者縣解也。夫死生不能係，憂樂不能入者，而遠古聖人謂是天然之解脫也。」〔註117〕此言常人為生死所繫有如倒懸；聖者發現生命本質為「安時處順」，於是實踐而不為生死所繫所苦。釋德清：「此言性得所養而天真自全，則去來生死，了無拘礙。」〔註118〕憨山此處直謂聖人能喜樂乃因「性得所養」，亦即依性而行，因此生死自在了無罣礙；故知莊子指出生命本質為「安時處順」，依之而行便得樂，背之而行

〔註117〕郭慶藩輯，《莊子集釋》，頁129。
〔註118〕釋德清，《莊子內篇注》卷2，頁14。

便嬰苦。故可說莊子發現生命本質，或說莊子肯定人具生命本質。

2. 且夫得者，時也；失者，順也。安時而處順，哀樂不能入也，此古
之所謂縣解也。（大宗師）

此同前章，只是前章言生死，此章論得失。當人面對得失每為所苦，吳
怡：「人們之所以不能解開這個結，就是由於『為物所結』，受物變的左右，
為物情所困苦。」〔註119〕聖人發現生命本質，依之而行故哀樂不能入，能化
解倒懸之苦。故知莊子以「安時處順」為生命本質，人當依此本質而實現乃
能去苦離苦。

3. 無趾語老聃曰：「孔丘之於至人，其未邪？彼何賓賓以學子為？彼
且以蘄以諔詭幻怪之名聞，不知至人之以是為己桎梏邪？」老聃曰：
「胡不直使彼以死生為一條，以可不可為一貫者，解其桎梏，其可
乎？」（德充符）

此〈德充符〉叔山無趾遭孔子心理傷害而至老子處告狀，言孔子但知追
求表面名聲而不知至人反以是為桎梏；結果老聃問叔山無趾為何不以「死生
為一條，可不可為一貫」解其桎梏。《成疏》：「忘於仁義，混同生死，齊一是
非，條貫既融則是帝之縣解，豈非釋其枷鎖，解其杻械也。」〔註120〕《集解》：
「言生死是非，可通為一，何不使以死生是非為一條貫者，解其迷惑，庶幾
可乎！」〔註121〕此說明生死是非齊一乃解除桎梏最好方法，因「一死生、齊
是非」是生命本質故；憨山進一步論述如孔子之追求虛名，實無法獲真正快
樂，因非生命本質故，釋德清：「桎梏，乃拘手足之刑，言孔子專求務外之名
聞而不務實，彼殊不知虛名乃諔詭幻怪之具，非本有也；如桎梏之於手足，
拘之而不得自在者也。」〔註122〕據此益可知莊子指出「一死生、齊是非」為
生命本質，且人人皆具此本質。

（二）得樂

去苦是消極說明本性作用，得樂則是積極闡述本性效能；若人真實現生
命本質，就苦面言能去苦，就樂面言能得樂；若絕對實踐本性，便獲絕對喜

〔註119〕吳怡，《新譯莊子內篇解義》，頁 252。
〔註120〕郭慶藩輯，《莊子集釋》，頁 205。
〔註121〕王先謙，《莊子集解》，頁 32。
〔註122〕釋德清，《莊子內篇注》卷 3，頁 13。

樂，便為圓滿聖人。當然此處所謂樂乃指品質高、時間長、廣度大、無副作用之絕對喜樂言。倘莊子能指出實踐何種特質能獲此真樂，便可說莊子找到生命本質，或莊子確定人具此成聖本質。

1. 注焉而不滿，酌焉而不竭，而不知其所由來，此之謂葆光。（齊物論）

此〈齊物論〉述得道境界；按「樂」廣義言之包括寧靜、穩定、光明、空靈、柔軟、一體、無所不包、無對立性等；唯具此等特質所顯之樂乃為真樂，否則便為有限俗樂。此章所言便是一無所不包且又光明含蓄之樂，《郭注》：「任其自明，故其光不弊也。」《成疏》：「葆，蔽也。至忘而照，即照而忘，故能韜蔽其光，其光彌朗。」〔註123〕

莊子提及此境界便表示莊子肯定此本質存在，故其本性論必主張人人皆具此無所不包且光明含蓄之生命本質。

2. 古之真人，不知說生，不知惡死。其出不訴，其入不距。翛然而往，翛然而來而矣。（大宗師）

生死是生命中最大事，它涉及喜樂主體之存在與否，若此主體不存則連痛苦亦不可得，故常人甚難放下對生之執著與對死之畏懼；此乃一切生命最根源深層之存在問題；唯有真正解除此生死問題者乃能獲得真正喜樂，亦可言此人真正找到生命本質。《成疏》：「翛然，無係貌也。翛然獨化，任理遨遊，雖復死往生來，曾無意戀之者也。」〔註124〕釋德清：「真人遊世不但忘利害，而且忘生死，故雖身寄人間，心超物表，意非真知妙悟未易至此。」〔註125〕莊子既能說出面對生死不訴不距之心，不知說生惡死之情，而達真正超越喜樂之絕對至樂，則其對本性有真實瞭解當無疑，肯定人有此成聖本質亦當無疑。

3. 其好之也一，其弗好之也一；其一也一，其不一也一。（大宗師）

此〈大宗師〉第五論聖人之文，說明聖人心之絕對性，它超越現象界之一切對立，無論現象如何差別，對聖人言皆完全平等一味而能一體同觀，達致無苦無樂、超越苦樂、與絕對至樂之境；言樂必論至此乃可說至極，唯有

〔註123〕郭慶藩輯，《莊子集釋》，頁89。
〔註124〕郭慶藩輯，《莊子集釋》，頁229。
〔註125〕釋德清，《莊子內篇注》卷4，頁11。

超越苦樂之樂乃是真正至樂，乃是真正聖人本懷，乃是真正生命本質。

《郭注》：「常無心而順彼，故好與不好，所善所惡，與彼無二也。……夫真人同天人，均彼我，不以其一異乎不一。」《成疏》：「既忘懷於美惡，亦遣蕩於愛憎。故好與弗好，出自凡情，而聖智虛融，未嘗不一。……其一，聖智也；其不一，凡情也。既而凡聖不二，故不一皆一之也。」〔註126〕釋德清：「其一，謂天人合一，謂天與人合一而歸於道，則萬物雜然而不一者，盡皆渾然而歸於道也。」〔註127〕

按「其一」與「其不一」可就多種層面詮釋，《郭注》就整體言，說明一切的一與不一完全等同，《成疏》則說明聖智與凡情不二。此外，亦可就後設論點說明一切分別若往上一層次便可消解對立分別，直至最後之絕對無分別，心乃能真正不動而歸於靜，一切可能皆在此心中，皆為此心所含，當然就無情緒反應。吳怡所謂：「其一，是本一的道當然是一；其不一，是差別的物，但物同一體性，也本來是一。」〔註128〕

4. 其為物無不將也，無不迎也，無不毀也，無不成也。其名為攖寧。攖寧也者，攖而後成者也。（大宗師）

《郭注》：「任其自將、自迎、自毀、自成。」《成疏》：「攖，擾動也。寧，寂靜也。夫聖人慈惠，道濟蒼生，妙本無名，隨物立稱，動而常寂，雖攖而寧者也。」〔註129〕按前章說明一切皆一之理，此章則將此義理內化於己，真實踐履之。因一切皆一，故得是一失亦是一，來是一去也是一，一切變化皆不離心之本質，故皆不動而無情緒，此境界稱攖寧。莊子能說此境界，便表示他確認且已實踐此本質，故其本性論相信人本具「一」之本質，或說吾人本具成聖之本質。

五、小結

以上利用「範疇學研究法」，特別是與本性論關係密切之現況論、價值論、功夫論、境界論，以定位莊子本性論內涵；透過現況論可知現實之名利追求非人本質，一切現象界二元對立之有為系統皆非人本質；價值論則進一步說

〔註126〕郭慶藩輯，《莊子集釋》，頁240。
〔註127〕釋德清，《莊子內篇注》卷4，頁17。
〔註128〕吳怡，《新譯莊子內篇解義》，頁237。
〔註129〕郭慶藩輯，《莊子集釋》，頁255。

明何者乃值得追求，莊子認為吾等當超越人之小而追求天之大，具體言之即「一」、「正」、「才全」、「以明」等；人既應追求此聖者理想，表示此為本性所在；功夫論方面莊子主要提出消極型功夫：「虛」、「無」、「忘」、「喪」、「外」等，其意在化除道呈顯之障礙，營造道呈顯之有利條件，當雜染徹底解消，大道便自然呈顯，故知莊子確定吾人生具、皆具成聖質素。最後透過境界論以定位本性論方面，凡是能去苦得樂者便是生命本質所在，莊子指出能去苦得樂者：「安時處順」、「死生為一條，可不可為一貫」、「不知說生，不知惡死」、「其一也一，其不一也一」等，此等便是生命本質所在，實踐之便是聖，故知莊子肯定吾人生具成聖本質。

第四節　結論

　　莊子本性論是學術上重要課題，唯因莊子屬本性論發展初前期，論性之文但見外雜篇，故學者探討者較少；歷來研究莊子本性論主要有二法，一是透過外雜篇之「性」，一是經由內篇之「德」，此等方法實有論證上瑕疵，故本章提出「前理論期研究法」與「範疇學研究法」以為研究莊子本性論之法。

　　本章以為能代表莊子主要思想者當為內七篇，內七篇既無性字出現，於是需用「前理論期研究法」，此法認為莊子既屬本性論發展初前期，故尚未建構本性論系統論述，於是只能根據散見內七篇之相關資料歸納分析而得，本章乃據內七篇文紬繹有關生具、皆具、圓具之論述，得出莊子對本性論有：常、天、真、復、盡之論點，故肯定莊子主張生命本質永具、生具、現具、本具、皆具；故為完整本性論無遺。

　　接著本章透過「範疇學研究法」探究莊子本性論，此法認為生命中各範疇屬有機組合，故要探討本性論可經其他範疇結論推論而得，而與本性論最直接關連者為：現況論、價值論、功夫論、境界論，故本章透過此四論以間接說明莊子主張人天生具有成聖本質。蓋現況論是哲人對現況作智慧觀照而覺其有限，故凡現況論所述，便是背離本性論者，此為對本性論之間接說明。價值論指出生命最值得追求之目標，此唯生命本質乃能當之，故價值論所追求者便是本性論內涵，此為對本性論直接說明。功夫論是生命實踐下手方法，不同本性論便決定不同功夫型態，若主向外求取功夫，便非本性論者；若主向內彰顯，無論屬哪一型功夫皆為正統本性論者。最後，境界論是生命實踐

後成果顯示，凡能帶來生命去苦得樂者，便是生命本質所在；而此樂必是品質高、數量大、時間長、且無任何副作用之絕對樂，若莊子說明此樂存在，便是肯定生命具此本質。經「範疇學研究法」探究最後發現莊子當是肯定吾人生具皆具成聖本質者。

徵引文獻

一、古籍

1. 明・釋德清，《莊子內篇注》，臺北：廣文書局，1991 年。
2. 清・方以智，《藥地炮莊》，臺北：廣文書局，1975 年。
3. 清・王夫之，《莊子解》，臺北：里仁書局，1995 年。
4. 清・王先謙，《莊子集解》，臺北：三民書局，1999 年。
5. 清・宣穎，《莊子南華經解》，臺北：廣文書局，1978 年。
6. 清・郭慶藩輯，《莊子集釋》，臺北：河洛出版社，1974 年。
7. 清・陳壽昌，《南華真經正義》，臺北：新天地書局，1972 年。

二、近人論著

1. 嚴靈峰，《老莊研究》，臺北：中華書局，1966 年。
2. 張心澂，《偽書通考》，臺北：臺灣商務印書館，1970 年。
3. 張成秋，《莊子篇目考》，臺北：臺灣中華書局，1971 年。
4. 葉國慶，《莊子研究》，臺北：臺灣商務印書館，1973 年。
5. 郎擎霄，《莊子學案》，臺北：河洛圖書出版社，1974 年。
6. 牟宗三，《中國哲學十九講》，臺北：臺灣學生書局，1983 年。
7. 黃錦鋐，《莊子及其文學》，臺北：東大圖書公司，1984 年。
8. 唐君毅，《中國哲學原論・原道篇》卷一，臺北：臺灣學生書局，1986 年。
9. 牟宗三，《智的直覺與中國哲學》，臺北：臺灣商務印書館，1987 年。
10. 唐君毅，《中國哲學原論・原性篇》，臺北：臺灣學生書局，1989 年。
11. 王邦雄，《中國哲學論集》，臺北：臺灣學生書局，1990 年。
12. 唐君毅，《中國哲學原論・原教篇》，臺北：臺灣學生書局，1990 年。
13. 陳品卿，《莊學新探》，臺北：文史哲出版社，1991 年。
14. 牟宗三，《心體與性體（一）》，臺北：正中書局，1992 年。

15. 高柏園，《莊子內七篇思想研究》，臺北：文津出版社，1992 年。

16. 唐君毅，《中國哲學原論・導論篇》，臺北：臺灣學生書局，1993 年。

17. 牟宗三，《才性與玄理》，臺北：臺灣學生書局，1993 年。

18. 陳鼓應，《老莊新論》，臺北：五南出版社，1993 年。

19. 徐復觀，《中國人性論史（先秦篇)》，臺灣：商務印書館，1994 年。

20. 勞思光，《中國哲學史（一)》，臺北：三民書局，1997 年。

21. 王邦雄等，《中國哲學史》，臺北：空中大學，1998 年。

22. 吳汝鈞，《老莊哲學的現代析論》，臺北：文津出版社，1998 年。

23. 王叔岷，《莊子校詮》，臺北：中研院史語所，1999 年。

24. 牟宗三講述，陶國璋整構，《莊子齊物論義理演析》，臺北：書林出版社，1999 年。

25. 崔大華，《莊學研究》，臺北：文史哲出版社，1999 年。

26. 吳怡，《新譯莊子內篇解義》，臺北：三民書局 2001 年。

27. 歐陽景賢、歐陽超，《莊子釋譯》，臺北：里仁書局，2001 年。

28. 陳鼓應，《莊子今註今譯》，臺北：臺灣商務印書館，2002 年。

29. 黃錦鈜，《新譯莊子讀本》，臺北：三民書局，2007 年。

附註：本章將以〈莊子本性論探微〉之名，發表於《華梵人文學報》期 10，2008 年 7 月。

第十章　結論——先秦儒道兩家本性論綜述

摘要

　　本章為作者近年探討孔、孟、荀、老、莊五子本性論之綜述，按此五子中孔老莊三家著述中幾無「性」字出現，故無法透過歸納分析其著作之性義，以得出其本性論，是以本論文除採歷來學者研究法外，另提「前理論期研究法」與「生命實踐範疇學研究法」，以為研究孔老莊本性論之特有方法。

　　經本論文探析確定先秦儒道五子中，除荀子外皆主吾人生具皆具成聖質素，甚至相當程度肯定圓具成聖質素；此不唯在先秦諸子獨步，甚至後代哲人要契會其說或多有不逮；足見此立論之卓絕而難能。

　　孔孟老莊本性論之貢獻在於指出吾人真正生命本質所在，並謂此為人人生具皆具圓具者；其次，因孔孟老莊本性論之精確至當，故豎立中國生命實踐學本性論圭臬，後代哲人本性論，凡合乎此者為正統，異乎此者便為歧出，學者類依此標準以評騭哲人本性論之正歧。

　　關鍵詞：本性論、儒道、前理論期研究法、範疇學研究法

第一節　緒論

一、本書研究動機——問題意識

　　「本性論」是生命實踐中非常重要之課題，如果不能肯定吾人天生本具

成聖本質，於是要成聖便需向外求取，這便意味著成聖無必然性，甚至因為「善」在外面，於是每人都可標舉自己認為善的價值，此將導致善惡不分、是非無定論之後果，而自己也將陷入無所適從之困境；再者，若無法確認人人本具成聖本質，會讓人望而卻步，對成聖裹足不前；最後，若無法確定我所具之成聖本質，與已經成聖者無二無別，亦會造成人們只滿足於眼前階位，不會企求絕對圓滿；那生命絕對圓滿之理想終將落空。簡言之，若無本性論之肯定，一切道德學說將漏洞百出，無法完整建構起來。

「本性論」既如此重要，故有必要對歷來聖哲本性思想進行檢視，以瞭解他們對本性之看法。本書主要設定在儒道兩家開山祖師之孔、孟、荀、老、莊五子；唯此五子中僅孟、荀兩家有較多論「性」文句；孔子《論語》論性僅兩見，出自孔子口者僅一見；《莊子》論性雖多，但都集中《外雜篇》，被判定為莊子本人著作之《內篇》，亦無論性字句；至於老子則全無論性之言。再者，荀子論性雖多但主「性惡說」。這是否意味先秦儒道五子，除孟子外不是未論便是立論有誤，故此問題實有必要加以更深入探究。

若要對先秦五子本性論作深入探究，首先當對「本性論」意涵作出明確定義，以為論述依據；其次說明本論文研究範疇，論述之取捨標準，接著對歷來學者研究成果作反省回顧，以見出前人研究成果與限制；再者，需提出獨到方法學作為工具，乃能超越前人，尤其對著述中未使用「性」之本性論者，更需另覓新法乃能有濟。以上屬本論文緒論，主文則探討各家本性論內涵，說明儒道五子之同異，並與同期及後代本性論者作比較；此為本論文之論述架構。

二、本性論之意涵──本具、皆具、圓具

本書對「本性論」歸納成三主要概念：「本具」、「皆具」、「圓具」，亦即本性論在探討吾人是否「本具」、「皆具」、「圓具」成聖質素。

「本具」：探討吾人是否本來具足成聖質素，此為成聖質素之就時間言者，包括過去現在未來的一切時間，無論閒適快活與顛沛流離之時、或為善為惡之際，亦即在時間序位中「成聖質素」永遠不離開吾人之身，或說它是人的本質。

「皆具」：探討是否人人皆具此成聖質素，此乃就成聖質素之於空間言者，指世人無一例外皆具有「成聖質素」，包括老少智愚善惡人等全都具此成聖質素。

「圓具」：探討是否人人本具之「性」為絕對圓滿者，前兩項無論時間與空間，皆屬數之範疇；圓具則屬質的範疇；理想本性論不只要主張吾人生具與人人皆具，更要主張人人所本具之「成聖質素」為絕對圓滿者。〔註1〕

以上便是「本性論」所探討之三主要概念；先秦儒道兩家本性論研究，便在探討此等哲人義理中有無關於吾人「本具」、「皆具」、「圓具」成聖質素之主張。

三、本書探究範疇——儒道主要思想家且成書於先秦者

「本性論」屬生命實踐哲學範疇；因此，若非生命實踐哲學系統，便不存在「本性論」問題；而所謂「生命實踐哲學」，簡言之乃指追求達致生命圓滿之聖人、至人、神人之理想者，先秦哲學屬此領域者唯儒道二家。〔註2〕

傳統看法先秦儒家除孔孟荀外，尚有《易傳》、《大學》、《中庸》等著作；唯《易傳》十篇，現代學者研究發現除〈象傳〉上下，可能寫於戰國中期外，其他〈象傳〉有可能寫於漢初，被稱為「易大傳」之〈繫辭傳〉，學者亦以為可能作於漢初；其他〈序卦〉、〈說卦〉、〈雜卦〉等，時間還可能更晚；因此，若將《易傳》當成一完整系統，則並不全屬先秦著作，且作者非一人〔註3〕，故本書未將之納入探討之列；《大學》與《中庸》至宋朱熹定為曾子與子思作品，並與《論語》、《孟子》合稱四子書，然此二書本屬《禮記》二篇，而《禮記》乃儒家後學習禮筆記，經漢戴德、戴聖編纂而成；是否為曾子、子思之作，歷來學者多持懷疑之論，目前學者普遍看法亦以為非一人一時之作，殆經師講經內容經弟子記錄而成者；〔註4〕故本書亦未論及《大學》、《中庸》本性論。

道家部分，《老子》作者眾說紛紜至今無定論，但其為一人一時之作當無可疑，且其年代必在秦統一前，加以本書依近世新儒家說，將《老子》之道

〔註1〕以上有關「本性論」內涵之論述，請參見許宗興，〈孟子性善論解析〉，《華梵人文學報》第四期，頁31～72。該文對孟子本性論解析出四意涵：「本具」（就時間言）、「皆具」（就人數言）、「圓具」（就品質言）、「實具」（就存在言）；其中第四意之實具，重在談孟子現成良知，就老子言此意不顯，故本文只論前三意；為免重複，相關論述請參考該文。

〔註2〕他如墨家追求社會互愛和諧，法家重在國富兵強，名家關心概念邏輯問題，陰陽家探討宇宙生化現象，農家、縱橫家、雜家、小說家等，則更與生命實踐無關。

〔註3〕見王博，《易傳通論》（臺北：大展出版社，2004年）。

〔註4〕見王夢鷗，《大小戴記選注》（臺北：正中書局，1971年），頁1～4。

定位為「主觀體證境界」之道〔註5〕，則其為先秦生命實踐哲學便無可疑。《莊子》作者與成書年代，學者亦看法不一。其中外雜篇大部分學者以為非莊子原作，且其思想雜而不純，成書年代亦可能遲至漢初；唯內篇部分則學者看法較一致，以為當屬莊子原作，故本書但據內七篇以論莊子本性論思想。先秦道家除老莊外尚有《文子》、《管子》等所謂黃老之學，但因重點在政治，已非本論文範疇故不論。

四、前人成果檢討

本書旨在探討先秦儒道五子之本性論，學者對此五子本性論之探討，輕重多寡相差懸殊：就數量言孟荀本性論研究最多，老莊研究最少，尤其老子幾乎無有，莊子雖有探究論文但多集中外雜篇，探討內七篇者亦少。有關孔子本性論之論文數量雖稍多，但因《論語》直接論及「性」者僅兩章，資料仍有限。故知歷來學者對儒道兩家哲人本性論之探究，主要依哲人著述中論性文字多寡而定：論性資料豐富，則學者探討多；論性資料缺乏，則學者探討便少。故孟荀最多，《論語》次之，而《莊子·內篇》與《老子》幾無學者論及；此就論文發表數量多寡，以論研究成果。

其次，若就個別哲人之本性論研究，則各有成果與限制；以下就孔孟荀老莊五子，分別說明學者研究之大致成果與限制所在；同時說明本論文所要著力處與預期效果。

（一）孔子（551～479BC）部分

孔子本性論相關研究不多，主要為針對《論語》中「性相近也，習相遠也」〔註6〕、「夫子之言性與天道不可得聞也」〔註7〕兩章作探討，並由此提出對孔子論性之看法，大抵國內學者透過體會法以謂孔子之性指「天性」，大陸學者普遍認為孔子之性指「氣性」，他們以為孔子屬本性論發展初期，孔子對性之認識是指性未分化前狀態，亦即認為孔子對性之認識尚屬粗略。至於成聖本質是否生具、皆具、圓具於吾人之身，則所論更少。

〔註5〕如牟宗三先生、王邦雄先生、袁保新先生、高柏園先生等，這些論文主要發表於《鵝湖月刊》、《鵝湖學誌》、《鵝湖研討論論文集》等相關雜誌，此處不詳列；相關問題本人已於〈老子的本性論〉做過論述。（見《臺北大學中文學報》期4，2008年3月）。

〔註6〕《論語》，《十三經注疏》（臺北：藝文印書館，1978年），頁154。

〔註7〕《論語》，頁43。

此等研究因受限《論語》論性資料，故難於經由此有限資料以確定孔子本性論內涵；解決此問題必另立研究法乃辦，經由新研究法與更多論性資料之採用，乃可解開孔子之本性論內涵；本論文便希望透過「前理論期研究法」與「範疇學研究法」之採用，然後蒐集更多論性資料，以期更精準論證孔子本性論內涵。

（二）孟子（372～289BC）部分

《孟子》對本性立論甚多且直謂自己「道性善」，故從先秦到近代相關論述源源不絕，所論亦甚能彰顯孟子性善精神內涵；此中較缺乏者為對「本性」意涵作完整明確之釐清。其次，孟子對性善論之證明主要是透過論證「第一念」之善（今人乍見孺子將入於井，皆有怵惕惻隱之心），以證明人性之善；此種證明法實有瑕疵，因第一念之善，只表示「心」善，未必即為性善；猶若人第一念為惡，並不能證明人性之惡。若要證明人性為善，需提其他有效論證，此等處便是孟子與歷來學者較疏忽處。

本論文希望透過分析法與分類法，以清楚釐析本性論指涉的各種可能意涵，並確認孟子本性論之真實切確意涵，最後確定本性論旨在探討吾人是否生具皆具圓具成聖質素；並對孟子性善論之論證提出檢視，若發現其瑕疵，則嘗試提出證明本性為善之論證。

（三）荀子（335BC～257BC）部分

《荀子》書論性之處甚多，且以〈性惡〉名篇，歷來學者單獨討論荀子性惡說者甚多，探討孟荀差異者亦不少。唯荀子之「性」實等同孟子之「欲」，乃指生命負面情愫；荀子書中相近於孟子之性者當是「心」，因此若要探討荀子本性論，當是收羅荀子論「心」文字，而非歸納論「性」字句；其次當需對荀子義理架構與學說限制有相應理解，乃可對荀子本性論予批判性定位，此等處便是本論文期望達成之目標。

（四）老子（？BC～？BC）部份

老子書中無「性」字出現，因此研究老子本性論之學者並未見；若要探討老子本性論，不能從收集分析歸納老子論「性」文字下手，宜另闢蹊徑，重新建構探討本性論之方法，乃有可能得出老子真正本性論思想；其次，老子之學說是屬「客觀宇宙律則」或「主觀體證境界」？此為探討老子本性論優先要處

理之問題，若老子屬「客觀宇宙律則」，則與生命實踐學無關，便無本性論問題。若老子學說屬生命實踐學，乃可依「前理論期研究法」與「範疇學研究法」加以探討，以得出老子本性論。以上為本論文探討老子本性論之論述架構。

（五）莊子（368BC～290BC）部份

《莊子‧內篇》無論性文字，外雜篇則數量甚多，故學者探討莊子本性論有二路：一是以外雜篇為莊子之作，至少以之為義理相同者，於是透過歸納外雜篇之性，而得出莊子之本性論；另一是將內篇與外雜篇分開，而以內篇之「德」為莊子之「性」；但透過本論文研究發現此二路皆有論證瑕疵。要探討莊子本性論，當以內篇資料為主要，又因內篇無性字出現，故本書仍是採用「前理論期研究法」與「範疇學研究法」，希望藉此能探究出莊子對吾人是否生具皆具圓具成聖本質之主張。

以上是針對先秦儒道五子中，學者研究之數量與對個別哲人研究之成果與限制作說明，並陳述本論文對歷來學者限制部分所提出之解決法，以及對本性論中較為學者所忽略者，提出新的探討方向。

五、本書之研究法──前理論期研究法、範疇學研究法、分類法、分析法等

就中國本性論史開展言，戰國中晚期方是本性論發煌期，且此與地域有關；故孔子與老子因年代較早，故屬本性論未萌芽期；莊子雖與孟子同時，但因莊子地處南方，故仍無本性之直接論述；此三家因當時當地「本性」概念未生，故無法透過他們直接對本性之論述而分析歸納出他們的本性思想。對此本論文提出「前理論期研究法」與「範疇學研究法」。以下作簡要說明：

（一）前理論期研究法

「前理論期研究法」是基於學說建構之發生學原理而提出之研究法；若就「本性論」之發生學言，一個哲人由主體生命之體會認定到理論學說之建構完成，中間實有一漫長之發展歷程；此一歷程若要順利發展完成，除主觀面需對本性有自覺深邃之體會、具建構學說之意趣與能力外，尚須外在客觀條件配合；若主客觀因緣和合，便能建構出完整之本性論學說。以下先不談客觀因緣與建構學說之意趣與能力等部分，僅略就主體對本性論之認識掌握成型之發展歷程提出說明：

1. 不自覺認定：心中但有體會與認定而尚未經意識反省。此等認定會於相關言說中自然流露。

2. 自覺認定：已意識或反省到此問題，但未將之概念化與文字化。此時亦會將未概念化之體會流露於言談著述中。

3. 概念化：漸次將所意識之內涵加以概念化文字化，故會有相關之概念表露於其言說著作中；但尚未建構起系統性論述。

4. 系統化：開始建構條理性論述，有系統地說明其理論內涵，並使其論述具一致性；但尚未經嚴密論證以證明其真。

5. 論證化：透過合乎邏輯推理之論證程序證明其真，甚至與其他理論對勘比較，並批判不同主張之學說；但尚未證明其為絕對真理。

6. 絕對化：經證明為絕對真理，其論證為千真萬確而無人能推翻其說。

　　此為理論學說建構在「發生學」上可能之發展流程，當然此等階段實際上未必如此明晰確定，但中間需經此等歷程則當無可疑。此六階段未必所有聖者在建構理論時皆會經歷，有些聖者學說只發展至前一、二階段，有些至三、四階段，有些則完全建構完成；此部分尚涉及其他主客觀因素，此處暫不論。

　　上列六階段若粗分為兩時期，便是「理論醞釀期」與「理論成型期」，或說「前理論期」與「理論期」。理論成型期或理論期是就理論之概念化、系統化、論證化、絕對化言，它已使用概念語言作系統化論述，甚至以論證式證明其為絕對真理；此為通常學者探討聖哲義理思想所依據者。理論醞釀期或前理論期，是尚無概念語言描述，更沒有系統化說明與論證，但它是哲人建構理論之源頭；此時也許完全未觸及本性論，或有觸及而未意識到，或已意識到而未概念化，雖缺乏明確表述但其為真實感受則無可置疑。

　　依此說法，則據聖賢生命實踐之真實體會與認定，便可得出該聖賢對本性之看法；唯此等體會認定所表露於聖哲著述中者是雜多且不統一，蓋聖賢此時並未自覺地對本性內涵作論述，只單純傳達自己生命實踐之體會認定，因此並不會使用本性論範疇之特殊概念與文字，也不會將之類聚於一處而集中論述，當是散見各處之零星言說。

　　故知此法之操作是透過聖哲言談著述之資料，一篇一章地研析判讀，以發現聖哲是否透露有關本性論訊息，再進一步弄清聖哲是正面肯定或負面反對，其中原因何在？最後將所有篇章做統整詮釋，以論定哲人對本性論最真實看法為何。

　　因孔子、老子、莊子皆無對本性之詳細論述，故只能透過此「前理論期研究法」之助，以探得此等哲人對本性之真實看法。

（二）範疇學研究法

　　「範疇學研究法」是利用生命實踐哲學中各範疇間之有機組合關係，而藉由其他範疇之論點以定位出「本性論」內涵。「範疇學研究法」雖可用於「理論成型期」與「前理論期」，但因「理論成型期」哲人已有相當豐富之本性論述，不太需要透過此法去瞭解哲人之本性論內涵，故知此法主要仍運用於尚未有本性論述之前理論期哲人。若與「前理論期研究法」相較，「前理論期研究法」重在直接紬繹歸納哲人有關本性論之認定體會，而「範疇學研究法」則重在間接透過哲人對本性論以外範疇之論述，而推論出該哲人之本性論思想。以下先引拙作〈中國生命實踐哲學的範疇論〉一文結論，以方便相關論述：

> 本文透過生命實踐哲學必論及的四向度，將「中國生命實踐哲學」分為七範疇，這四向度是：一為方向貞定，在探討現實生命的不圓滿與理想價值的美好；前者為現況論，後者屬價值論。二為聖者內涵釐清，在探討我人是否具聖人本質，與聖人本質是什麼？前者屬本性論，後者屬本體論；三為實踐落實，在探討實踐方法與實踐後成效，前者為功夫論，後者為境界論；四為人我圓滿，在探討主體生命圓滿與外在其他生命圓滿，前者屬內聖學，後者屬外王學；因內聖已釐析而化為前六論，無須再作綜合論說；故雖是四向度，每向度探討兩相對性質之範疇，最後只得七範疇。……為求清晰而易於瞭解四向度七範疇的內涵與關連，請圖示如下：〔註8〕

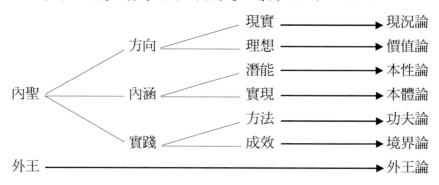

〔註8〕見許宗興，〈「中國實踐哲學」的範疇論〉，《華梵人文學報》期8（2007年1月），頁53～88。

　　以上便是於〈中國生命實踐哲學的範疇論〉中所建構出來，用以詮釋中國哲學的四向度與七範疇。亦即將中國哲學內涵區分為此四向度七範疇；而這七範疇間之相互關係，便是本書此處所要利用以探析先秦儒道哲人本性論之方法。上文只說明中國哲學之內在結構為「四向度七範疇」，本書則利用此「四向度七範疇」之關連性，以探究先秦儒道哲人本性論；故可視為「中國生命實踐哲學範疇論」運用之一例。

　　按本性論與其他範疇之關係，就關連程度言可分四等級：一是完全無關者，此為同屬內涵向度之本體論，本性論說明聖人本質具於我身，本體論說明聖人本質是什麼；它與本性屬同一問題之兩層面，故無法藉助它來瞭解本性之有無；亦即無法透過本體論與本性論之關係而瞭解本性論內容。

　　二是關連程度甚少，此指本性論與外王論關係，因外王論在探討主體如何去影響成就其他生命，而本性論在探討主體本身問題，故較難由歸納外王論材料以得出本性論結論。

　　三是關連程度稍多，此指本性論與現況論、價值論關係；就現況論言，可由人們對現況不滿不樂，推論此等現況非人本性，但何者為人本性則尚無法知道。就價值論言，凡有價值者必是本性所在，故若某哲人確定人宜追求何等之生命理想，便是告訴我們此為本性所在。

　　四為關係程度最強，此指實踐向度之「功夫論」與「境界論」，蓋此二者皆基於人有成聖本質並瞭解成聖內容後，往下實踐必有之發展，故與「本性論」最為接近。因此透過「功夫論」便能確定本性論內涵，例如某哲人重視使用消極去除障礙之功夫，而非積極學習增長之功夫，便表示該哲人肯定人天生具成聖本質；反之，若某哲人強調向外求取，則表示該哲人不認為人有成聖本質。故此為探析本性論之重要依據。至於本性論與境界論關係，當一位行者功夫使用得力後，便會讓生命本質顯現，而產生空樂明等境界。故凡能造成空樂明等境界者，便是生命本質所在；若為善而樂，那透過境界理論之說，便可證明善為人本質。故經由哲人境界論之釐析，亦可瞭解該哲人之本性論。

　　由以上說明可知，若要瞭解一哲人之「本性論」，可透過與「本性論」關係較為密切之「現況論」、「價值論」、「功夫論」、「境界論」等範疇之論述，而定位出該哲人本性論之內涵；此便是本書所謂「範疇學研究法」。

　　以上是本書有別於其他研究本性論學者之研究方法論，也是對屬於本性

論尚未萌芽期或本性論發展初期的哲人，所可能使用之方法；若不研究此等哲人之本性論則已，倘要探究此等哲人之本性論，捨此等方法或將無由也。

除以上兩研究法外，本書尚因襲前此學者之研究法，較重要者為解析法與歸類法。解析法是將一複雜多義概念，釐析其各種可能意涵，以得出該概念之全部完整意涵，讓該字詞意義更清晰明確而易於掌握。歸類法則是將雜多概念，透過綜合而得出幾組類概念，經由歸類會讓複雜不清之問題變得單純明確；此兩法亦是本論文常用之法，它不限前理論期之孔老莊，凡探究哲人本性論皆可適用。

最後則是批判法，本書立基生命實踐哲學立場，對先秦儒道兩家哲人本性論，先是探討其主張，進一步則是批判其立論。本書對荀子本性論批判甚為嚴厲，便是站在生命實踐哲學所做的批判。

第二節　先秦儒家本性論探析

此處先秦儒家指孔孟荀三家，本章將對此三家本性論作一綜合說明，然後比較其異同，並評其優劣得失。

一、孔孟荀本性論綜述

「孔孟荀本性論」主要探討內涵包括：該哲人主要著作有哪些？屬本性論發展之前期或後期，亦即屬前理論期或理論成型期；其次，說明探索此等哲人本性論之研究法；接著說明經由此等研究法所得出之結論，同時檢證其論證之正誤；最後則對此哲人本性論進行批判。

（一）孔子之本性論

研究孔子本性論最可靠資料為《論語》，目前《論語》有關「性」之記載僅兩章，一為孔子自述「性近習遠」（論語・陽貨），一為子貢自嘆「夫子言性與天道不可得聞」（論語・公冶長）；唯孔子自述之「性」是否即為「本性義」亦有疑義；此蓋孔子屬本性論發展萌芽期，建構本性論之主客觀因素尚未成熟，故孔子未用「性」概念說明其本性論主張。因此要探討孔子本性論，除解析釐清《論語》中兩處之「性」概念外，尚需用「前理論期研究法」及「範疇學研究法」乃能探究出孔子真正的本性論內涵。

本論文歸納《論語》有關論性之文，所得結論為，《論語》中孔子自言性

者僅一處，故將「夫子之言性與天道不可得而聞」，解為孔子少言性，似較為可信。至於為何孔子少言，可以說孔子重心在「仁」、「仁智聖」、「人之所志所學」等方面，故對「本性論」較少致力；亦可說孔子屬本性論發展初期，對「本性論」內涵仍少精微探索，且此時文化環境尚無對本性論提出看法之強烈需求，故孔子少有論述；只是時隔境遷至學生輩之子貢，由於年代漸後「本性論」需求漸增，加以個別學生之個別需要，於是子貢感嘆「夫子之言性與天道，不可得聞」。

　　既然無法從孔子言性之篇章找到孔子本性論思想，便只能透過「前理論期研究法」，紬繹孔子有關本性之間接論述，這些篇章包括：「夫君子之居喪，食旨不甘，聞樂不樂，居處不安，故不為也。今女安，則為之。」（陽貨）、「內省不疚，夫何憂何懼？」（顏淵）、「仁遠乎哉？我欲仁，斯仁至矣。」（述而）、「天生德於予，桓魋其如予何！」（述而）、「誰能出不由戶？何莫由斯道也？」（雍也）、「七十而從心所欲，不逾矩。」（為政）〔註 9〕經由此等論述之辨析可確認孔子對吾人「生具」、「皆具」成聖質素，當是完全肯定；至於「圓具」概念則尚未明說。〔註 10〕

　　按孔子屬本性論發展初期，是儒家與中國哲學之開創哲人，對本性能有「生具」、「皆具」之肯定確認，已屬難能可貴，至於「圓具」思想是理論發展較完備後乃會有之理論系統，當屬後繼者工作。

（二）孟子之本性論

　　孟子本性論最主要資料為《孟子》，孟子書中「性」字出現 37 次，且自己標示「性善」（滕文公上）主張，孟子生當戰國中期，上距孔子之死已百餘年，此時人性論已達發煌期，論性者除孟子外，據《孟子·告子》載公都子之言，有「性無善無不善說」、「性可以為善，可以為不善說」、「有性善有性不善說」；〈告子上〉前四章並載孟子與告子論辯人性善惡問題，可見此時人性論已甚發達。因此要探究孟子本性論，只要歸納分析孟子有關本性論之論述，便能得出答案；《孟子》中有關本性論之重要篇章包括：「人之所以異於

〔註 9〕《論語》中此等篇章極易找到，為避免繁雜此處不詳列出處頁碼，孟、荀、老、莊處同。
〔註 10〕關於如何透過此等資料以判定孔子主張吾人生具皆具成聖質素，請參見許宗興，〈孔子本性論研究法芻議〉，《高雄師範大學國文學報》期 8（2008 年 6 月）。及〈孔子本性論探析〉（審查中）

禽獸者幾希，庶民去之，君子存之。」（離婁下）、「惻隱之心，人皆有之；……仁義禮智，非由外鑠我也，我固有之也，弗思耳矣。」（告子上）、「乃若其情則可以為善矣，乃所謂善也。若夫為不善，非才之罪也。」（告子上）、「人之所不學而能者，其良能也。所不慮而知者，其良知也。」（盡心上）、「孩提之童，無不知愛其親者，及其長也，無不知敬其兄也。」（盡心上）、「今人乍見孺子將入於井，皆有怵惕惻隱之心。」（公孫丑上）、「由是觀之，無惻隱之心非人也，…人之有是四端也，猶其有四體也。」（公孫丑上）、「曹交問曰：『人皆可以為堯舜，有諸？』孟子曰：『然。』」（告子下）、「雖存乎人者，豈無仁義之心哉？」（告子上）、「親親，仁也。敬長，義也。無他，達之天下也。」（盡心上）等。

透過以上諸章辨析，可確定吾人生具、皆具、圓具善之道德性，此種道德性與聖人「同質等量」且「恆具」我們「性」中。〔註11〕

最後，《孟子》提出各種對「性善論」證明，包括「聖賢體證」、「自己實踐」、「邏輯推理」等，但前二者並不具普遍性，故不易為「人文系統學者」或「現今學術界」所接受；而第三種推論似又有瑕疵，例如以乍見孺子入井第一念之善而推論人性為善，並不具推論合法性。〔註12〕唯孟子雖在推論上有瑕疵，但無害他對人性主張之精確。他的本性論乃繼承孔子而來，主吾人「本具」、「皆具」成聖質素，且由「人皆可以為堯舜」而知其亦主人人「圓具」成聖質素。如此之本性論在中國生命實踐學上，已是成熟完備者，後代哲人僅能依其立論作更深邃詳盡之引伸論述而已。

（三）荀子之本性論

荀子主要著作為《荀子》，《荀子》書中「性」字凡 119 見，第二十三篇且以「性惡」名篇，蓋荀子處戰國末期，較孟子晚生五六十年，亦是本性論蓬勃時期，故要探討其本性論只需將其有關本性之論述作一分析梳理，便能知其本性論思想；只是荀子所使用之「性」較傾向「欲求」意涵，荀子類似孟子「性」者當是「心」，因此要探討荀子本性論，不能依荀子對「性」之立論，而當另據「心」之論述以為依據。

〔註11〕關於這當中之推論過程仍請參見許宗興，〈孟子性善論解析〉，《華梵人文學報》期 4（2005 年 1 月）與〈孟子性善論的証明〉，《華梵人文學報》期 5，頁 95～122。

〔註12〕見許宗興，〈孟子性善論的証明〉，《華梵人文學報》期 5，頁 95～122。

荀子將「心」分「知、情、能」三者；三者中「知」所論最多，故歷來學者認定荀子的心是「認知心」；「情」荀子視為負面內涵，亦即「性惡」之「性」的內容；「能」則是意志執行力。在此格局中生命正面特質，如慈悲、善良、美善等德性，無法在心上安立，只得將它們置放心外；於是便需靠認知心去認識外在美善，當認知心清明時即能分辨是非善惡，能將外在美善學習過來，以之對治負面情性。如此安排造成荀子理論上大缺陷，如：心與善為二、善在心外、善如何產生、我如何認定它為善等問題。

故知荀子本性論有甚大問題，他不認為人「生具」、「皆具」甚或「圓具」成聖質素，他認為「道」在心外不在心內；「理」非本有需透過「積」、「習」、「偽」以生起「禮義、倫理、法制等物事」，故知荀子的「理」並不在心上，成了價值根源在外的「義外之學」，殊屬可惜。

荀子學說最大問題是將心與善分為二，將善歸於外在，外在又找不到源頭；他只簡單認定「百王禮憲」就是善的源頭，但我如何確定它真是善，若不是從主體找答案，便都是權威式虛妄根源；而荀子所以有此疏誤，實皆根於他對心的本質體會不深，他不知道心本身便有知善知惡能力，這種能力的開展便是「道」與「善」；唯有如此認定，乃能讓心與善合一，善是本具非外鑠，善的來源問題才算真正解決。〔註13〕

故知荀子本性論大悖孔孟之說，是儒家義理的歧出，背離中國正統本性論。

二、孔孟荀本性論之同

在本性論中論同異包括：在本性論史上之時期（此針對客觀本性論史之發展言）、屬前理論期或理論成熟期（此針對哲人對本性論有無系統論述言）、研究方法、本性論主張（包括本具、皆具、圓具）、正歧得失等。

孔孟荀同屬儒家哲人，皆追求成聖理想，但他們對本性論則未有完全相同主張，因荀子不認為人具成聖質素，故無三者之同；頂多只有孔孟之同，孔孟同謂吾人「本具」、「皆具」成聖質素，孟子更進一步發展為吾人亦「圓具」成聖質素，而主人人皆可為堯舜，唯此論亦當蘊含孔子本性論中，此其同也。

〔註13〕此等推論過程及詳細之說明請參見：許宗興，〈荀子心析論〉，《臺北大學中文學報》期2（2007年3），頁51～78。

三、孔孟荀本性論之異

孔孟荀在本性論上之異，包括在本性論史上時代之差異，按孔子屬本性論萌芽期，孟子屬本性論發煌期，荀子則已達先秦本性論尾聲。因時代因素，故孔子未建立起本性論系統，屬前理論期，孟荀已用「性」建構理論系統，屬理論成型期。職是之故，研究方法便有別，探究孔子本性論需採「前理論期研究法」與「範疇學研究法」，而孟荀則僅需用「成型期研究法」，只要透過分析歸納綜合批判等，以釐清其真實旨意所在，然後論其得失正歧。至於本性論內涵，孔孟與荀子有嚴重差異，孔孟確認吾人本具皆具，甚至是圓具成聖質素；而荀子則主張人不具成聖質素，人需向外學習禮義師法以化性起偽，使本具之惡能化除；善不在心內，更非本具，故其說與孔孟歧異甚大。

四、小結

孔子雖生春秋末年，屬本性論萌芽期，但他對本性論實有其精當體會確認，透過「前理論期研究法」可知他確信吾人本具皆具成聖質素，此一認定成為儒家本性論之嚆矢，其後孟子、《中庸》、《易傳》、宋明儒學等，類皆依此立論而繼承引伸開展，為儒家本性論確立堅定不移的論述；其後孟子依其生命實踐體會，更進一步確認吾人本具、皆具、圓具成聖質素，且透過「性」概念建構其本性論系統，進而提出性善論證；使儒家本性論之立論更明確堅定。唯後繼之荀子，因生命實踐體證稍有不逮，對吾人本具皆具成聖質素，未有如實體會確認，乃轉而向外在之禮義師法求助，致本性論湮沒不彰；就此而論，荀子當是儒家義理的歧出轉向，其本性論遠離儒家正統，悖離生命實踐學法義。

第三節　先秦道家本性論探析

先秦道家較為純正者，當只有老莊兩家；以下述其大略並比較異同。

一、老莊之本性論綜述

（一）老子之本性論

老子年代從史遷以來便模稜兩可，無法確知其生存年代，學者大致認為當在孔子後而孟莊前，亦即生當戰國初中期；從五千言《老子》未有「性」

字出現，知其所處時代與地域，當屬本性論史未萌芽期；故要研究老子本性論，宜用「前理論期研究法」與「範疇學研究法」；本書便透過此兩法以探討老子本性論，而《老子》有關本性論重要篇章如：為學日益，為道日損；損之又損，以至于無為」（48）、「絕學無憂」（20）、「致虛極，守靜篤。萬物並作，吾以觀復。」（16）、「聖人之治，虛其心，實其腹，弱其志，強其骨。常使民無知無欲。」（3）、「滌除玄覽，能無疵乎？愛民治國，能無知乎？天門開闔，能無雌乎？明白四達，能無為乎？」（10）、「絕聖棄智，民利百倍；絕仁棄義，民復孝慈；絕巧棄利，盜賊無有。」（19）、「大道甚夷，而民好徑」（53）等。

　　透過以上篇章可知《老子》義理特色是銷解、是無為、是自然〔註14〕、是放開、是自由；他反對有為、作意、把持、干預等，就此性格言，《老子》不會在心上增加本然不存在之成分，因那不自然而違背《老子》本義，他一切功夫都在去除有為；尤其對凡人很強之自我意識、慾望、觀念、習氣等心理負面元素，《老子》使用：虛、弱、無、絕、棄、去、靜、后、外、除、止等功夫，目的是將一切有為、執著、欲求等加以鬆脫、放開、釋放、解銷、根除，以讓心靈回復本來面目，則其主張人本具成聖質素之意涵甚明；且老子在論及此等功夫之實效時，並未限定某些人或謂某些人只能達某種有限境界，故可依此而認定老子亦不否認人人皆具與圓具成聖質素。故知老子屬正統生命實踐學之本性論主張。〔註15〕

（二）莊子之本性論

　　莊子主要著作為《莊子》，但《莊子》書頗雜揉，當非一人一時一地一派之義理思想，且經由漢以後諸家之增刪編輯，乃成今日分內外雜篇之三十三篇本；唯歷來學者對內七篇較少懷疑，且就本性論史發展言，外雜篇大量出現「性」字，而內七篇未有一「性」字出現，可知它當同屬本性論未萌芽期；本論文但以內七篇為莊子著作，據之以論莊子本性思想。莊子雖與孟子同時，但或因地域關係，加以古時資訊不發達，故對莊子言外在環境仍是未有本性

〔註14〕牟宗三：「道家所說『自然』是 spritual，是通過修行而達到的一個最高的境界。王弼注道法自然曰：『法自然者，在方而法方，在圓而法圓，於自然無所違也。自然者，無稱之言，窮極之辭也。』」〔見牟宗三，〈老子《道德經》講演錄（五）〉，《鵝湖月刊》期338（2003年8月），頁14。〕

〔註15〕有關老子本性論之論證，請參見許宗興，〈老子本性論研究〉，《臺北大學中文學報》期4（2008年3月），頁103～134。

論需求，故內七篇未建構本性論系統，要探究莊子本性論仍宜用「前理論期研究法」與「範疇學研究法」。

就「前理論期研究法」言，本書據《莊子‧內篇》:「今者吾喪我」（齊物論）、「一受其成形，不亡以待盡。」（齊物論）、「指窮於為薪，火傳也，不知其盡也。」（養生主）、「彼為己，以其知得其心，以其心得其常心。」（德充符）、「一知之所知，而心未嘗死者乎！」（德充符）、「道與之貌，天與之形，惡得不謂之人？」（德充符）、「夫堯既已黥汝以仁義而劓汝以是非矣。汝將何以游夫遙蕩恣睢轉徙之塗乎？」（大宗師）、「是以聖人不由，而照之於天。」（齊物論）、「是以聖人和之以是非而休乎天鈞。」（齊物論）、「與天為徒者，知天子之與己，皆天之所子。」（人間世）、「魚相造乎水，人相造乎道。」（大宗師）、「其有真君存焉」（齊物論）、「如求得其情與不得，無益損乎其真。」（齊物論）、「若有真宰，而特不得其朕。」（齊物論）、「其溺之所為之，不可使復之也。」（齊物論）、「近死之心，莫使復陽也。」（齊物論）等探析莊子本性論。

按莊子內篇雖無「性」字出現，並不意味莊子無本性論思想，他仍有對本性論之豐富感受、肯定、體會等存於其著作中，透過此等原始素材仍可窺知莊子對本性之看法，本書乃據此素材加以紬繹歸納分析，得出莊子用「常」、「天」、「真」、「復」、「盡」等概念，說明生命本質之「永具」、「生具」、「現具」、「本具」、「皆具」；亦即莊子對本性論已有「生具」、「皆具」主張，實與儒佛兩家人性論無大殊。

此外又可透過「範疇學研究法」，經由對「現況論」、「價值論」、「功夫論」、「境界論」四論之內涵，以論定莊子本性論思想，仍然得出莊子肯定吾人本具皆具成聖質素，屬中國生命實踐學本性論之正統主張。〔註16〕

二、老莊本性論之同處

老子與莊子雖年代有別，但二者皆屬本性論未萌芽期，《老子》與《莊子‧內篇》並無「性」字出現，皆未建構本性論系統，故皆需用「前理論期研究法」與「範疇學研究法」以探究之，且其所得結論相同，皆主吾人本具皆具成聖質素；同屬於中國生命實踐哲學正統之本性論。

〔註16〕有關推論過程與詳盡論述請參見許宗興，〈莊子本性論研究法芻議〉，《中央大學人文學報》期36（2008年10月）及〈莊子本性論探微〉，《華梵人文學報》期10（2008年7月）。

三、老莊本性論之異處

老莊除時代不同、風格特色有別外，對本性論主張並無明顯差異。

四、小結

老子是道家創始人，其於道家地位猶如孔子之於儒家，孔子為儒家本性論確立本具皆具成聖質素之格局；同理，老子也為道家確立本性論之內涵；孔子後有孟子繼承發揚，老子後則有莊子踵武繼志；故知老子與莊子，一前一後共同主張吾人本具皆具成聖質素，為道家本性論確定堅定不移論述。

第四節　先秦儒道本性論異同

一、論本性論同異問題

先秦生命實踐哲學的哲人，主要為儒道兩家；儒道既同屬生命實踐哲學，便有其相同相近處。但既是兩家亦自有其義理差異處，否則便不致分屬兩家，那義理差異何在，就理論言可能有以下諸原因：

（一）二家哲人對生命本質體會深淺不同：有人對生命本質有 100%體會，有人為 80%或 60%之體會；體會深淺不同，所開創之義理系統便有權實偏圓之別，最後所宣說之義理自有其差異性。

（二）二家哲人生命風格特色有異：倘二家哲人對生命本質所體會者深度相同，那理該講述相同內涵之哲理，那為何會有義理之不同；此便涉及該等哲人風格特色、過去因緣習性等之差異；但此無關義理深度，只是味道趣味之不同。

（三）二家哲人所處時空環境不同：若哲人體會深淺一致且風格又同，那差異必來自所面對之時空環境不同，時有古今，地有南北，人有根器之異，所要成就的對象各不相同，故所建構宣說之義理便因之而異。

以上第一種差異是根本差異，屬質的差異；第二、三種差異是平行多元的差異，其不同實無關緊要，甚至因有此不同乃見學說市場之豐富多彩。宇宙間之義理系統，若論同異蓋不出上列三種，儒道兩家之差異，當亦不出以上三種可能。唯「本性論」同異，尚不涉及以上三種差異原理，因本性論是對本性之主張，對人是否本具皆具圓具成聖質素之看法，它是成聖最基礎論點，而無關生命實踐之功夫深淺、境界高低、或風格特色之異等問題，體會

深固可主張成聖質素具足我身，體會淺仍可有相同主張；不同生命風格者也都可有類似看法；同理在不同時地宣說義理，也都可有此主張。它與體會深淺、境界高低、方法獨到否、利生能力強弱、所處時空環境等皆無關。它是對人身上是否生具皆具圓具成聖本質的主張認定，這種認定屬生命實踐學上之基本立論，必有此基本前提乃能作深入之生命實踐體驗，進而乃能成就生命圓滿理想。故知只要是正統生命實踐學，必皆如此主張而無差異之空間可言，不能因不同家派便懷疑對此問題會有不同看法。

故知儒道義理容或有差異，但對本性論主張不該有不同，若有不同那便是歧出於生命實踐哲學，便屬非正統生命實踐學；故知儒道二者之同乃為必然之事，若是不同則其中便有蹊蹺，或說其中一家義理必有差池。

二、儒道之本性論綜述

先秦儒家主要代表人為孔孟荀三人，三人中孔孟本性論相同，皆同主吾人本具皆具成聖質素，唯荀子獨主張吾人未具成聖質素，故需向外學習，經由禮義師法之助，乃能化性起偽以成就君子與聖賢。

先秦道家主要代表人為老子與莊子，雖二家書中未有一「性」字出現，但透過本論文之探究，確定老莊皆主吾人本具皆具成聖質素。

三、儒道本性論之同異

先秦儒道兩家之孔孟老莊雖義理上各有不同，尤其儒家與道家屬不同家派，但對本性論則皆相同主張，同謂吾人本具皆具成聖質素；此殆為所有生命實踐哲學家之共有主張，甚至是最基本主張。先秦儒道五子中唯一不作此立論者唯荀子，足見其義理之瑕疵，以及在儒學中被歸為歧出，被排拒在正統生命實踐學之外。

四、小結

由上可知雖儒道屬不同哲學派別，就正統儒家與正統道家言，他們義理容或有甚大出入，但對本性論卻無所分歧；甚至只要是生命實踐哲學家，亦必有如此相同主張，否則便無法建構其義理系統，便會被排擯在正統哲人之外，便會被歸為歧出；此由孔孟老莊之同，與荀子之異便可見出；孔孟老莊分屬兩家派，但對本性論主張仍是同；荀子與孔孟同屬儒家，但本性論看法

仍是異；荀子之異是不合理之異，是基本認識之異，其異為不該有之異，為歧出之異，是先秦儒道五子中唯一不相應於生命實踐學者。

第五節　先秦儒道本性論特色

以上對先秦儒道五子，分別做過分析比較與綜合總結，得出吾人本具皆具成聖質素，此是所有正統儒道哲人共同主張，凡違背此者便是歧出，是對生命實踐體會不深所致；以下將此結論擴大比較範圍，包括與孔孟荀老莊五子同時代之先秦哲人，及其後之兩漢哲人、佛教哲人、宋明儒者等，以見出此一論述之絕對性與一致性，凡屬生命實踐學者必同謂吾人本具皆具成聖質素，凡非如此主張者殆屬歧出之說。

一、與同代本性論比較

先秦諸子據《漢書‧藝文志》歸為「九流十家」〔註17〕，其中「儒墨道法」四家為顯學，另加陰陽家與名家，即為司馬談〈論六家要旨〉之「六家」〔註18〕，外加「農家雜家縱橫家」則成九流，再加「小說家」則成「十家」。此十家中較具義理規模且影響較大者，除「儒道」兩家外，尚有「墨、法」，尤其「墨家」與生命實踐又有某種關連性；故本書此處首與墨家相較，次則稍論法家人性論。

墨子（480BC～390BC）一般以為活動於孔子與孟子間，具博愛救人之心與無私奉獻精神，希望促成人與人彼此和諧相愛，為一鼓吹反戰思想之國際和平主義者，組織國際維和部隊，領導人為鉅子，濟助弱小防禦強敵；凡此皆是難能而可貴者，那他對人性看法為何？《墨子》：

> 天下從事者，不可以無法儀。……然則奚以為治法而可，故曰：「莫若法天」。〔註19〕

> 今天下之君子之欲為仁義者，則不可不察義之所從出，……然則義何從出？子墨子曰：「義不從愚且賤者出，必自貴且知者出，……然則孰為貴？孰為知？曰：天為貴，天知而已矣。然則，義果自天出

〔註17〕班固，《新校漢書集注》卷30（臺北：世界書局，1974年），頁1746。
〔註18〕司馬遷，《史記》（臺北：鼎文書局，1992年），頁3288～3292。
〔註19〕墨翟著，張純一注述，《墨子集解》（臺北：文史哲出版社，1993年），頁30～32。

矣。」〔註20〕

上引兩章墨子以為世間人尤其握有大權者，必有法儀以為行事軌範，而標準則在「天」，故要「法天」；次章說明仁義出於「天」，此處之天若為儒家義理天，便無問題；唯墨子之天乃為主宰天，此天能賞善罰惡，主宰人間禍福，人民當聽命天子，而天子則需聽命此主宰天。

故知墨子不認為善在我心，不認為人具成聖本質；他認為善在外在之天，人宜聽命於天，向天學習取法，「天」是一切是非價值之總標準。墨子如是立論將有危險性，因上天不會說話，每位有權力者，便會假借天說話，於是所謂上天便成有權力者藉以達到私人慾望之工具；在此情況下若有兩位有權力者同謂自己代表天，則人民將無所適從，此孟子所謂「義外」之學。

故知墨子本性論頗有問題，他雖為社會和諧與國際和平，櫛風沐雨、摩頂放踵奔走，實為一人格高超而難能可貴之士；但若就生命實踐學言，因其主善在天故仍不能躋於正統之林。

至於同屬顯學之法家韓非（?～233BC），對生命本質之理解則更離譜，以為「惡」才是生命本質，《韓非子》：

> 故人行事施予，以利之為心，則越人易和；以害之為心，則父子離且怨。〔註21〕

> 利之所在，民歸之；名之所彰，士死之。〔註22〕

> 輿人成輿，則欲人之富貴；匠人成棺，則欲人之夭死也；非輿人仁，而匠人賊也。人不貴，則輿不售；人不死，則棺不買。情非憎人，利在人之死也。〔註23〕

韓非主人之行事施予一切以利害為心，無論父子、夫妻、君臣、老闆顧客間，皆是算計利害多少；因人有此先天特性——驅利避害，故國君可依之控制人民，此所謂「賞罰二柄」，你驅利我獎賞，你避害我懲處；透過獎懲以支配人民使之歸於農戰，而達國富兵強目標；故知韓非主張人生具惡本質，一切行事皆以自我利害為考量。

若人性為惡，那要成就聖賢理想便困難重重，最嚴重者是我為何要成就

〔註20〕墨翟著，張純一注述，《墨子集解》，頁247～248。
〔註21〕韓非，《韓非子》，《百子全書》（臺北：黎明文化事業公司，1996年），頁3962。
〔註22〕韓非，《韓非子》，《百子全書》，頁3952。
〔註23〕韓非，《韓非子》，《百子全書》，頁3822。

聖？人性既為惡，我理該為惡才樂，故無理由為善；這將找不到成聖理由，也將永無成聖可能。

由上可知在先秦諸子百家中，與儒道同在顯學之列的「墨法」，其於本性論不是主張義歸於天而謂人身上無義；便是主張人本具利害之心，只知驅利避害，生命毫無光明可言，甚至也不談成聖理想，只將人當為國君富國強兵之工具。故知此等人性論主張悖離生命實踐學，相較於孔孟老莊不啻千萬里之別。

二、與漢儒氣性論比較

先秦孔孟老莊之本性論，主吾人生具、皆具甚至圓具成聖質素；唯漢儒對人性亦主「生具」、「皆具」，只是他們所謂生具與皆具者是「氣性」而非「天性」；氣性指天生氣質稟賦言，雖是生具但各人所具各不同。故知兩漢儒者與先秦儒道哲人所探討主題不同，南轅北轍而風馬牛不相及；問題是漢儒以為屬同一問題，蓋他們只知有氣性而不知有天性，故以氣性為天性，且以己所主張者為是，甚至批評正統本性論者，認為他們只謂性為善有所不備。以下取董仲舒（179BC～104BC）、揚雄（53BC～18AC）、王充（27～96）對氣性看法，以見漢儒對此問題之疏闊背離；董仲舒《春秋繁露》：

> 聖人之性不可以名性，斗筲之性不可以名性；名性者，中民之性。〔註24〕

> 人之誠，有貪有仁；仁、貪之氣，兩在於身。身之名，取諸天，天兩有陰陽之施，身亦兩有貪仁之性。〔註25〕

> 如其生之自然之資謂之性。性者質也；詰性之質於善之名，能中之與？既不能中矣，而尚謂之質善，何哉？……天地之所生謂之性情，性情相與為一瞑，情亦性也。謂性已善，奈其情何？故聖人莫謂性善。〔註26〕

董仲舒主張有似三品人性說，但他認為「性」只指中人言，其他極好極壞者皆不能稱性；其次，認為性指天生自然之質，故有善有惡有貪有仁，而謂仁

〔註24〕董仲舒，《春秋繁露》，《二十二子》冊13（臺北：先知出版社，1976年），頁571。
〔註25〕董仲舒，《春秋繁露》，頁563。
〔註26〕董仲舒，《春秋繁露》，頁562～566。

貪兩者皆為性；並謂聖人不會只說性善；如此立論皆就氣性言，是就出生義以論性而非就本質義論性，他不知仁貪二者中，貪只是偶然存在，仁才是必然本質，貪雖是天生但非本質，仁才是既天生且為本質；他不知聖與斗筲同具善性，只是斗筲暫被湮沒而不顯。故知董仲舒對生命本質實無體會，只知有氣性而不知有天性。當然便無本性論存在，在中國生命實踐學中當然無其位置。次看揚雄《法言》：

> 人之性也，善惡混；修其善則為善人，修其惡則為惡人。〔註27〕

> 學者，所以修性也；視聽言貌思，性所有也；學則正，否則邪。〔註28〕

揚雄主性具善惡混，修善則為善人，修惡則為惡人；此仍就氣性言，且分不清出生義與本質義、偶然存在與必然存在、氣性與天性、本然與現實等不同。揚雄所知只是出生義之性，他以出生時偶然存在者為性，而不知另有本質義之性；且唯本質義之性乃為必然存在者，即使現實上為惡之徒，仍無害其本質之善；對此天性揚雄既未見及，故仍無本性論存在，在中國生命實踐學中實無其位置。再看王充《論衡》：

> 實者人性有善惡，猶人才有高有下也。高不可下，下不可高。謂性無善惡，是謂人才無高下也；稟性受命，同一實也。命有貴賤，性有善惡。謂性無善惡，是謂人命無貴賤也。〔註29〕

> 夫中人之性，在所習焉：習善而為善，習惡而為惡也。至於極善極惡，非復在習。〔註30〕

> 余固以孟軻言人性者，中人以上者也；孫卿言人性惡者，中人以下者也；揚雄言人性善惡混者，中人也。若反經合道，則可以為教，盡性之理，則未也。〔註31〕

以上三段王充說明人性有上中下三品，中人之性可上可下，極善極惡者則無法改變；並依此而謂孟子性善說未能盡性之理。此仍氣性路數，故不謂所有人皆具善性，只說上等人乃具善性；另有一大半人則具善惡二性，甚至有部分人只具惡性；故知此仍分不清氣性與天性、出生義與本質義、偶然存在與

〔註27〕揚雄，《法言》，《二十二子》冊14（臺北：先知出版社，1976年），頁711。
〔註28〕揚雄，《法言》，頁695。
〔註29〕王充，《論衡》（臺北：宏業書局，1983年），頁32。
〔註30〕王充，《論衡》，頁31。
〔註31〕王充，《論衡》，頁32。

必然存在、潛能與現實等區別；故仍無真正本性論，在中國生命實踐學上仍無一席之地，其較孔孟老莊之人性論相隔天壤。

下逮魏晉玄學仍重氣性，此時氣性所探討者不在出生時所具善惡特質，而是關心出生時所具之中性材質，所謂才性者是。如劉劭《人物志》：

> 蓋人物之本，出乎情性；……凡有血氣者，莫不含元一以為質，稟陰陽以立性，體五行而著形。苟有形質，猶可即而求知；凡人之質量，中和最貴矣。〔註32〕

> 若量其材質，稽諸五物；五物之徵，亦各著於厥體矣；其在體也，木骨，金筋，火氣，土肌，水血，五物之象也。五物之實，各有所濟。〔註33〕

此為劉劭才性論，認為人天生稟性各不同，此種差異會顯現於外型，透過木骨、金筋、火氣、土肌、水血等五徵便可看出人物內在情性之別。此種人物之才性種類繁多，粗分「四家」，詳言為「十二流業」。凡此差異皆就氣性中之才性言；此與天性完全無涉，故仍無本性論思想，在中國生命實踐學上仍無一席之地。

即使是魏晉玄學高峰之郭象（252～312），對「性」仍依違於天性與氣性間，其解〈逍遙遊〉之「適性說」主要仍依氣性言，郭象《莊子注》：

> 性各有分，故知者守知以待終，而愚者抱愚以至死；豈有能中易其性者。〔註34〕

> 性之所能，不得不為也；性所不能，不得強為。〔註35〕

> 夫小大雖殊，而放於自得之場，則物任其性，事稱其能，各當其分，逍遙一也，豈容勝負於其間哉！）〔註36〕

> 苟足於其性，則雖大鵬無以自貴於小鳥，小鳥無羨於天池，而榮願有餘矣。故大小雖殊，逍遙一也。〔註37〕

> 夫世之所患者，不夷也；故體大者快然謂小者為無餘，質小者塊然

〔註32〕劉劭，《人物志》，《新編諸子集成》（臺北：世界書局，1972年），頁1。
〔註33〕劉劭，《人物志》，頁2。
〔註34〕郭慶藩輯，《莊子集釋》（臺北：河洛出版社，1974年），頁59。
〔註35〕郭慶藩輯，《莊子集釋》，頁937。
〔註36〕郭慶藩輯，《莊子集釋》，頁1。
〔註37〕郭慶藩輯，《莊子集釋》，頁9。

　　　謂大者為至足，是以上下夸跂，俯仰自失，此乃生民之所惑也。……
　　　若夫睹大而不安其小，視少而自以為多，將奔馳於勝負之境，而助
　　　天民之矜夸，豈達乎莊生之旨哉？〔註38〕

按以上郭象逍遙說主要仍依氣性言，首先說明性乃天生者，具體內容如智與
愚，天生有者便不得為無，天生無者便不能為有；因現實才能各不相同，故
宜物任其性，事稱其能，不該自貴與慕他乃能逍遙；若是相互比較看輕羨慕
別人才能，皆非自得之道。凡此所論主要仍就氣性中之才性言。若是天性則
不指智愚，並無天生有無分別，而是所有人皆有且為圓滿者，故無性能之差
異，當然也無自貴與羨他問題。故知郭象之性論仍遠於老莊孔孟，對莊子仍
非真正契合者。在中國生命實踐學上，仍非純正者。〔註39〕

　　以上說明漢儒董仲舒、揚雄、王充等人性論，同時兼論魏晉玄學之劉劭、
郭象；此等人主要仍氣性路數，相較於孔孟老莊之本性論，仍屬外圍歧出而
不相應於中國生命實踐學，非中國哲學本性論之正統。

三、與佛教佛性論比較

　　佛教初傳入中國的南北朝時期，史載竺道生初讀六卷本《泥洹經》：「一
切眾生皆有佛性在於身中，無量煩惱悉除滅已，佛便明顯；除一闡提」〔註40〕。
道生便謂：「稟氣二儀者，皆是涅槃正因。闡提是含生，何無佛性？」〔註41〕
道生此說被認為是邪說而被驅出僧團，道生誓曰：「若我說反於經義者，請於
現身即表厲疾；若與實相不相違背者，願舍壽之時，據獅子座。」〔註42〕時
為西元 428 年間，其後四十卷本《涅槃經》譯出，正合道生之論，道生被稱
涅槃之聖。此佛教中說明吾人生具、皆具成佛本質者，即使一闡提亦具佛性。

〔註38〕郭慶藩輯，《莊子集釋》，頁 566。
〔註39〕反而是支遁之逍遙解乃較接近生命實踐學，《世說新語》劉孝標注引支遁逍遙
　　　　論曰：「夫逍遙者，明至人之心也。莊生建言大道，而寄指鵬鷃。鵬以營生之
　　　　路曠，故失適於體外；鷃以在近而笑遠，有矜伐於心內。至人乘天正而高興，
　　　　遊無窮於放浪，物物而不物於物則遙然不我得，玄感不為；不疾而速，則逍
　　　　然靡不適，此所以為逍遙也。若夫有欲當其所足，足於所足，快然有似天真，
　　　　猶飢者一飽，渴者一盈，豈忘蒸嘗於糗糧，絕觴爵於醪醴哉？苟非至足，豈
　　　　所以逍遙乎？」〔見楊勇，《世說新語校箋》（臺北：文光圖書公司，1974 年），
　　　　頁 170。〕
〔註40〕《佛說大般泥洹經》卷 4，《大正藏》冊 12，頁 888b。
〔註41〕《名僧傳抄》卷 1，《卍續藏》77 冊，頁 360b。
〔註42〕《高僧傳》卷 7，《大正藏》冊 50，頁 366c。

　　梁末隋初智者創天台宗，於《觀音玄義》中倡「性惡」法門〔註 43〕，但所謂性惡並非指吾人生具惡本質，而是指性具善惡或性具善惡法門，亦即《維摩詰經觀眾生品》：「佛為增上慢人說，離淫怒痴為解脫耳，若無增上慢人，佛說淫怒痴性即是解脫。」〔註 44〕此處之善惡乃就事相上言，謂世俗所謂之善事相與惡事相，指一位成就者基於無所得之慈悲心，善事相與惡事相皆能作得出來。故此說仍肯定人人皆具佛性，只是此佛性彰顯時，可藉世俗的善事相與惡事相表現。天台還進一步分析佛性內容，而得出正因佛性、緣因佛性、與了因佛性，藉由此三因佛性能證法身德、解脫德、與般若德〔註 45〕。故知天台系統除肯定孔孟老莊之生具皆具圓具佛性外，還更進一步說明佛性的性狀與內涵。

　　唐代華嚴宗「性起」思想，主佛所證海印三昧乃稱性而起者，為一心之本質所現，非有非無，同時又能變現有無；由一心而緣起萬法事象，叫做性起。緣起待他緣而起，性起則直接自本具性德而起。《還源觀》云：「言海印者，真如本覺也。妄盡心澄，萬象齊現，猶如大海因風起浪，若風止息，海水澄清，無象不現。」〔註 46〕亦即大覺當體，所有時間空間，一切無盡無量之現象，一齊印現出來。《華嚴經》即描寫佛所印現之實相境界。此仍是在眾生本具皆具佛性前提下，說明佛性展現後之世界。

　　同被稱為中國大乘佛學三大宗之禪宗，經達摩祖師、慧可、僧璨、道信、弘忍、慧能一脈相傳，慧能（638～713）所著《壇經》對本性論有如下說明：

　　　菩提自性，本自清靜；但用此心，直了成佛。〔註47〕

　　　何期自性本自清淨，何期自性本不生滅，何期自性本自具足，何期
　　　自性本無動搖，何期自性能生萬法。〔註48〕

《壇經》說明菩提乃所有人生具之自性，但用此心便可成佛，說明此佛性乃圓具者，進一步說明自性特質為清淨、不生滅、本自具足、無動搖、能生萬

〔註43〕《觀音玄義》卷 1：「如來性惡不斷還能起惡。雖起於惡而是解心無染。通達惡際即是實際。能以五逆相而得解脫。亦不縛不脫行於非道通達佛道。」（見《大正藏》冊 34，頁 883a。）

〔註44〕《維摩詰所說經》卷 2，《大正藏》冊 14，頁 548a。

〔註45〕見牟宗三，《佛性與般若》（臺北：臺灣台灣學生書局，1979 年），頁 614、832等。

〔註46〕《修華嚴奧旨妄盡還源觀》卷 1，《大正藏》冊 45，頁 637b。

〔註47〕《六祖大師法寶壇經》卷 1，《大正藏》冊 48，頁 347c。

〔註48〕《六祖大師法寶壇經》卷 1，《大正藏》冊 48，頁 349a。

法等。

由上可知佛教由初傳中國的《涅槃經》，直至在中國發展之天臺、華嚴、禪宗，都確信人人生具皆具圓具佛性，此與儒道兩家之孔孟老莊的本性論有異曲同工之妙；故能躋入中華文化中成為中國哲學主流之一。

四、與理學本性論比較

理學先聲為李翱（772～841），二十九歲據《中庸》以論儒家心性學，作《復性書》三篇，主性善，其言曰：

> 誠者，聖人之性也。……復其性者，賢人循之而不已者也，不已則能歸其源矣。〔註49〕

> 然則百姓者豈其無性者邪？百姓之性與聖人之性弗差也。〔註50〕

> 人之所以為聖人者，性也。〔註51〕

由於受佛教東傳洗禮，宋明儒者對孔孟進行新詮釋，頗能契合原始儒家心靈，李翱為理學先聲，主人人生具、皆具、圓具善性，只因受情干擾致善性被蒙蔽，需經復性功夫，乃能使本具之性復顯。

李翱後之理學家對本性立論雖有詳略之別，但其基本主張實契合孔孟本性論，以下但引數家為說，張載（1020～1077）：「天之所性者，通極於道。」〔註52〕此說明上天給予我們之本質，其內含為道，亦即我們圓具成聖質素。程灝（1032～1085）：

> 皆水也，有流而至海，終無所汙；此何煩人力之為也？有流而未遠，固已漸濁；有出甚遠，方有所濁。……水之清，則性善之謂也，故不是善與惡在性中為兩物相對，各自出來。〔註53〕

明道說明生命最源頭處為純善，所謂性也；此時與惡無對，惡乃後起偶然暫存者而非本質存在；其次說明此性與道完全合一，亦即說明人人圓具善性。

〔註49〕李翱，《復性書》（上），《李文公集》，〈集部別集〉，《景印文淵閣四庫全書》冊 1078（臺北：臺灣台灣商務印書館，1983 年），頁 1078～107。

〔註50〕李翱，《復性書（上）》，頁 1078～106。

〔註51〕李翱，《復性書（上）》，頁 1078～106。

〔註52〕張載，《張載集》，《子部儒家類》，《四部刊要》（臺北：漢京文化事業有限公司，2004 年），頁 21。

〔註53〕程灝程頤，《二程遺書》卷 35 語錄，《子部四儒家》，《景印文淵閣四庫全書》冊 698（臺北：臺灣台灣商務印書館，1983 年），頁 698～14。

南宋陸九淵（1139～1192）是宋明理學心學一派開山祖師，其所謂「心」實即為「性」，他對「心」有如下說明：

> 某之所言，皆吾友所固有。且如聖人垂教，亦是人固有。〔註54〕

> 心只是一個，某之心，吾友之心，上而千百載聖賢之心，下而千百載復有聖賢，其心亦只如此。〔註55〕

> 雖田畝之人，良心之不泯，發見於事親、從兄、應事、接物之際，亦固有與聖人同者。〔註56〕

> 義理所在，人心同然。縱有蒙蔽移奪，豈能終泯？患人之不能反求深思耳。〔註57〕

以上象山說明聖人之心本具於我，心只有一個，所有人皆同心同理；故知所有人與所有時代之心皆相同；此為象山之本性論，認為吾人生具皆具與圓具成聖本質之心；此與孔孟老莊生命實踐學之本性論實一脈相承。

明代王守仁（1472～1528），亦正統本性論一員，其言曰：

> 都只在此心，心即理也；此心無私欲之蔽，即是天理，不須外面添一分。〔註58〕

> 虛靈不昧，眾理具而萬事出，心外無理，心外無事，心外無物。〔註59〕

> 良知良能，愚夫愚婦與聖人同。〔註60〕

陽明謂心理為一，故天理是生命本有生具者，此種心理與聖人無異；亦即吾人本具皆具圓具成聖質素；故為正統生命實踐學之本性論。

將陽明學調適上遂之王畿（1498～1583），對生具皆具圓具成聖本質如是說：

> 良知不學不慮；終日學，只是復他不學之體；終日慮，只是復他不慮之體。〔註61〕

〔註54〕陸九淵，《陸象山全集》卷35（北京：新華書店首都發行所，1992年），頁285。
〔註55〕陸九淵，《陸象山全集》，卷35，頁288。
〔註56〕陸九淵，《陸象山全集》，卷32，頁172。
〔註57〕陸九淵，《陸象山全集》，卷20，頁162。
〔註58〕王陽明，《王陽明全集》卷1，（臺北：河洛圖書出版社，1978年），頁2。
〔註59〕王陽明，《王陽明全集》卷1，頁10。
〔註60〕王陽明，《王陽明全集》卷2，頁33。
〔註61〕黃宗羲，〈浙中學案第二〉，《明儒學案》，頁10。

現在良知與聖人未嘗不同。〔註62〕

　　良知者，本心自明，不由慮學而得，先天之學也。〔註63〕

龍溪謂善性良知不學不慮為天生本有者，良知只需復不需學，吾人良知與聖人良知本來無別，此心此性屬先天存在者，凡此都說明人人生具皆具圓具成聖本質，故為正統生命實踐者之本性論。

　　以上舉宋明理學數家與先秦儒道之本性論作比較，發現宋明理學之重要家派，都能持守繼承孔孟之說，依循吾人生具皆具圓具成聖本質之本性論。孔孟老莊生當春秋戰國之際，下逮陽明王畿已幾近兩千年；兩千年前之聖哲立下本性論軌範，後世哲人無能移易者；足見聖之所以為聖。

第六節　結論：先秦儒道本性論之地位

　　透過本論文之解析論證可相當程度確定先秦儒道五子中，除荀子外之孔孟老莊，皆是肯定吾人「生具」、「皆具」成聖質素者；至於「圓具」則孟子有較明確主張，若就孔老莊三家義理言，亦當蘊含此內涵，只是孔老莊未明說爾。

　　此種肯定吾人生具、皆具甚至圓具生命質素之說，能在儒道開山祖師中，便已如此確立無疑，而他們生當春秋戰國，距今約二千五百年前，當時已能找到生命真正本質，而為成聖之學豎立根本基石，真是稀奇難得；此後凡談生命實踐者必以之為圭臬，奉之為準繩，合此者謂為正宗，悖此者稱旁枝。

　　與孔孟老莊同時代之其他諸子，絕大部分未找到生命真正價值，也未走入生命實踐學，即使墨家稍近然亦無此見地主張，足見孔孟老莊見解之卓然屹立先秦諸子中。

　　其後兩漢儒者如董仲舒、揚雄、王充等，對本性完全無法體會，對孔孟老莊完全不能契悟，於是向外繞出去講氣性之學，僅就人先天材質氣質說明「性」，於是天性義本質義之「性」湮沒不彰，跟著使成聖之學失其依據，道德學說無法建構；兩漢四百餘年之儒者皆看不清生命本質，皆不知吾人生具皆具甚至圓具成聖質素；此等思想家相較孔孟老莊真是不可以道里計。

　　魏晉思想家所論雖較兩漢儒者為近，但仍非醇乎醇者也；此等思想家不

〔註62〕王龍溪，《王龍溪語錄》卷4（臺北：廣文書局，1977年），頁138。
〔註63〕王龍溪，《王龍溪語錄》卷6，頁217。

是全然才性論，便是依違於氣性與天性間，對吾人生具、皆具、圓具成聖質素，亦未有明確清晰之肯認；魏晉玄學家對生命本質，相較孔孟老莊仍是模糊不明確，故知在中國生命實踐哲學中仍非純正之論。

　　直至佛學東傳，在中國孕育出佛教真常系之天台、華嚴、禪宗等宗派，確定吾人皆有佛性，主吾人生具、皆具、圓具成佛本質。相較孔孟老莊，雖時代有別且來自異域，但所論則無殊，此象山所謂「東西南海有聖人出焉，此心同也，此理同也」〔註 64〕，佛教之佛性論與孔孟老莊之本性論，可謂前後輝映完全密合。在中國生命實踐學言，皆為真正找到生命本質者，皆為正統生命實踐學之本性論。

　　最後宋明理學家，因受佛教浸潤洗禮，除牟宗三先生所謂別子為宗之小程子與朱子外，〔註 65〕率皆相應與生命本質，殆皆主人人生具、皆具、圓具成聖質素，在中國生命實踐學言，皆為找到生命本質者，皆為正統生命實踐之本性論。

　　由上可知，孔孟老莊之於本性論，一方面是找到並指出此為生命真正本質，並謂此種本質是吾人生具皆具圓具者。能作如此確認在生命實踐學中厥功甚偉，等於是為所有生命確立生命方向，張載所謂「為天地立心，為生民立命」；從此宇宙間之生命不再迷惘沈淪而知所歸趨。另一方面孔孟老莊之本性論，為中華文化或生命實踐學，豎立正統與歧出之圭臬準據，影響於後代本性論者至鉅，此後凡與孔孟老莊相合者為正統本性論，悖離此者便是歧出之本性論。此孔孟老莊本性論之卓絕貢獻也。

徵引文獻

一、古籍

1. 周・墨翟著，張純一注述，《墨子集解》，臺北：文史哲出版社，1993 年。
2. 周・韓非，《韓非子》，《百子全書》，臺北：黎明文化事業公司，1996 年。
3. 漢・司馬遷，《史記》，臺北：鼎文書局，1992 年。
4. 漢・董仲舒，《春秋繁露》，《二十二子》，臺北：先知出版社，1976 年。
5. 漢・揚雄，《法言》，《二十二子》，臺北：先知出版社，1976 年。

〔註64〕陸九淵，《陸象山全集》，頁 173。
〔註65〕見牟宗三，《心體與性體（一）》（臺北：正中書局，1968 年），頁 42～60。

6. 漢‧王充，《論衡》，臺北：宏業書局，1983 年。

7. 漢‧班固，《新校漢書集注》，臺北：世界書局，1974 年。

8. 魏‧劉劭，《人物志》，《新編諸子集成》，臺北：世界書局，1972 年。

9. 宋‧張載，《張載集》，《四部刊要》，臺北：漢京文化事業公司，2004 年。

10. 宋‧程灝、程頤，《二程遺書》，《景印文淵閣四庫全書》，臺北：台灣商務印書館，1983 年。

11. 宋‧陸九淵，《陸象山全集》，北京：新華書店首都發行所，1992 年。

12. 明‧王陽明，《王陽明全集》，臺北：河洛圖書出版社，1979 年。

13. 明‧王龍溪，《王龍溪語錄》，臺北：廣文書局，1977 年。

二、今人論著

1. 王夢鷗，《大小戴記選注》，臺北：正中書局，1971 年。

2. 郭慶藩輯，《莊子集釋》，臺北：河洛出版社，1974 年。

3. 牟宗三，《佛性與般若》，臺北：台灣學生書局，1979 年。

4. 朱伯崑編，王博著，《易傳通論》，臺北：大展出版社，2004 年。

三、論文

1. 許宗興，〈孟子性善論解析〉，《華梵人文學報》期 4，2005 年 1 月。

2. 許宗興，〈孟子性善論的証明〉，《華梵人文學報》期 5，2005 年 7 月。

3. 許宗興，〈「中國實踐哲學」的範疇論〉，《華梵人文學報》期 8，2007 年 1 月。

4. 許宗興，〈荀子心析論〉，《臺北大學中文學報》期 2，2007 年 3 月。

5. 許宗興，〈老子本性論研究〉，《臺北大學中文學報》期 4，2008 年 3 月。

6. 許宗興，〈孔子本性論研究法芻議〉，《高雄師範大學國文學報》期 8，2008 年 6 月。

7. 許宗興，〈孔子本性論探析〉，《台北大學中文學報》期 7，2009 年 9 月。

8. 許宗興，〈莊子本性論探微〉，《華梵人文學報》期 10，2008 年 7 月。

9. 許宗興，〈莊子本性論研究法芻議〉，《中央大學人文學報》期 36，2008 年 10 月。

附註：本章曾以〈先秦儒道兩家本性論研究〉之名，發表於華梵中文系「第六屆生命實踐學術研討會」，2007 年 10 月。